BLAUE
REIHE

Aus der BLAUEN REIHE empfehlen wir:

**Strategisches Management
im Sozialen Bereich**
978-3-8029-5473-3

**Betriebswirtschaftslehre
für Sozialunternehmen**
978-3-8029-5471-9

**Wirkungsorientiertes Controlling
in Sozialunternehmen**
978-3-8029-5470-2

**Kostenmanagement
in Sozialunternehmen**
978-3-8029-5469-6

Wir freuen uns über Ihr Interesse an diesem Buch. Gerne stellen wir Ihnen zusätzliche Informationen zu diesem Programmsegment zur Verfügung.

Bitte sprechen Sie uns an:

E-Mail: WALHALLA@WALHALLA.de
http://www.WALHALLA.de

Walhalla Fachverlag · Haus an der Eisernen Brücke · 93042 Regensburg
Telefon 0941/56 84-0 · Telefax 0941/56 84-111

Jochen Ribbeck

QUALITÄTS-MANAGEMENT IN SOZIALUNTERNEHMEN

Grundlagen – Systeme und Konzepte –
Implementierung und Steuerung

Bibliografische Information der Deutschen Nationalbibliothek

Die Deutsche Nationalbibliothek verzeichnet diese Publikation in der Deutschen Nationalbibliografie; detaillierte bibliografische Daten sind im Internet über http://dnb.dnb.de abrufbar.

Zitiervorschlag:

Ribbeck, J. (2018): Qualitätsmanagement in Sozialunternehmen

Walhalla Fachverlag, Regensburg

Herausgeber der BLAUEN REIHE sind:

- Prof. Dr. Paul Brandl, Fachhochschule Oberösterreich
- Prof. Dr. Astrid Herold-Majumdar, Hochschule für angewandte Wissenschaften München
- Prof. Dr. Thomas Prinz, Fachhochschule Oberösterreich
- Prof. Dr. Klaus Schellberg, Evangelische Hochschule Nürnberg
- Prof. Dr. Armin Schneider, Hochschule Koblenz
- Prof. Dr. Stephan F. Wagner (†), Geschäftsführer der Paritätischen Akademie Berlin

Weitere Infos zum Herausgeber-Team und zur BLAUEN REIHE finden Sie unter: www.fokus-sozialmanagement.de

Hinweis: Unsere Werke sind stets bemüht, Sie nach bestem Wissen zu informieren. Alle Angaben in diesem Buch sind sorgfältig zusammengetragen und geprüft. Durch Neuerungen in der Gesetzgebung, Rechtsprechung, neue wissenschaftliche Erkenntnisse sowie durch den Zeitablauf ergeben sich zwangsläufig Änderungen. Bitte haben Sie deshalb Verständnis dafür, dass wir für die Vollständigkeit und Richtigkeit des Inhalts keine Haftung übernehmen.

Ausschließlich aus Gründen der besseren Lesbarkeit wird im Folgenden auf die gleichzeitige Verwendung männlicher und weiblicher Sprachformen verzichtet, ohne damit jedoch eine Diskriminierung zum Ausdruck bringen zu wollen.

Produktion: Walhalla Fachverlag, 93042 Regensburg
Umschlaggestaltung: grubergrafik, Augsburg
Printed in Germany
ISBN 978-3-8029-5472-6

Gesamtinhaltsverzeichnis

Verzeichnis der Grafiken und Tabellen

Abkürzungsverzeichnis

AktG   Aktiengesetz

AZAV   Akkreditierungs- und Zulassungsverordnung Arbeitsförderung

BGB   Bürgerliches Gesetzbuch

CIP   Continuous Improvement Process

CIRS   Critical Incident Reporting System

CtQ   Critical to Quality

DCGK   Deutscher Corporate Governance Kodex

DIN   Deutsche Industrienorm

EFQM   European Foundation for Quality Management

EN   Europäisches Institut für Normung

GAB   Gesellschaft für Ausbildungsforschung und Berufsentwicklung

GAP   englische Bezeichnung für „Lücke"

G-BA   Gemeinsamer Bundesausschuss

GenG   Genossenschaftsgesetz

HGB   Handelsgesetzbuch

MDK   Medizinischer Dienst der Krankenversicherung

IQTIG   Institut für Qualität und Wirtschaftlichkeit im Gesundheitswesen

ISO   International Standards of Organization

KTQ   Kooperation für Transparenz und Qualität im Gesundheitswesen

KonTraG   Gesetz zur Kontrolle und Transparenz im Unternehmensbereich

NPO   Non-Profit-Organisation

PDCA   Plan – Do – Check – Act

PDSA   Plan – Do – Study – Act

PublG   Publizitätsgesetz

QFD   Quality Function Deployment

QM   Qualitätsmanagement

RADAR   Results – Approach – Deployment – Assessment – Refinement

RWTH   Rheinisch-Westfälische Technische Hochschule Aachen

SERVQUAL   Service Qualität

SGB   Sozialgesetzbuch

StGB   Strafgesetzbuch

SIPOC   Supplier Input Process Output Customer

TQM   Total Quality Management

WZL   Lehrstuhl für Fertigungsmesstechnik und Qualitätsmanagement des Werkzeugmaschinenlabors

Vorwort

In Literatur und Praxis wird heute meist festgestellt, dass die Betriebswirtschaft im Sozialsektor „angekommen" sei. Dies mag grundsätzlich zutreffend sein. Gleichzeitig erlebe ich immer noch grundlegende Abwehrhaltungen gegenüber betriebswirtschaftlicher Logik. Neben aller berechtigter Kritik an den Auswirkungen einer weiterhin fortschreitenden Ökonomisierung im Sozialbereich, sind meiner Einschätzung nach auch hartnäckige Missverständnisse Hintergrund für Konflikte mit betriebswirtschaftlichen Konzepten. Das scheint in besonderer Weise für das Qualitätsmanagement zu gelten. Schon vor über 20 Jahren haben Bobzien, Stark und Straus (1996) darauf hingewiesen. Noch heute wird etwa Qualitätsmanagement vielfach mit der ISO-Norm gleichgesetzt, was nicht zuletzt durch immer wiederkehrende und auch aktuelle „ISO-lastige" Veröffentlichungen verstärkt wird. Der Blick auf die funktionale Logik und die zentralen Ansätze von Qualitätsmanagement wird dabei verstellt. Immer wieder wird auch vorgebracht, dass Qualitätsmanagement im Kern auf eine Standardisierung zulaufe und dies mit dem Wesen personenbezogener Dienstleistungen nicht in Einklang gebracht werden könne. Die vorliegende Veröffentlichung möchte neben der Vermittlung notwendigen Wissens auch Überzeugungsarbeit leisten. Die „großen" Qualitätsmanagementsysteme sollen erstmal zurückgestellt und zunächst ein differenziertes Verständnis für die methodischen und konzeptionellen Grundlagen von Qualitätsmanagement erreicht werden. Die damit verbundene Hoffnung ist, dass das Verstehen elementarer Prinzipien des Qualitätsmanagements hilft, die Anschlussfähigkeit dieses Steuerungsansatzes in Feldern des Sozial- und Gesundheitswesens zu erkennen. Mit diesem Vorgehen ist eine Art Versachlichung der Auseinandersetzung verbunden, die Widerstände gegenüber Qualitätsmanagement im Allgemeinen und Qualitätsmanagementsystemen wie die DIN EN ISO 9001 im Besonderen abbauen kann.

Qualitätsmanagement wird in der vorliegenden Publikation als unternehmensweiter und unternehmensweit zu integrierender Management- beziehungsweise Steuerungsansatz vorgestellt. Auch hier sind in der betrieblichen Praxis oftmals wenige Erfolge zu vermelden. Qualitätsmanagementsysteme werden vielfach organisatorisch eingeführt, die Zertifizierung mit großem Aufwand erreicht, der Arbeitsalltag jedoch stellt eine Art Parallelwelt dar. Neben der Vermittlung theoretischer und methodischer Grundlagen sowie der Darstellung bekannter Qualitätsmanagementsysteme gilt ein Augenmerk daher auch der Implementierung und praxisgerechten Steuerung von Qualität. Die Einführung von Qualitätsmanagement darf dabei nicht primär als technisches System verstanden werden, denn Qualitätsmanagement tangiert in elementarer Weise auch die normativen Ebenen des Unternehmens. Soll Qualitätsmanagement dauerhaft umgesetzt werden, muss auch eine kulturelle Verankerung erfolgen. Der dritte Teil des Lehrbuches widmet sich daher grundlegenden Aspekten der Implementierung beziehungsweise Steuerung von Qualitätsmanagement.

Die Idee zum vorliegenden Lehrbuch entstand während der ersten Jahre meiner Lehrtätigkeit. Ziel der Veröffentlichung ist es, primär ein grundlegendes und umfassendes Verständnis für Qualitätsmanagement als unternehmensweiten und branchenübergreifenden Steuerungsansatz zu vermitteln. Den Besonderheiten des Qualitätsmanagements in den Feldern der Sozialen Arbeit und des Gesundheitswesens wird dabei Rechnung getragen. Spezifische Aspekte des Qualitätsmanagements in Sozialunternehmen fließen im allgemeinen Qualitätsverständnis ein, in den Qualitätsmodellen, den Rechtsgrundlagen und feldeigenen Qualitätsmanagementkonzepten. Das Lehrbuch umfasst drei Teile: Grundlagen – Qualitätsmanagementsysteme und -konzepte – Implementierung und Steuerung von Qualitätsmanagement. Die Teile verbindet eine inhaltliche Systematik. Gleichwohl ist es möglich, einzelne Kapitel oder Abschnitte separat zu studieren.

Im Sinne des im Qualitätsmanagement zentralen Prinzips einer kontinuierlichen Weiterentwicklung und Verbesserung freue ich mich auf Rückmeldungen und Veränderungsvorschläge aus der Leserschaft.

Jochen Ribbeck   *München, Dezember 2017*

Teil 1: Grundlagen

1. Management in Sozial- und Gesundheitsbetrieben

Qualitätsmanagement wird in diesem Buch mit einem unternehmensweiten Steuerungsanspruch vorgestellt und diskutiert. Trotz dieser Reichweite beziehungsweise dieses Geltungsanspruchs ist Qualitätsmanagement nicht als Ersatz oder alleiniger Managementansatz zu verstehen. Vielmehr muss Qualitätsmanagement in die Organisation beziehungsweise das Managementsystem integriert werden. Es ist daher zunächst notwendig, ein grundlegendes Verständnis von Management zu entwerfen, um Qualitätsmanagement darin konzeptionell zu verorten. Dafür sollen einige zentrale Aspekte von Management erläutert werden.

1.1 Der Managementbegriff

In der Fachwelt wird in der Regel zwischen einem institutionellen und einem funktionalen Managementbegriff unterschieden (Schreyögg & Steinmann, 2005, S. 6; Staehle, 1999, S. 71).

Die institutionelle Sichtweise bezieht sich auf den Personenkreis, der in Organisationen mit Führungsaufgaben betraut und mit entsprechenden Entscheidungsbefugnissen ausgestattet ist. Damit sind grundsätzlich alle Hierarchieebenen innerhalb einer Organisation gemeint. Die Unterteilung in eine obere, mittlere und untere Führungsebene ist dabei allgemein üblich. Diese Klassifikation zugehöriger Aufgaben ist grundsätzlich sehr allgemein gehalten (vgl. Staehle, 1999, S. 93). Hinzu kommt nach Einschätzung Staehles, dass sich die „Binnendifferenzierungen des Managementsystems … nicht länger entlang herkömmlicher Grenzziehungen" beschreiben lassen (Schreyögg & Steinmann, 2005, S. 95). In Bezugnahme auf Ortmann et al. (1990) stellt Staehle fest, dass „das Managementsystem nicht mehr als homogener Akteur, sondern als Konfiguration unterschiedlich mächtiger Gruppen mit unterschiedlichen Zielen und Interessen" zu verstehen ist (ebd.). Die institutionelle Sicht von Management ist prinzipiell relevant für die Frage der organisatorischen Struktur von Führung und damit zusammenhängend etwa auch für die Frage der Kompetenzverteilung. Für die Themenstellung dieses Lehrbuchs ist jedoch eine funktionale Betrachtung von Management zielführender.

Institutionelle Sichtweise

Aus funktionaler Sicht ist Management als systematischer Aufgabenkomplex zur Steuerung arbeitsteiliger Organisationen zu verstehen (Schreyögg & Steinmann, 2005, S. 7). Das Bestreben, zentrale Steuerungsfunktionen zu benennen, ist historisch gesehen, weit zurückzuverfolgen. So formulierte Henri Fayol bereits Anfang des 20. Jahrhunderts allgemeine Verwaltungsprinzipien (Fayol, 1916). Heute haben sich fünf fundamentale Managementfunktionen nach Koontz und O'Donnell (1955, S. 34 ff.) etabliert: Planung, Organisation, Personaleinsatz, Führung und Kontrolle. Die Autoren betonten dabei die Gleichwertigkeit dieser Aufgaben. Die Funktionen sind nicht als lineare Abfolge zu verstehen, sondern finden eher zeitgleich statt.

Funktionale Sichtweise

Die Aufgaben im Einzelnen sind wie folgt zu verstehen:

Managementfunktionen nach Koontz & O'Donnell

- **Planung** (planning) bezeichnet primär die Auswahl von Zielen und die Entwicklung von Handlungsstrategien. Die Planungsaufgabe bezieht sich dabei neben der Zielentwicklung auch auf die Festlegung der Unternehmenspolitik als Gestaltungsrahmen, die Festlegung von Verfahrensweisen, Programmen und wirtschaftlichen Vorgaben.

- Die Umsetzung der gedanklichen Planung wird **Organisation** (organizing) bezeichnet. Im Wesentlichen fällt darunter die Aufstellung einer planbezogenen Aufgabenverteilung und die Schaffung förderlicher Kommunikationsstrukturen.

- Unter **Personaleinsatz** (staffing) wird die anforderungsgerechte personelle Verteilung der notwendigen Aufgaben verstanden sowie die systematische Steuerung und Erhaltung der personellen Ressourcen im Kontext von Personalmanagement.

- **Führung** (direction) bezieht sich auf die operative Ebene und umfasst zentrale Anforderungen wie die direkte Anweisung, Anleitung oder Delegation, die Gestaltung von Arbeitsbeziehungen, den Umgang mit Konflikten oder die Förderung von Arbeitsmotivation.

- **Kontrolle** (control) schließlich stellt die Komplementärfunktion zur Planung dar. Kontrolliert wird der Erreichungsgrad der Planungen. Das Ergebnis dieses Soll-Ist-Vergleichs führt zu einer Verstetigung der Planungen und Vorgehensweisen oder zu Korrekturen unterschiedlichster Art und Ausprägung oder auch zur vollständigen Planrevision.

Management als Querschnittsfunktion

Diese grundlegenden Management- oder auch Steuerungsaufgaben, so Schreyögg und Steinmann weiter, sind prinzipiell feldübergreifend gültig, also unabhängig der zu leistenden Sachaufgaben wahrzunehmen. Management kann daher als Querschnittsfunktion verstanden werden (vgl. Schreyögg & Steinmann, 2005, S. 11). Die Autoren bezeichnen Management als eine Art Generaldisziplin und prägten hierfür den Begriff „infradisziplinäres Prinzip" (ebd.). Management kann als allgemeines Prinzip zur Lösung von Steuerungsproblemen bezeichnet werden. Damit zeigt sich eine Ähnlichkeit mit dem Prinzip der kontinuierlichen Verbesserung im Qualitätsmanagement

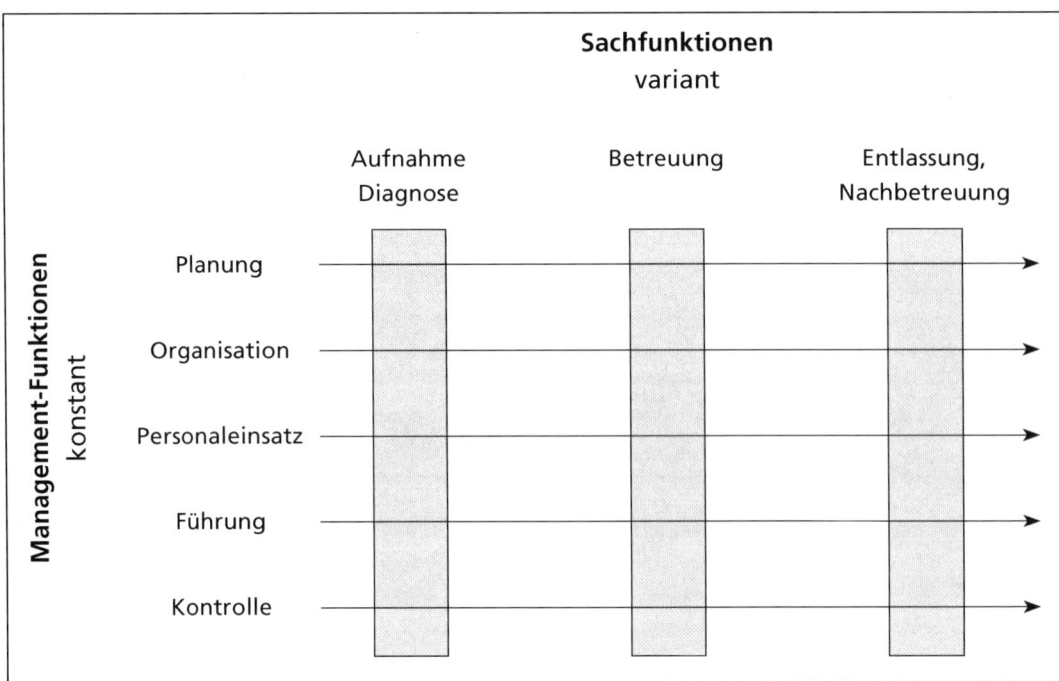

Abb. 1: Management als Querschnittsfunktion (mod. n. Schreyögg & Steinmann, 2006, S. 7)

Diese grundlegende funktionale Betrachtungsweise von Management lässt zwei zentrale Bezugspunkte deutlich werden: Management hat einerseits sachorientierte und andererseits personenorientierte Bezüge (vgl. Ulrich & Fluri, 1995): *Sach- und personenbezogene Funktionen*

Sachbezogene Funktionen umfassen Planung, Organisation, Disposition und Kontrolle.

Personenbezogene Funktionen beziehen sich auf Führungshandeln in Form von Entscheiden, Anweisen, Konfliktklärung, Motivation usw. und damit verbundene Interaktions- und Kommunikationsprozesse. Bleicher (2011) unterscheidet in diesem Zusammenhang weiter drei Teilfunktionen:

- „*Gestaltung* eines institutionellen Rahmens, der es ermöglicht, eine handlungsfähige Ganzheit über ihre Zweckerfüllung überlebensfähig und entwicklungsfähig zu erhalten.

- *Lenkung* durch das Bestimmen von Zielen und das Festlegen, Auslösen und Kontrollieren von zielgerichteten Aktivitäten des Systems und seiner Elemente.

- *Entwicklung* ist teils das Ergebnis von Gestaltungs- und Lenkungsprozessen im Zeitablauf, teils erfolgt sie in sozialen Systemen eigenständig, evolutorisch durch intergeneratives Erlernen von Wissen, Können und Einstellungen" (Bleicher, 2011, S. 73).

Die funktionale Sichtweise von Management muss daher erweitert werden. Dafür eignet sich die Unterscheidung verschiedener Managementebenen nach dem St. Gallener Managementmodell. Danach wird zwischen normativer, strategischer und operativer Managementebenen unterschieden. *St. Gallener Managementmodell*

- Die **normative** Managementebene des St. Gallener Ansatzes umfasst die grundlegende norm- und wertbezogene „Legitimation der unternehmerischen Tätigkeit" (Rüegg-Stürm, 2003, S. 71). Normatives Management zielt darauf ab, im Kontext der Abwägung interner und externer Interessenslagen und möglicher Konflikte diesbezüglich wesentliche und bindende Richtlinien, etwa in Gestalt von Leitbildern, Unternehmensrichtlinien oder Kodizes zu entwickeln und als verbindliches ethisches Korrektiv steuernd einzusetzen.

- Die **strategische** Managementebene umfasst die „wettbewerbsbezogene, langfristige Zukunftssicherung einer Unternehmung" (Rüegg-Stürm, 2003, S. 71). Der Aspekt der Langfristigkeit bedeutet, dass sich die Steuerung und Entwicklung von Organisationen an zentralen Unternehmenszielen orientiert. Damit betrifft strategische Planung alle Managementfunktionen und -bereiche. Strategische Planung gewinnt besonders darin seine Bedeutung, dass durch die langfristige Ausrichtung ein Orientierungsrahmen im Kontext komplexer und damit rational schwer einschätzbarer Umweltfaktoren und -dynamiken geschaffen wird (vgl. ebd.).

- **Operatives** Management bezieht sich nach dem St. Gallener Modell schließlich auf „Aufgaben der unmittelbaren Bewältigung des Alltagsgeschäfts und dabei insbesondere auf die Effizienz im Umgang mit knappen Ressourcen" (Rüegg-Stürm, 2003, S. 71).

Fazit

Es wird deutlich: Managementaufgaben benötigen mit Blick auf den dauerhaften Erhalt einer Organisation eine langfristige Zielausrichtung. Organisationen sind zudem im Kern soziale Systeme. Neben formalen Strukturen bilden sich informelle, soziale Beziehungs- und Kommunikationsmuster heraus. Management realisiert sich demnach über die operative Funktionalität hinausgehend in einer strategischen Ausrichtung des Unternehmens und hinsichtlich der Entwicklung gemeinsamer normativer Grundlagen. Die hier skizzierten Ebenen sind eng verzahnt. Jede langfristige, strategische Planung muss operativ umgesetzt werden und orientiert sich an den normativen Vorgaben des Unternehmens. Jeder Funktionsbereich, wie auch Qualitätsmanagement hat Bezüge zu allen drei Managementebenen. Die Systematik dieser Managementebenen dient daher später der konzeptionellen Erklärung und Verortung von Qualitätsmanagement als integrierten Management- beziehungsweise Steuerungsansatz.

1.2 Spezifika des Managements in Sozialunternehmen

Trotz der branchenübergreifenden Funktionalität von Management muss die Frage beantwortet werden, inwieweit Management in Sozialunternehmen Besonderheiten aufweist.

Personenbezogener Dienstleistungsbegriff

Ausgangspunkt der Überlegungen ist der Dienstleistungsbegriff. Der Dienstleistungsbegriff geht seinem Theoriekonzept nach auf soziologische Studien von Badura und Gross in den 1970er Jahren zurück (vgl. Grunwald & Thiersch, 2003, S. 78 ff.). Das Ziel der Analysen war es, „den Charakter und die spezifische Eigenlogik von Dienstleistungstätigkeiten im engeren Sinne" zu beschreiben (vgl. ebd.). Als zentrales Kennzeichen personenbezogener Dienstleistungen beschrieben die beiden Soziologen das sog. **„uno-actu-Prinzip"**, wonach Leistungserstellung und -empfang (Produktion und Konsum) im Kontext eines intensiven Interaktionsgeschehens gleichzeitig stattfinden. Leistungsempfänger werden nicht in einer passiven Rolle gesehen, sondern als aktive Konsumenten oder Koproduzenten (vgl. ebd. S. 79). Gross und Badura, so Grunwald, sprechen vom „mitproduzierenden Klienten" (vgl. 1977, zit. in Grunwald, 2013b, S. 245). Die Autoren definieren Effektivität und Effizienz somit als Faktoren sozialen Handelns (vgl. ebd.). Die Folgen dieser Argumentation sind grundlegend. Personenbezogene Dienstleistungen unterliegen je nach Fachbereich einer mehr oder weniger geringen Planbarkeit und Standardisierbarkeit (vgl. Schellberg, 2012, S. 49). Humandienstleistungen können darüber hinaus nicht auf Vorrat „produziert" und dann gelagert werden. Die Erbringung personenbezogener Dienstleistungen ist demzufolge örtlich und zeitlich gebunden (vgl. ebd., S. 50).

Zweistufige Dienstleistungsproduktion

Ab Mitte der 1980er Jahre entwickelte sich neben diesem sozialwissenschaftlichen Ansatz ein ökonomischer, wirtschaftswissenschaftlicher Dienstleistungsbegriff (vgl. Grunwald, 2013b, S. 242). Als ökonomische Kernmerkmale von Humandienstleistungen wurden insbesondere die **Immaterialität** beziehungsweise **Intangibilität** der Leistung sowie die sog. **Integration des externen Faktors** herausgestellt (vgl. Grunwald & Thiersch, 2003, S. 78). Die Integration des externen Faktors hat gravierende Auswirkungen auf die Leistungserbringung und damit auf die Steuerung von Leistungsprozessen. Aus betriebswirtschaftlicher Sicht wird von einer zweistufigen Dienstleistungsproduktion oder auch -erstellung gesprochen (Grunwald, 2013d, S. 256; vgl. Schellberg, 2016). Personenbezogene Dienstleistungen können ohne Leistungsempfänger nicht vorab erstellt oder produziert werden. Vielmehr müssen die für eine potentielle Leistung erforderlichen Leistungsfaktoren als sog. Vorkombination im Sinne einer Leistungsbereitschaft vorgehalten werden. Erst durch die zusätzliche Mitwirkung, die Koproduktion des Leistungsempfängers entsteht in einer Endkombination die eigentliche Dienstleistung. Diese Besonderheit der Leistungserstellung hat zur Folge, dass personenbezogene Dienstleistungen im Kern nur in sehr geringem Maß oder gar nicht standardisiert werden können und stattdessen mit unvorhergesehenen Ereignissen im Leistungsprozess grundsätzlich zu rechnen ist.

Vor- und Endkombination

Eine weitere Besonderheit in Sozialunternehmen ist das grundlegende Verhältnis zwischen Unternehmen und Kunden. In Profitunternehmen verfügen Kunden über Kaufkraft und können für Produkte oder Leistungen direkt bezahlen. In Sozialunternehmen hingegen wird die Leistung in der Regel durch Kostenträger finanziert. Zwischen Sozialunternehmen und Leistungsempfängern entsteht somit eine sog. **nicht-schlüssige Tauschbeziehung**. Leistungserbringer, Leistungsempfänger und Kostenträger befinden sich zueinander in einem Dreiecksverhältnis. Dieser Zusammenhang hat nicht nur unmittelbare Auswirkungen auf die fachliche Leistungsgestaltung. Es sind darüber auch Aspekte des Außenverhältnisses des Unternehmens in erheblichem Maße betroffen. Im Zusammenhang wirtschaftlicher Planungen sind Sozialunternehmen grundlegend auf kommunale Planungspartner angewiesen. Damit kommt es zu einer Vervielfältigung von Interessens- und Anspruchsgruppen. Neben Kundenerwartungen im engeren Sinne und wirtschaftlichen Überlegungen kommen noch politische bzw. gesetzliche Forderungen hinzu, die im Kontext von Managementhandeln zu berücksichtigen sind. Neben dem intendierten und geförderten Wettbewerb wird der Markt durch diese grundlegende politische Einbindung reguliert, so dass von einem Quasi-Markt gesprochen werden kann. Das bedeutet für Qualitätsmanagement, dass der Orientierung an relevanten Anspruchsgruppen und **aktives Stakeholder-Management** eine zentrale Bedeutung zukommen muss.

Kostenträger-finanzierung

2. Qualitätsmanagement als Gegenstandsbereich

Im vorhergehenden Kapitel wurde ein funktionales Verständnis von Management entwickelt und die Besonderheiten des Managements in Sozial- und Gesundheitsbetrieben herausgestellt. Nun soll Qualitätsmanagement als Gegenstandsbereich im Allgemeinen und in Bezug auf Sozialunternehmen im Besonderen erschlossen werden.

2.1 Der Qualitätsbegriff

Allgemein kann unter Qualität die Güte, der Wert oder die Beschaffenheit von etwas verstanden werden (vgl. Bobzien, Stark & Straus, 1996, S. 39; Irsken, 2002, S. 750; Bruhn, 2013, S. 30). Dabei wird mit Qualität in der Regel etwas Positives verbunden.

Bezugsrahmen zur Definition

Bei dieser Definition bleibt jedoch unklar, in welchem fachlichen, konzeptionellen Bezugsrahmen Qualität inhaltlich bestimmt wird und auf welchem Weg diese Festlegung erfolgt. Eine prinzipielle Antwort gibt die Definition von Geiger: Demnach ist unter Qualität „die Relation zwischen realisierter Beschaffenheit und geforderter Beschaffenheit" zu verstehen (1998, S. 63). Der Terminus Beschaffenheit bezeichnet dabei die „Gesamtheit der Merkmale und Merkmalswerte" einer Einheit (ebd., S. 57). Unter Einheit ist der materielle oder immaterielle Gegenstand der Betrachtung zu verstehen (vgl. ebd., S. 55).

Qualitätsmaßstäbe, -forderungen

Qualität bemisst sich also stets in Relation zu angelegten Maßstäben. Diese inhaltlichen Qualitätsmaßstäbe oder auch Qualitätsforderungen können unterschiedlich begründet sein und sich prinzipiell auf Strukturen, Prozesse oder Ergebnisse beziehen. Die geforderten beziehungsweise gewünschten Eigenschaften von Qualität werden zunächst durch geeignete Qualitätsmerkmale operationalisiert und dann mittels geeigneter Indikatoren gemessen. Nach diesem Grundverständnis wird Qualität vielfach als Waage dargestellt.

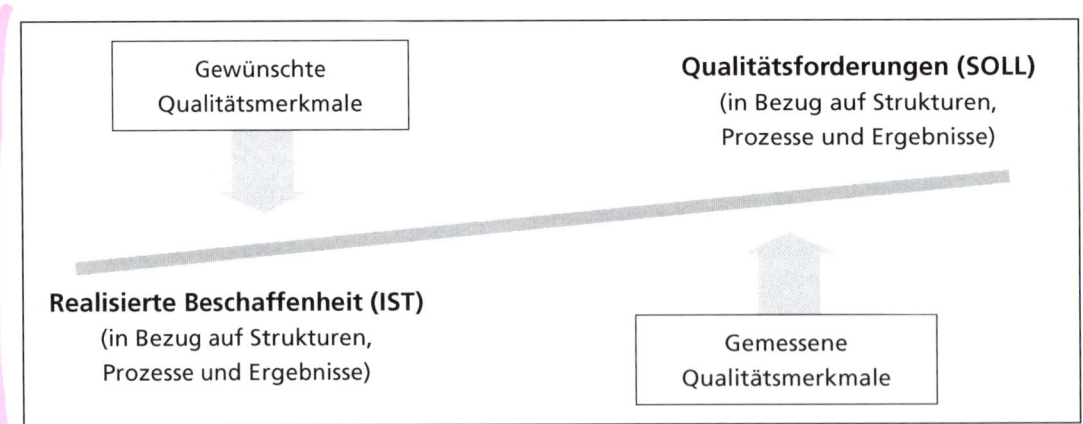

Abb. 2: Qualitätswaage in Anlehnung von Geiger (1998, S. 64)

Qualität als veränderliches Konstrukt

Tatsächliche Qualität wird in Bezug auf zuvor festgelegte Idealforderungen gemessen und bewertet. Qualitätsforderungen ändern sich jedoch und insofern ist auch Qualität als veränderliches Konstrukt zu verstehen (Zollondz, 2011, S. 174). Hinzu kommt, dass Festlegungen von Qualitätsvorstellungen, z. B. in Form von Qualitätsstandards, meist das Ergebnis von Aushandlungsprozessen sind. Dabei gilt es einerseits unterschiedliche sachliche Forderungen zu koordinieren, etwa in Gestalt von Risikoabwägungen oder Diskrepanzen zwischen fachlichen Vorstellungen und ökonomischer Ressourcenlage. Andererseits spielen auch Interessen, Erwartungen und Motivationen eine entscheidende Rolle.

Um diese Zusammenhänge noch besser zu verstehen, müssen die soeben eingeführten Begriffe genauer geklärt werden.

2.2 Qualitätsmerkmale, Qualitätsforderungen

Die Beschaffenheit oder Qualität von Produkten beziehungsweise Leistungsergebnissen, Prozessen oder Systemen wird über Qualitätsmerkmale beschrieben. Alternativ wird auch von Qualitätskriterien oder -eigenschaften gesprochen. Qualitätsmerkmale weisen in der Regel bestimmte Ausprägungen beziehungsweise Werte auf.

Qualitätsmerkmale

Merkmal	Merkmalsausprägung
Geschlecht	männlich, weiblich
Alter	X Jahre
Prozesszeiten	X Minuten
Kundenbeschwerden	X Beschwerden (pro Jahr)
Kundenzufriedenheit	sehr zufrieden, wenig zufrieden, unzufrieden…
Wartezeit	X Minuten

Abb. 3: Qualitätsmerkmale und Merkmalswerte (mod. n. Hensen, P. 2016, S.12)

Qualitätsmerkmale lassen sich systematisieren (vgl. Herrmann & Fritz, 2011, S. 11 ff.; vgl. Hensen P., 2016, S. 12 f.).

So können Qualitätsmerkmale inhärent oder zugeordnet sein. Inhärente Qualitätsmerkmale sind direkt einer Einheit zugeordnet, sie beschreiben die Beschaffenheit einer Einheit unmittelbar und sind daher für die zu betrachtende Einheit charakteristisch. Beispielsweise könnten die inhärenten Qualitätsmerkmale eines Produkts seine Farbe, Größe und Gewicht darstellen. Zugeordnete Qualitätsmerkmale werden einer Einheit quasi von außen zugewiesen, sie verändern die Einheit nicht. Zugeordnete Qualitätsmerkmale sind etwa Preis oder Bezeichnung einer Einheit.

Inhärente Merkmale

Weiterhin wird zwischen **quantitativen** und **qualitativen** Qualitätsmerkmalen differenziert. 7 sind in Zahlen abbildbar und werden mittels metrischer Skalen gemessen. Qualitative Merkmale dagegen werden auf topologischen Skalen (Ordinal- oder Nominalskala) abgebildet.

Quantitative, qualitative Merkmale

Schließlich ist noch die Aufteilung in **subjektive** und **objektive** Qualitätsmerkmale zu nennen. Subjektive Merkmale beziehen sich auf persönliche Einschätzungen, Einstel-

Subjektive, objektive Merkmale

lungen oder Beurteilungen, die insbesondere mittels Befragungen erhoben werden. Die Merkmalswerte entsprechen damit den persönlichen Angaben der befragten Personen. Objektive Qualitätsmerkmale sind hingegen von außenstehenden Personen überprüfbar.

	subjektiv	objektiv
qualitativ	Image eines Unternehmens	Standort eines Unternehmens
quantitativ	Kundenzufriedenheit	Wartezeiten vor der Leistungserbringung

Abb. 4: Merkmalsdimensionen (mod. n. Hensen, P., 2016, S. 13)

> Merkmale beziehungsweise Merkmalswerte beschreiben die Qualität einer Bezugseinheit.

Qualität hat jedoch nicht nur eine in diesem Sinne deskriptive, sondern auch eine inhaltlich, bewertende Komponente (vgl. Hensen P., 2016, S. 14). Dies führt uns zum Begriff der Qualitätsforderungen.

Qualitätsforderungen Begrifflich stehen Qualitätsforderungen für die Summe der Wertaussagen beziehungsweise der Soll-Vorstellungen bezüglich der Qualität einer betreffenden Einheit (vgl. Geiger & Kotte, 2005, S. 142). Forderungen an Qualität können sehr unterschiedlicher Natur sein, etwa in Form fachlicher Richtlinien, rechtlicher Normen, ethischer Grundsätze oder wirtschaftlicher Vorgaben.

Konfliktfelder möglich Qualitätsforderungen sind nicht zwingend eine homogene Summe aller Qualitätsmerkmale. Es können vielmehr Konfliktfelder entstehen, beispielsweise in Gestalt gegensätzlicher Rechtsnormen oder der Schwierigkeit, fachliche Vorstellungen mit wirtschaftlichen Vorgaben in Einklang zu bringen.

> Qualitätsforderungen sind nicht nur das Resultat unterschiedlicher relevanter Qualitätsmerkmale, sondern auch deren Bewertung durch Personen oder Personengruppen, also sog. Anspruchsgruppen.

2.3 Anspruchsgruppen

Strukturbestimmen-
des Prinzip im QM Anspruchsgruppen sind Personen beziehungsweise Personengruppen, die Forderungen an die Qualität einer Einheit stellen. Prinzipiell ist der Kreis der Anspruchsgruppen nicht exakt festgelegt. Im Qualitätsmanagement wird in diesem Kontext vielfach der alternative Begriff „Kunden" verwendet. Die Orientierung an Anspruchsgruppen beziehungsweise Kunden ist ein strukturbestimmendes Prinzip im Qualitätsmanagement. Eine differenzierte Diskussion der Kunden-, Anspruchsgruppenorientierung als Strukturprinzip des Qualitätsmanagements wird separat geführt (siehe 5.2 „Kunden-, Anspruchsgruppenorientierung").

Für die Qualitätsbestimmung personenbezogener Dienstleistungen sind drei zentrale Perspektiven von Belang (vgl. Hensen P., 2016, S. 15 ff.; vgl. Merchel, 2013, S. 41 ff.):

Anspruchsgruppen auf Ebene der Organisation

- Mit Blick auf die Charakteristika personenbezogener Dienstleistungen (Koproduktion, Intangibilität, Immaterialität, Gleichzeitigkeit von Leistungserstellung und Leistungsempfang) nehmen die Qualitätsforderungen der **Leistungsempfänger** die zentrale Rolle ein.

- Qualität aus **professionsbezogener Perspektive** „entspricht in etwa dem, was im weiteren Sinne unter einer Versorgungs-, Betreuungs- oder Behandlungsqualität zu verstehen ist" (Hensen P., 2016, S. 16). Fachliche Qualitätsforderungen stehen dabei vielfach in einem Spannungsfeld zu Vorstellungen betroffener Leistungsempfänger.

- Schließlich ist die **managementbezogene** Qualitätsperspektive zu nennen. Hier sind Qualitätsforderungen zusammengefasst, die sich im Wesentlichen auf die Bereitstellung und Steuerung der Ressourcen beziehen, die für die Realisierung fachlicher und kundenbezogener Qualitätsziele erforderlich sind. Aus Sicht des Managements sind organisationale, insbesondere wirtschaftliche Vorgaben zu berücksichtigen.

Die drei genannten Anspruchsgruppen betreffen die Ebene der Organisation.

Eine Vielzahl weiterer Anspruchsgruppen außerhalb der Organisation sind zu nennen, insbesondere Kostenträger, andere Finanzgeber, politische oder fachliche Kooperationspartner oder die kommunale beziehungsweise gesellschaftliche Öffentlichkeit.

Anspruchsgruppen außerhalb der Organisation

Die Interessen und Erwartungen der verschiedenen Anspruchsgruppen sind vielfältig und in Bezug auf die vertretenen Qualitätsforderungen vielfach auch heterogen und konflikthaft. So ist vorstellbar, dass die fachlichen Qualitätsforderungen mit wirtschaftlichen Vorgaben von Seiten des Managements oder auch mit Blick auf Vorstellungen von Kostenträgern schwer in Einklang gebracht werden können. Personenbezogene, persönliche Qualitätsforderungen von Kunden können von fachlichen Vorstellungen in erheblichem Maße abweichen.

Oft heterogene und zu Konflikten führende Ansichten

Die elementare Bedeutung von Anspruchsgruppen unterstreicht, dass Qualität letztlich standpunktabhängig und relativ ist. Der jeweilige Standpunkt wiederum hängt von Interessen ab und ist normbesetzt beziehungsweise wertebesetzt. Um dennoch eine konstruktive und zielführende Auseinandersetzung über Qualität zu ermöglichen, ist eine Verständigung über leitende Werte und Normen unerlässlich. Im Zentrum steht also die Frage, wie insgesamt im organisationalen Kontext die verschiedenen Sichtweisen auf Qualität erfasst, gewichtet und realisiert werden können.

Leitende Werte und Normen unerlässlich

2.4 Qualitätssicherung und -entwicklung, -management

Der Begriff **Qualitätssicherung** ist in erster Linie im Sinne von Qualitätskontrolle zu verstehen. Der Begriff stammt, so Vomberg, aus der Industrie der 1950er Jahre und „umfasste die Bereiche Qualitätsplanung, Qualitätssicherungssysteme, Qualitätssicherungs-

Begriff Qualitätssicherung

handbücher, einzelne Qualitätstechniken sowie beginnende Fehlervermeidung" (2010, S. 15). Ziel von Qualitätssicherung ist es, ein definiertes „Qualitätsniveau" dauerhaft zu erreichen (ebd.). Die exakte Bestimmung von Dienstleistungsqualität ist jedoch nur sehr eingeschränkt möglich. Der Begriff Qualitätssicherung wie auch der damit intendierte Kontroll- und Steuerungsanspruch wird daher vielfach kritisch diskutiert (vgl. Vomberg, 2010; vgl. Grunwald, 2013a). Eine Argumentationslinie zielt auf die Unvereinbarkeit fachlicher Konzepte wie Lebensweltorientierung, Empowerment, Inklusion mit standardisierten Mess- und Bewertungsmaßstäben (vgl. Grunwald, 2013c, S. 819). Vielfach wird kritisch gesehen, Qualität eindimensional, etwa nach wirtschaftlichen Gesichtspunkten bestimmen zu wollen. Der Begriff Qualitätssicherung in Bezug auf personenbezogene Dienstleistungen ist auch tatsächlich unbrauchbar, wenn der Versuch unternommen wird, allgemeingültige und unveränderliche Qualitätsmaßstäbe zu entwickeln. Vomberg weist gleichzeitig darauf hin, dass „fachlich begründete und aus der Erfahrung wirksame Standards dennoch helfen, ein Minimum an Prozesssicherheit zu realisieren" (Vomberg, 2010, S. 15).

Begriff Qualitätsentwicklung

Der Terminus **Qualitätsentwicklung** bezieht sich zunächst auf die fachlichen Möglichkeiten, Qualität zu erzeugen. Grunwald nennt in diesem Zusammenhang z. B. „spezifische Kommunikations- und Entscheidungsstrukturen", „Hilfe-, Betreuungs- oder Förderplanung" oder „verschiedene Formen der Praxisberatung, Supervision" (Grunwald, 2013c, S. 820). Der Begriff Qualitätsentwicklung betont darüber hinaus die Notwendigkeit, Qualität sozialer Dienstleistungen als veränderlich zu betrachten, bestehende Qualitätsvorstellungen kontinuierlich zu reflektieren und entsprechend anzupassen. Wie noch ausführlich darzulegen sein wird, ist die kontinuierliche Weiterentwicklung von Qualität ein Kernmerkmal von Qualitätsmanagement (siehe 5.1 „Kontinuierlicher Verbesserungsprozess").

Begriff Qualitätsmanagement

Qualitätsmanagement kann definiert werden als qualitätsorientierte Steuerung eines Unternehmens. Als unternehmensweiter Steuerungsansatz wiederum muss Qualitätsmanagement in die Gesamtorganisation integriert werden.

Mit Blick auf das bereits dargelegte Verständnis von Management bedeutet dies, Qualitätsmanagement auf normativer, strategischer und operativer Ebene im Unternehmen zu verankern. Es bedeutet ferner, dass Qualitätsmanagement den grundlegenden Managementfunktionen folgt und Qualitätsplanung, -steuerung, -sicherung und -verbesserung gleichermaßen umfasst.

Zusammenhang Qualitätssicherung, -entwicklung, -management

Abschließend ist nun der Zusammenhang der drei Begriffe Qualitätssicherung, -entwicklung und -management aufzuzeigen. Qualitätssicherung setzt voraus, dass eine Auseinandersetzung darüber stattfindet, was unter der Qualität eines bestimmten Produktes beziehungsweise einer Leistung zu verstehen ist. Abweichungen von Qualitätsforderungen werden einer Analyse und Prüfung unterzogen, um Veränderungen im Produktions- beziehungsweise Leistungsprozess vornehmen zu können. In diesem Sinne kommt auch im Rahmen von Qualitätssicherung ein Entwicklungsaspekt zum Tragen. Analog verhält es sich mit Qualitätsentwicklung. Auch hier muss davon ausgegangen werden, dass Prüfvorgänge durchgeführt werden. So kommen auch soziale Interventionen nicht ohne Überprüfung im weitesten Sinne aus.

Qualitätssicherung und Qualitätsentwicklung bezeichnen demnach trotz ihrer unterschiedlichen Herkunft und Zielrichtung letztlich zwei Aspekte, die im Rahmen eines sinnvollen Umgangs mit Qualität gleichermaßen berücksichtigt werden müssen.

Und schließlich kann ein systematischer und fortlaufender Qualitätsentwicklungsprozess nur gesichert werden, wenn er in ein Qualitätsmanagementsystem eingebunden ist.

Qualitätsmanagement ist somit als Klammerbegriff zu verstehen; er umfasst die auf Qualitätssicherung und Qualitätsentwicklung abzielenden Managementaufgaben gleichermaßen. *Fazit*

3. Qualitätsmodelle

Modelle dienen allgemein dazu, reale Phänomene in vereinfachter Form abzubilden und damit einer Handhabung zugänglich zu machen. „In Qualitätsmodellen wird versucht, die Komplexität, die im Begriff der Qualität steckt, zu reduzieren und die begriffliche und konzeptionelle Grundlage für die Beschäftigung mit Qualitätsproblemen zu schaffen" (Zollondz, 2011, S. 194).

Qualitätsmodelle für den Dienstleistungsbereich

Es werden im Folgenden Qualitätsmodelle vorgestellt, die für den Dienstleistungsbereich von Bedeutung sind. Die Modelle von Donabedian und Parasuraman, Zeithaml und Berry gelten als branchenübergreifend gültig. Als branchenspezifische Ansätze wird für das Gesundheitswesen das Modell von Maxwell und für die Soziale Arbeit das Modell der integrierten Qualitätsentwicklung von Meinhold und Matul vorgestellt.

3.1 Qualitätsdimensionen nach Donabedian

Donabedian (1980) bezog sich in seinen Untersuchungen und Überlegungen zur Definition und Bewertung von Qualität auf den Bereich der gesundheitlichen Versorgung. Er kam dabei zu einer grundsätzlichen Unterscheidung verschiedener Ansätze der Qualitätsbewertung.

Technische und interpersonale Perspektive

Ausgangspunkt seiner Analysen war die Feststellung, dass medizinische und pflegerische Versorgung grundsätzlich aus einer technischen und einer interpersonalen Perspektive zu betrachten ist (vgl. Donabedian, 1980, S. 5). Die technische Seite von Qualität, so Donabedian, muss sich am Stand aktueller Wissenschaft und Technik bemessen, unter Berücksichtigung möglicher Risiken. Die interpersonale, soziale Dimension von Qualität, die schwieriger zu bestimmen ist, orientiert sich an allgemeinen berufsbezogenen ethischen Richtlinien sowie den Erwartungen und Vorstellungen der Patienten. Der Leistungsprozess war für Donabedian der Kern seiner Betrachtung: „...the primary object of study is a set of activities that go on within and between practitioners and patients. This set of activities I have called the ‚process' of care" (1980, S. 79). Donabedian hat damit – entgegen gelegentlicher Einschätzung – die Interaktivität personenbezogener Dienstleistungen bereits erkannt.

Drei Qualitätsdimensionen

Nach dem Modell von Donabedian werden drei Qualitätsdimensionen unterschieden: Struktur-, Prozess- und Ergebnisqualität.

- Die Dimension **Strukturqualität** (structure) bezieht sich auf die für die Leistungserstellung notwendigen organisationalen Voraussetzungen. Darunter fallen räumliche Ausstattung, technische Ausrüstung, wirtschaftliche Ressourcen, Anzahl und Qualifikation des Personals wie auch die Zugangs- und Nutzungsmöglichkeiten durch die Leistungsempfänger (vgl. Donabedian, 1980, S. 81).

- Zur Dimension **Prozessqualität** (process) werden alle Aktivitäten, Abläufe und Verfahren im Zusammenhang der Leistungserstellung gezählt. Die Qualität der Prozesse wird dabei sowohl von der Planung als auch der Einhaltung definierter Standards beeinflusst. Das Prozessgeschehen, so Donabedian, spielt sich dabei in Interaktion zwischen Leistungsersteller und -empfänger ab (vgl. Donabedian, 1980, S. 79).

- Schließlich umfasst die Dimension **Ergebnisqualität** (outcome) alle Resultate von Leistungsprozessen aus der Sicht des Leistungsempfängers. Donabedian legte seinen Überlegungen zur Ergebnisqualität dabei ein breites Verständnis von Gesundheit zugrunde (vgl. 1980, S. 83). Übertragen auf personenbezogene Dienstleistungen im Allgemeinen kann Ergebnisqualität somit an objektiven wie auch subjektiven Merkmalen kenntlich gemacht werden.

Strukturqualität	Prozessqualität	Ergebnisqualität
Anzahl Mitarbeitende	Einhalten von Prozessstandards	Zufriedenheit von Leistungsempfängern
Qualifikation Personal	Reibungslose Zusammenarbeit	Gewünschte Verhaltensänderungen
Technische Ausstattung		
Erreichbarkeit der Organisation	Warte- oder Bearbeitungszeiten	Verbesserung körperlicher Zustände

Abb. 5: Beispiele zu den Qualitätsdimensionen nach Donabedian

Donabedian nahm zwischen den drei Qualitätsdimensionen einen grundlegenden funktionalen Zusammenhang an. Diese Sichtweise wird vielfach als Vereinfachung kritisiert (vgl. Zollondz, 2011, S. 171; vgl. Hensen P., 2016, S. 25). Donabedian war sich der Abstraktion dieser Funktionalität jedoch grundsätzlich bewusst und verwies auf die tatsächlich wohl differenzierteren, vielschichtigen Verbindungen (vgl. 1980, S. 84).

Annahme eines funktionalen Zusammenhangs

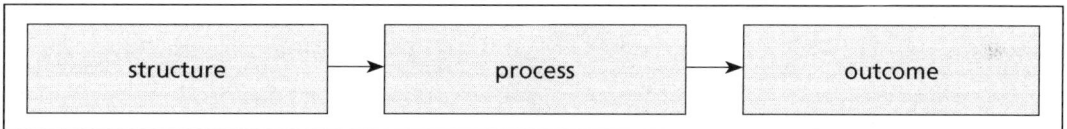

Abb. 6: Zusammenhang zwischen Struktur-, Prozess- und Ergebnisqualität (Donabedian, 1980, S. 83)

Die von Donabedian vorgenommene Unterscheidung zwischen Prozess, Struktur und Ergebnisqualität zählt heute feldübergreifend zum zentralen Wissensbestand im Qualitätsmanagement.

3.2 Das partialanalytische Qualitätsmodell nach Garvin

Garvin versuchte, unterschiedliche Sichtweisen auf Produktqualität zu separieren und zu beschreiben. Daher wird auch von einem partialanalytischen Qualitätsmodell gesprochen.

Fünf Ansätze zur Erfassung von Qualität

Garvin unterschied fünf Ansätze, um Qualität zu erfassen (1984, S. 25 ff.):

- **Excellente Qualität** (transcendent approach): Excellente Qualität bezeichnet ein absolutes Höchstmaß an Qualität. Dieser Qualitätsanspruch ist gleichsam universell, nicht überprüfbar oder genau beschreibbar, jedoch erfahrbar.

- **Produktbezogene Qualität** (product-based approach): Produktbezogene Qualität bezieht sich auf Merkmale, die quantifiziert und in diesem Sinne exakt gemessen werden können.

- **Kundenbezogene Qualität** (user-based approach): Qualität aus Kundensicht bedeutet, nach den individuellen, persönlichen Qualitätsforderungen zu fragen.

- **Herstellungsbezogene Qualität** (manufactering-based approach): Unter herstellungsbezogener Qualität ist die Einhaltung von Anforderungen in Bezug auf Planung und Produktion beziehungsweise Leistungserstellung. Die definierten herstellungsbezogenen Anforderungen wiederum folgen dem zentralen Ziel der Kosteneinsparung.

- **Wertbezogene Qualität** (value-based approach): Wertbezogene Qualität bedeutet, Produkte oder Leistungen im Verhältnis zu Kosten und Preis zu beurteilen.

Zur Konfliktvermeidung: Unterschiedliche Ansätze zur Qualitätsbewertung

Diese und, so Garvin, möglicherweise weitere Qualitätsansätze, führen in der betrieblichen Praxis vielfach zu Konflikten (vgl. 1984, S. 28 f.). Aus Marketingperspektive sind etwa vor allem Kundenerwartungen und die Qualität des Produktes von zentraler Bedeutung. In der Herstellung hingegen sind insbesondere Prozessstandards und Möglichkeiten der Kosteneinsparung maßgebend. Garvin betont vor diesem Hintergrund die Notwendigkeit, unterschiedliche Ansätze der Qualitätsbewertung zu pflegen (vgl. 1984, S. 29).

Kritische Dimensionen zur Qualitätsbewertung

Garvin formulierte darüber hinaus acht kritische Dimensionen, die einen Rahmen für die Bewertung von Qualität bilden (vgl. 1984, S. 30 ff.)

- **Leistung** (performance): Die Leistung bezieht sich auf die zentralen Funktionseigenschaften eines Produkts und berücksichtigt produkt- wie kundenbezogene Qualitätsforderungen. Während die Produktleistung selbst an objektiven Kriterien gemessen werden kann, wird das Verhältnis von Leistung und Qualität durch Kunden prinzipiell nach individuellen Maßstäben bewertet.

- **Eigenschaften** (features): Die Eigenschaften ergänzen die grundlegende Leistungsfunktion des Produkts. Dabei sind wiederum objektiv messbare Merkmale und persönliche Kundenvorstellungen zu berücksichtigen.

- **Zuverlässigkeit** (reliability): Die Zuverlässigkeit markiert die Wahrscheinlichkeit eines Fehlers oder Mangels.

- **Konformität** (conformance): Konformität bezeichnet den Grad, in dem Design- oder Leistungsanforderungen eingehalten werden. Zuverlässigkeit und Anforderungskonformität beziehen sich vor allem auf den herstellungsbezogenen Ansatz der Qualitätsbewertung.

- **Haltbarkeit** (durability): Die Dimension der Haltbarkeit beschreibt die Produktlebensdauer in ökonomischer wie auch technischer Hinsicht. Haltbarkeit ist eng mit der Dimension Zuverlässigkeit verbunden.

- **Servicefreundlichkeit** (serviceability): Die Wartungs- oder Servicefreundlichkeit umfasst die Geschwindigkeit, Kompetenz und Verbindlichkeit beziehungsweise Zuvorkommenheit bei Reparaturen.

- **Ästhetische Vorstellungen** (aesthetics): Ästhetische Vorstellungen von Qualität unterliegen vollständig der persönlichen Wahrnehmung durch den Kunden.

- **Wahrgenommene Qualität** (perceived quality): Schließlich stellt auch die wahrgenommene Qualität eine subjektive Qualitätsdimension dar. Kunden haben nicht immer einen vollständigen Einblick in die Produkteigenschaft. Daher wird die Wahrnehmung der Qualität in hohem Maße indirekt durch Werbung, Bilder und Markenvergleiche geprägt.

3.3 Das Modell der Dienstleistungsqualität nach Parasuraman, Zeithaml und Berry

Parasuraman, Zeithaml und Berry entwickelten in den 1980er Jahren auf der Basis empirischer Untersuchungen ein Modell der Dienstleistungsqualität (1985; 1988a). Grundlage ihres Qualitätsmodells waren explizit kundenbezogene Erwartungen. Im Rahmen von Interviews mit Führungskräften konzipierten die Forscher ein Modell, um zentrale Konfliktfelder oder Lücken (sog. Gaps) zwischen Kundenerwartungen und realisierter Dienstleistungsqualität zu erfassen (vgl. 1985, S. 44 ff.; vgl. 1988a, S. 35 ff.). Kundenerwartungen an die Qualität von Dienstleistungen speisen sich aus individuellen Bedürfnissen, bisherigen Erfahrungen und durch Mund-zu-Mund-Kommunikation. Im Idealfall stimmen erwartete und tatsächlich wahrgenommene Dienstleistungsqualität überein.

Grundlage: Kundenerwartungen

Gaps oder Lücken entstehen jedoch zwischen

Gaps/Lücken beim Modell der Dienstleistungsqualität

1. den Kundenerwartungen in der Wahrnehmung des Managements und der erwarteten Dienstleistungsqualität durch den Kunden selbst (GAP 1),

2. den Kundenerwartungen in der Wahrnehmung durch das Management und der Umsetzung der wahrgenommenen Kundenerwartungen in Spezifikationen der Dienstleistungsqualität (GAP 2),

3. der Umsetzung der wahrgenommenen Kundenerwartungen in Spezifikationen der Dienstleistungsqualität und der Erstellung der Dienstleistung (GAP 3),

4. der Erstellung der Dienstleistung und der an den Kunden gerichteten, externen Kommunikation beziehungsweise der versprochenen Qualität der Dienstleistung (GAP 4) sowie

5. der tatsächlichen Erstellung der Dienstleistung und der wahrgenommenen Dienstleistung (GAP 5).

Qualitätsmodell

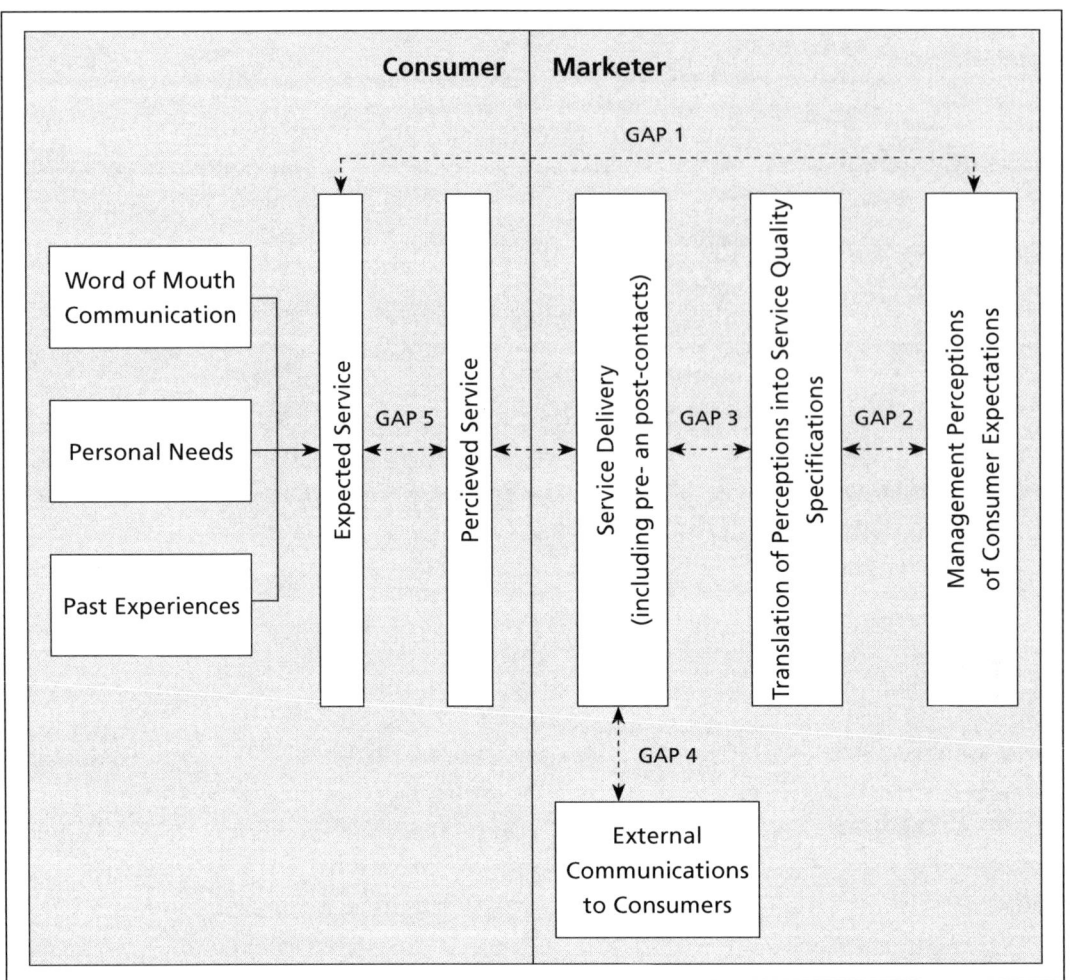

Abb. 7: GAP-Modell der Dienstleistungsqualität (Parasuraman, Zeithaml & Berry, 1985, S. 44)

Erweiterung   Drei Jahre später beschrieben Parasuraman, Zeithaml und Berry in einem erweiterten Qualitätsmodell mögliche Faktoren (siehe Abb. 8), um auf die bereits beschriebenen Lücken Einfluss nehmen zu können (1988a).

Qualitätsindikatoren   In diesem Zusammenhang fokussierten Parasuraman et al. fünf Dimensionen, die als Qualitätsindikatoren fungieren (vgl. 1988a, S. 45):

- **Materielles Umfeld** (tangibles): physisches Umfeld, Ausrüstung, äußeres Erscheinungsbild des Personals

- **Zuverlässigkeit** (reliability): Fähigkeit, Dienstleistung zuverlässig und genau zu erbringen

- **Entgegenkommen** (responsiveness): Bereitschaft, auf Kundenwünsche unverzüglich einzugehen und bei Problemlösungen zu helfen, Einsatzbereitschaft

- **Souveränität** (assurance): Fachwissen, Vertrauenswürdigkeit, Höflichkeit

- **Einfühlungsvermögen** (empathy): Fähigkeit, auf individuelle Kundenwünsche einzugehen

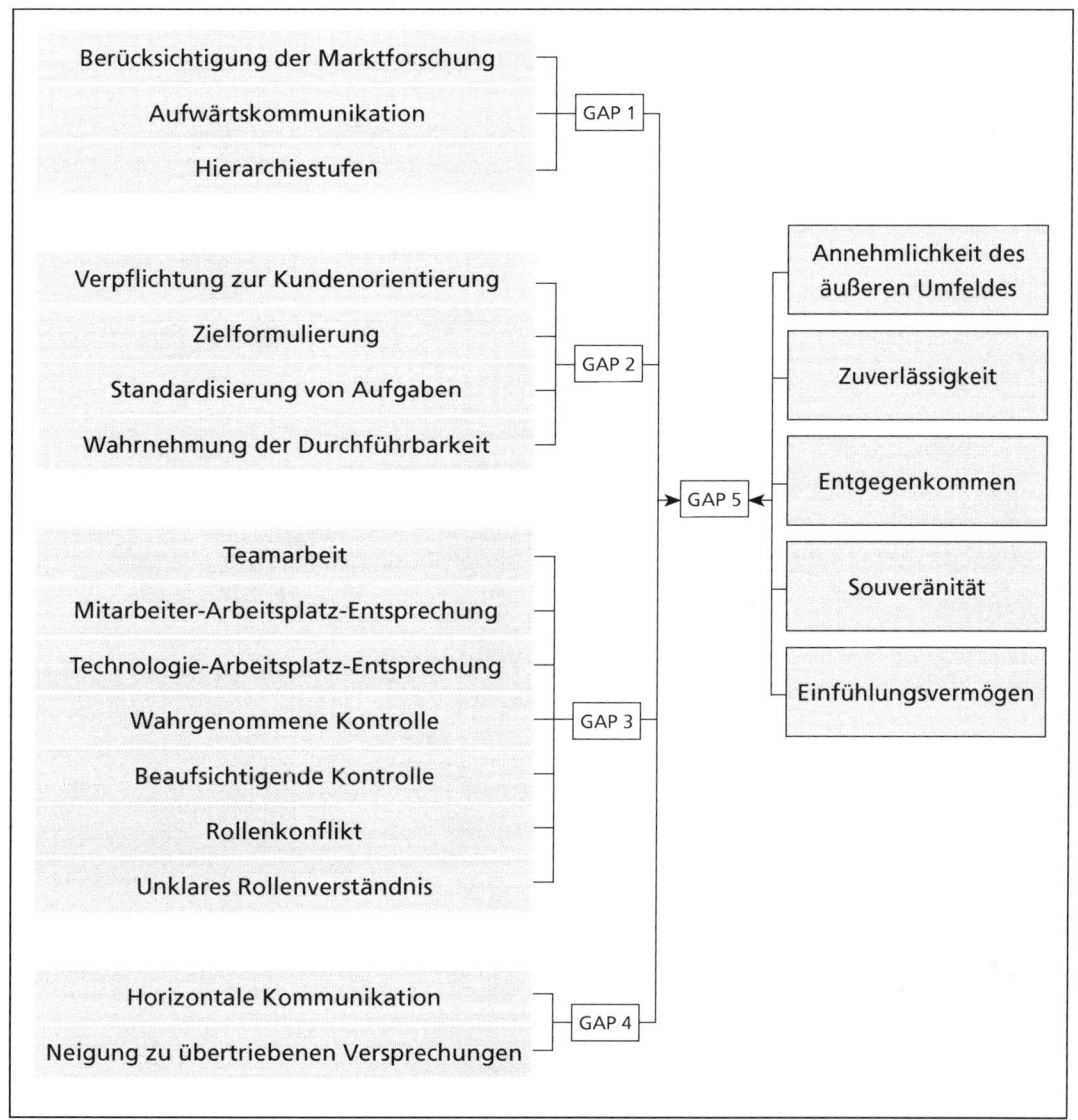

Erweitertes Qualitätsmodell

Abb. 8: Erweitertes Modell der Dienstleistungsqualität (Parasuraman, Zeithaml & Berry, 1988, S. 46)

Parasuraman et al. haben schließlich zentrale Einflussfaktoren auf die Gaps beschrieben (vgl. 1988a, S. 37 ff.):

Zentrale Einfluss-faktoren auf die Gaps

- **Einflussfaktoren auf Gap 1:** Marktforschung wird als Schlüsselansatz genannt, um Informationen über Kundenerwartungen zu generieren und dem Management zur Verfügung zu stellen. Dabei spielt auch das Maß beziehungsweise die direkte Beziehung zwischen Management und Kunden eine wichtige Rolle. Die Aufwärtskommunikation ist ein qualitatives Maß dafür, ob und wie Mitarbeitende, die direkten Kundenkontakt haben, ihre Erfahrungen und Kenntnisse über Kundenerwartungen an das Management kommunizieren. Schließlich sind sie direkt im Zusammenhang mit dem Aspekt der Aufwärtskommunikation zu sehen. Je mehr Hierarchiestufen zwischen Personal mit direktem Kundenkontakt und Management bestehen, desto größer sind die Auswirkungen auf Gap 1.

Marktforschung, Kundenkontakt

Kundenorientierung

- **Einflussfaktoren auf Gap 2**: In Bezug auf Gap 2 wird zunächst die Verpflichtung des Managements zur Kundenorientierung hervorgehoben. Diese zeigt sich grundsätzlich in der Gewichtung und Priorisierung von Qualitätszielen im Unternehmen und Anerkennung von Bemühungen um Qualität. Die Funktion von Zielen besteht auch in einer effektiveren Steuerung von Leistungsprozessen. Durch eine Standardisierung von Aufgaben ist Wissen über qualitätsbezogene Kundenerwartungen prinzipiell gezielter umzusetzen. Zuletzt ist auch relevant, inwieweit das Management die Umsetzbarkeit von Kundenanforderungen für realistisch und machbar hält.

Teamarbeit, Wertschätzung, Miteinander in der Organisation

- **Einflussfaktoren auf Gap 3**: Auf Gap 3 wirkt eine größere Zahl von Faktoren ein. So kommt Teamarbeit grundsätzlich eine wichtige Funktion zu. Dabei ist von Bedeutung, inwieweit Teamkollegen selbst gleichsam als Kunden wahrgenommen werden. Auch das Gefühl der Wertschätzung der Leistung durch Vorgesetzte und die Identifikation mit dem Unternehmen sind in diesem Kontext relevant. Zwei weitere Einflussfaktoren sind die Mitarbeiter-Arbeitsplatz-Entsprechung und die Technologie-Arbeitsplatz-Entsprechung. Hier geht es um die Fragen, inwieweit Mitarbeiter mit Aufgaben überfordert beziehungsweise grundsätzlich den Aufgaben gewachsen sind und die Aufgabenausführung mit geeigneten technischen Hilfsmitteln möglich ist. Weiter ist das Maß der wahrgenommenen aufgabenbezogenen Kontrolle von Belang, also die Frage der selbständigen Entscheidungs- und Handlungsbefugnis und -kompetenz der Mitarbeiter. Dienstleistungsqualität hängt vielfach von Prozessvariablen ab und kann nicht primär oder sogar ausschließlich am Ergebnis gemessen werden. In diesen Kontexten sind beaufsichtigende Kontrollsysteme erforderlich. Schließlich sind als weitere Einflussfaktoren Rollenkonflikte zu nennen. Diese entstehen einmal, wenn überhöhte Anforderungen im Kontext der Leistungserbringung gefordert werden und gleichzeitig negative Auswirkungen auf die Leistungsqualität unvermeidlich sind. Zudem entstehen Rollenkonflikte, wenn rollenbezogene Erwartungen und Ziele nicht eindeutig bestimmt sind und klärendes Feedback ausbleibt.

Kommunikation, Leistungsversprechen

- **Einflussfaktoren auf Gap 4**: Die Gestaltung der horizontalen Kommunikation betrifft den Informationsaustausch zwischen und innerhalb von Abteilungen, insbesondere der am Leistungsprozess beteiligten Bereiche und damit Gap 4. Ein weiterer gewichtiger und kritisch zu wertender Einflussfaktor die Kommunikation übertriebener Leistungsversprechen. Hoch angesetzte und nicht eingelöste Leistungsqualität führt bei Nichteinhaltung „erst recht" zu Unzufriedenheit auf Seiten der Leistungsempfänger.

Erhebungsinstrument SERVQUAL

Schließlich entwickelten die Autoren das Erhebungsinstrument SERVQUAL (= Service Quality) (siehe 7.3.4 „SERVQUAL"), um Dienstleistungsqualität aus Kundenperspektive zu erfassen (Parasuraman, Zeithaml & Berry, 1988a; 1991)[1].

Servicequalität hoher Praxisbezug

Das GAP-Modell der Servicequalität fand in der Praxis breite Anwendung. Es wurde gleichzeitig wissenschaftlich intensiv diskutiert und erweitert. Erweiterungen des GAP-Modells von Parasuraman et al. berücksichtigen besondere Aspekte des direkten Mitarbeiter-Kunden-Kontakts, relevante Aspekte bei mehrstufigen und auch

---

[1]   Im ursprünglichen Modell formulierten Parasuraman et al. noch 10 Dimensionen.

internen Dienstleistungen (vgl. Bruhn, 2013, S. 89 ff.). Gerade im Zusammenhang personenbezogener Dienstleistungen kommt der Wahrnehmung der kundenbezogenen Qualitätsforderungen durch die Mitarbeiter selbst eine zentrale Bedeutung zu. Mitarbeiter im direkten Kundenkontakt haben neben der eigentlichen Leistungserbringung auch die Aufgabe, Qualitätserwartungen auf Seiten der Kunden wahrzunehmen, zu berücksichtigen und an das Management zu kommunizieren. Ebenso von Bedeutung ist die Kommunikation zwischen Mitarbeitern mit direktem und indirektem Kundenkontakt, etwa im Kontext interdisziplinärer Teams.

3.4 Qualitätsdimensionen nach Maxwell

Maxwell entwarf ein multidimensionales Qualitätsmodell für den Bereich der Medizin. Er benannte sechs Qualitätsdimensionen, die wie folgt skizziert werden können (vgl. 1984; 1992):

Multidimensionales Qualitätsmodell mit sechs Dimensionen

- **Effektivität** (effectiveness): Technische Qualität der Behandlung, Evidenzbasierung, Gesamtergebnis der Behandlung

- **Soziale Akzeptanz** (acceptability): Behandlung unter humanen Gesichtspunkten, Berücksichtigung von Privatsphäre

- **Effizienz** (efficiency): bestmögliches Behandlungsergebnis unter ökonomischen Gesichtspunkten im Sinne von Aufwand beziehungsweise Kosten

- **Zugänglichkeit** (access): bedarfsorientierte Verfügbarkeit der Behandlung bzgl. räumliche Entfernung, Finanzierbarkeit, Wartezeiten

- **Gleichheit** (equity): Gleichbehandlung aller Patienten beziehungsweise Umgang mit Diskrepanzen

- **Bedürfnisorientierung** (relevance): Ausrichtung der Behandlungsstruktur an Patientenbedürfnissen

Maxwell schwebte ein praxis- und handlungsorientierter Umgang mit Qualität vor. Wichtiger als die exakte Definition eines bestimmten Qualitätsmodells schien ihm ein breites, konsensfähiges Qualitätsverständnis zu sein und die klare Bereitschaft, Qualität in der Praxis tatsächlich umzusetzen. „Quality is not achieved by inspection at the end of the production line nor can it be imposed from above. It is result of the shared aspirations and concerted efforts of all those involved, for whom it is a higher priority than any personal interest" (Maxwell, 1992, S. 176).

Ziel: Konsensfähigkeit herstellen

Maxwell formulierte daher auch Regeln für die Einführung von Qualität (vgl. ebd.).

Regeln zur Einführung von Qualität

- Verpflichtung der Mitarbeiter zur Excellence

- Schrittweise Umsetzung guter Ideen, Überprüfung anhand externer Leistungsindikatoren

- Betonung der Teamleistung

- Systematische Beseitigung von Leistungsmängeln und Leistungshindernissen

- Anerkennung der doppelten Verantwortung der Mitarbeiter: gute Leistungen erbringen und Leistungen verbessern

- Prozessbegleitende Analyse möglicher Verbesserungsansätze durch Anwendung von Qualitätskonzepten

- Kontinuierliche Messung zur Unterstützung von Verbesserungen

- Systematische Berücksichtigung von Qualitätsinitiativen

3.5 Modell der integrierten Qualitätsentwicklung nach Meinhold und Matul

Modell für die Soziale Arbeit

Meinhold und Matul (2011) entwickelten ein Modell, um unterschiedliche Qualitätsperspektiven in der Sozialen Arbeit zusammenzuführen. Die Autoren gehen davon aus, dass sich Qualität Sozialer Arbeit auf drei unterschiedlichen Ebenen realisiert beziehungsweise aus drei grundlegend unterschiedlichen Perspektiven betrachtet werden kann:

- im Kontext fachlicher Planung,

- auf betrieblicher Ebene und

- im Rahmen politischer Steuerung (vgl. Meinhold & Matul, 2011, S. 102 ff.).

Diese Qualitätsperspektiven entsprechen dem sog. sozialrechtlichen Leistungsdreieck.

Immanent: Spannungen und Konflikte

Die den jeweiligen „Säulen" zugehörigen Qualitätsvorstellungen und -forderungen sind prinzipiell sehr unterschiedlich. Spannungen und Konflikte sind immanent. Meinhold und Matul zielen darauf ab, diese höchst unterschiedlichen Qualitätsperspektiven zu verbinden.

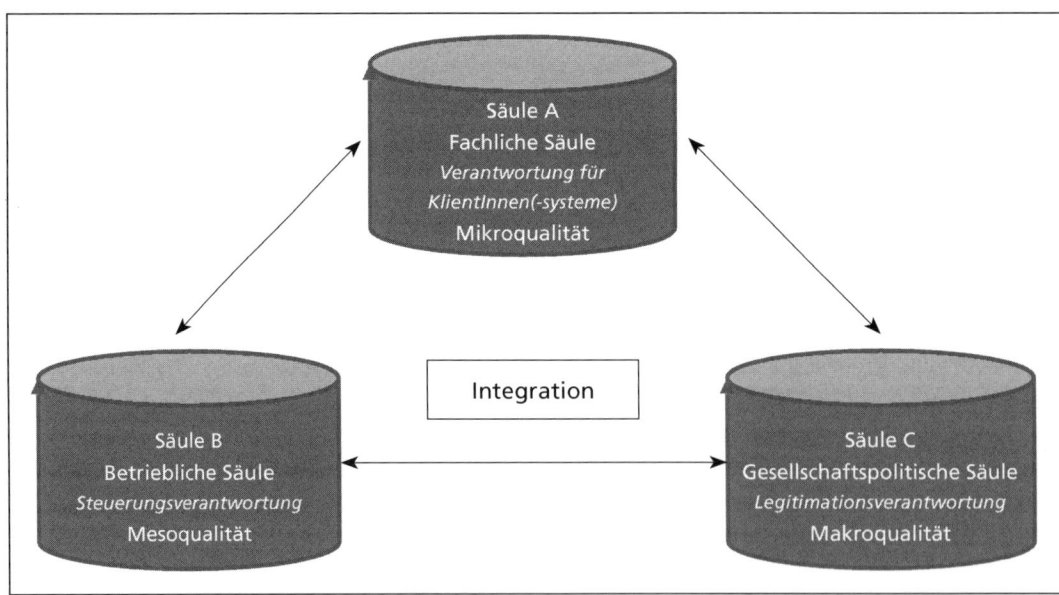

Abb. 9: Ansatz zur Integration der verschiedenen Qualitätsperspektiven (Meinhold & Matul, 2011, S. 102)

Fallplanung als zentrale Verbindung

Die zentrale Verbindung, so Meinhold und Matul, stellt eine gemeinsame Arbeitssystematik dar. Sie nennen diese Arbeitssystematik die „Logik des zielorientierten Vorgehens" (2011, S. 104). Damit ist ein bekannter Funktionskreislauf gemeint:

Analyse – Zielfindung – Planung – Umsetzung – Kontrolle.

Diese Arbeitssystematik war und ist in Gestalt der Fallplanung fundamentales methodisches Handwerkszeug der Sozialen Arbeit. In Bezug auf ein grundlegendes Managementverständnis war bereits von grundlegenden Funktionen die Rede (vgl. Koontz & O'Donnell, 1955). Analog verlaufen auch politische Planungs- und Steuerungsprozesse. Die Begriffe und der Anwendungskontext mögen unterschiedlich sein, die Logik der dahinter stehenden Arbeits- und Vorgehensweisen ist kongruent.

Trotz oder gerade aufgrund der Schwierigkeit, in der Praxis eine gemeinsame Steuerung zu realisieren, betonen die Autoren den Erkenntnisgewinn durch die Orientierung an einem übergreifenden Steuerungsmodell. Sie stellen eine integrierte Qualitätsspirale, einen Regelkreis der Verbesserungen vor (vgl. Meinhold & Matul, 2011, S. 114 ff.). Um das Klientensystem als gemeinsamen Zielbereich konzentrieren sich die drei benannten Qualitätsebenen in Gestalt konzentrischer Kreise: die fachliche, betriebliche und politische Ebene (A, B und C). Die kreisförmige Anordnung verdeutlicht die Verknüpfung dieser Qualitätsebenen. „Die einzelne betreute Person ist Teil der Betreuungsorganisation und die Betreuungsorganisation wiederum ist Teil eines ganzen Betreuungssystems" (Meinhold & Matul, 2011, S. 115). Umsetzung und Kontrolle (D) markieren den Bereich, in dem die unterschiedlichen Planungsaspekte und -mechanismen der verschiedenen Ebenen zusammengeführt werden. Meinhold und Matul sprechen in diesem Sinne von einer „integrierten Umsetzung" (ebd. S. 112). Die Autoren betonen dabei, dass „auf jeder Ebene ein Rückkoppelungsmechanismus vorgesehen ist" (ebd.) und verdeutlichen damit die Grundidee einer spiralförmigen Qualitätsentwicklung.

Erkenntnisgewinn durch übergreifendes Steuerungsmodell

Dieses Modell, so die Autoren, soll zu einer Durchlässigkeit der unterschiedlichen Planungs- und Arbeitsprozesse führen und letztlich zu einem Prozess der integrierten Qualitätsentwicklung.

Regelkreis der Verbesserungen durch Qualitätsspirale

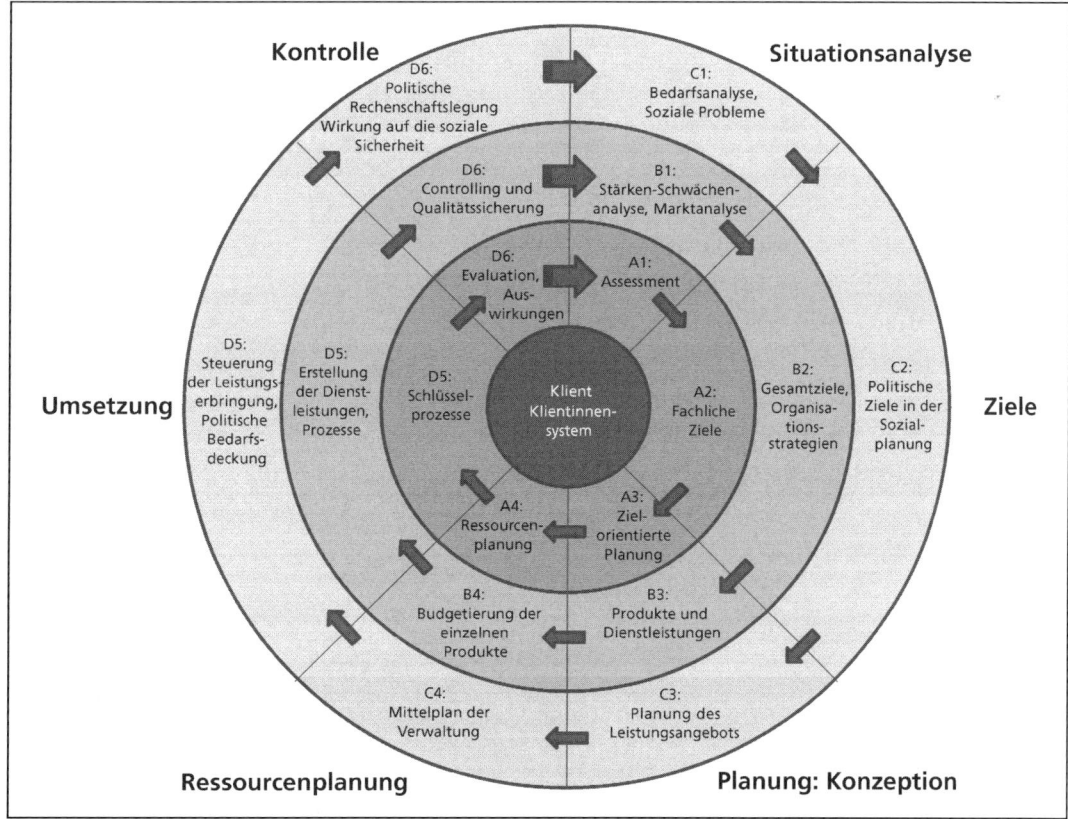

Abb. 10: integrierte Qualitätsspirale, Regelkreis der Verbesserungen (Meinhold & Matul, 2011, S. 115)

4. Rechtsgrundlagen

In diesem Kapitel wird zunächst der allgemeine Zusammenhang zwischen Qualitätsmanagement und Recht beleuchtet. Dann werden die sozialgesetzlichen und die haftungsrechtlichen Grundlagen für Qualitätsmanagement in Sozial- und Gesundheitsbetrieben dargestellt.

4.1 Allgemeiner Zusammenhang zwischen Qualitätsmanagement und Recht

Rechtliche Vorgaben

Der Zusammenhang zwischen Qualitätsmanagement und Recht ist mehrschichtig. Rechtliche Vorgaben regeln, ob und in welcher Weise in Sozial- und Gesundheitsunternehmen Qualitätsmanagement allgemein geregelt sein muss. Dies geschieht insbesondere durch die sozialgesetzlichen Grundlagen, die im Folgenden genau erläutert werden. Weiterhin müssen haftungsrechtliche Aspekte beachtet werden. Diese werden unter 4.3 „Qualitätsmanagement und Haftung" grundsätzlich dargestellt. Des Weiteren sind je nach sachlichem Gebiet spezifische rechtliche Normen zu berücksichtigen. Eine besondere Bedeutung wird auch dem Arbeitsrecht beigemessen (vgl. Benes & Groh, 2017, S. 328 ff.).

4.2 Sozialgesetzliche Grundlagen

Nachweis von Qualitätsmanagement vorgegeben

In den einzelnen Büchern des Sozialgesetzbuches (SGB) finden sich Aussagen zu Qualitätsmanagement und Qualitätsentwicklung in unterschiedlicher Form. Allgemein sind Einrichtungen und Träger in der Sozialen Arbeit und im Gesundheitswesen gesetzlich verpflichtet, Qualitätsmanagement beziehungsweise Qualitätsentwicklung nachzuweisen. Es finden sich im Gesetz jedoch wenig konkrete Angaben über die genaue Umsetzung und Handhabung. Bestimmte Qualitätsmanagementsysteme oder -verfahren sind gesetzlich nicht vorgeschrieben. Lediglich im SGB III und SGB IX sind Regelungen zur Zertifizierung getroffen.

4.2.1 Grundsicherung für Arbeitsuchende (SGB II)

Qualitätsvereinbarungen im Kontext von Leistungsvereinbarungen

Leistungsanbieter im Bereich des SGB II sind im Kontext von Leistungsvergütungsvereinbarungen nach § 17 Abs. 2 SGB II verpflichtet, Angaben über die Qualität der angebotenen Leistungen zu treffen. § 17 Abs. 2 SGB II lautet wie folgt:

> „Wird die Leistung von einem Dritten erbracht und sind im Dritten Buch keine Anforderungen geregelt, denen die Leistung entsprechen muss, sind die Träger der Leistungen nach diesem Buch zur Vergütung für die Leistung nur verpflichtet, wenn mit dem Dritten oder seinem Verband eine Vereinbarung insbesondere über
>
> 1. Inhalt, Umfang und Qualität der Leistungen,
> 2. die Vergütung, die sich aus Pauschalen und Beträgen für einzelne Leistungsbereiche zusammensetzen kann, und
> 3. die Prüfung der Wirtschaftlichkeit und Qualität der Leistungen
>
> besteht.
>
> Die Vereinbarungen müssen den Grundsätzen der Wirtschaftlichkeit, Sparsamkeit und Leistungsfähigkeit entsprechen."

Der Kostenträger hat das Recht, die Leistungsversprechen zu überprüfen.

4.2.2 Arbeitsförderung (SGB III)

Träger und Einrichtungen im Bereich der Arbeitsförderung müssen nach § 178 Nr. 4 SGB III ein **System zur Qualitätssicherung** vorhalten, um von einer sog. fachkundigen Stelle zugelassen zu werden. Die **Zulassung** vollzieht sich durch eine **Zertifizierung**. Die Zertifizierung selbst ist dabei nicht gesetzlich, sondern durch eine Rechtsverordnung, die sog. Akkreditierungs- und Zulassungsverordnung, kurz AZAV, geregelt.

Zulassung durch zertifiziertes Qualitätsmanagementsystem

Die mit der Zertifizierung beauftragten fachkundigen Stellen sind nach § 177 SGB III „die von der Akkreditierungsstelle für die Zulassung nach dem Recht der Arbeitsförderung akkreditierten Zertifizierungsstellen". Die Zulassung von Maßnahmen der Arbeitsförderung bemisst sich nach § 179 SGB III unter anderem an der Gestaltung der Inhalte, Methoden und Materialien der Vermittlung, der Lehrorganisation, der räumlichen, personellen und technischen Ausstattung sowie schließlich den Grundsätzen der Wirtschaftlichkeit und Sparsamkeit.

In der AZAV wird die Trägerzulassung in § 2 Abs. 4 näher ausgeführt:

> „Ein System zur Sicherung der Qualität nach §178 Nummer 4 des Dritten Buches Sozialgesetzbuch liegt vor, wenn durch zielgerichtete und systematische Verfahren und Maßnahmen die Qualität der Leistungen gewährleistet und kontinuierlich verbessert wird."

Träger und Einrichtungen der Arbeitsförderung müssen kein bestimmtes Qualitätsmanagementsystem vorhalten. Die AZAV gibt selbst einen Überblick über geeignete Systeme, darunter auch die DIN EN ISO.

In der AZAV werden **weitere notwendige Voraussetzungen für ein geeignetes System zur Sicherung der Qualität** nach § 178 Nr. 4 SGB III genannt. So müssen Träger und Einrichtungen der Arbeitsförderung laut § 2 Abs. 4 AZAV spezifische Dokumentationen nachweisen,

Voraussetzungen für geeignetes Qualitätssicherungssystem

- „zu einem kundenorientierten und auf Eingliederung in den Ausbildungs- und Arbeitsmarkt gerichteten Leitbild,

- zur Unternehmensorganisation und -führung, einschließlich der Festlegung von Unternehmenszielen und der Durchführung eigener Prüfungen zur Funktionsweise des Unternehmens,

- zu einem zielorientierten Konzept zur Qualifizierung und Fortbildung der Leitung und der Lehr- und Fachkräfte,

- zu Zielvereinbarungen, einschließlich der Messung der Zielerreichung und der Steuerung fortlaufender Optimierungsprozesse auf Grundlage erhobener Kennzahlen und Indikatoren,

- zur Berücksichtigung arbeitsmarktlicher Entwicklungen bei Konzeption und Durchführung von Maßnahmen der Arbeitsförderung,

- zu den Methoden zur Förderung der individuellen Entwicklungs-, Eingliederungs- und Lernprozesse der Teilnehmenden,

- zu den Methoden der Bewertung der durchgeführten Maßnahmen sowie ihrer arbeitsmarktlichen Ergebnisse,

- zur Art und Weise der kontinuierlichen Zusammenarbeit mit Dritten und der ständigen Weiterentwicklung dieser Zusammenarbeit und

- zu einem systematischen Beschwerdemanagement, einschließlich der Berücksichtigung regelmäßiger Befragungen der Teilnehmenden".

Auf der Grundlage des § 182 SGB III ist bei der Arbeitsagentur für Arbeit ein Beirat eingerichtet, der Empfehlungen für die Zulassung von Trägern und Maßnahmen aussprechen kann.

4.2.3 Sozialhilfe (SGB XII)[2]

Qualitätsentwick-
lungsvereinbarungen
im Kontext von
Entgeltverhandlungen

Im SGB XII werden im Kontext von Entgeltverhandlungen Qualitätsentwicklungsvereinbarungen gefordert. Freie Träger und Einrichtungen der Sozialhilfe müssen im Zuge von Entgeltvereinbarungen die Qualität der angebotenen Leistungen beschreiben. § 75 Abs. 3 SGB XII lautet (bis 31.12.2019):

> „Wird die Leistung von einer Einrichtung erbracht, ist der Träger der Sozialhilfe zur Übernahme der Vergütung für die Leistung nur verpflichtet, wenn mit dem Träger der Einrichtung oder seinem Verband eine Vereinbarung über
>
> 1. Inhalt, Umfang und Qualität der Leistungen (Leistungsvereinbarung),
>
> 2. die Vergütung, die sich aus Pauschalen und Beträgen für einzelne Leistungsbereiche zusammensetzt (Vergütungsvereinbarung), und
>
> 3. die Prüfung der Wirtschaftlichkeit und Qualität der Leistungen (Prüfungsvereinbarung)
>
> besteht.
>
> Die Vereinbarungen müssen den Grundsätzen der Wirtschaftlichkeit, Sparsamkeit und Leistungsfähigkeit entsprechen. Der Träger der Sozialhilfe kann die Wirtschaftlichkeit und Qualität der Leistung prüfen."

Landesrahmen-
verträge

Darüber hinaus werden auf der Basis des § 79 SGB XII Landesrahmenverträge zwischen den Spitzenverbänden der freien Wohlfahrtspflege und den überörtlichen Sozialhilfeträgern abgeschlossen, die weitere grundlegende Regelungen hinsichtlich Qualität der Leistungen, Maßnahmen der Qualitätssicherung und Verfahren der Qualitätsüberprüfung enthalten. Die Landesrahmenverträge fallen dabei unterschiedlich differenziert aus. So wird beispielsweise in einigen Landesrahmenverträgen die Qualität der Leistungen in Struktur-, Prozess- und Ergebnisqualität unterteilt und jeweils konkrete Vorgaben gemacht, wie etwa bauliche Standards und Organisationsform (Strukturqualität), Konzeptionsentwicklung und Hilfedokumentation (Prozessqualität) oder Zufriedenheit der Leistungsberechtigten und Zielerreichungsgrad (Ergebnisqualität) nachzuweisen ist. Die Landesrahmenverträge unterscheiden sich dabei hinsichtlich der inhaltlichen Ausführlichkeit.

---

[2] Die hier beschriebenen rechtlichen Grundlagen im SGB XII gelten noch bis 31. Dezember 2019. Ab 1. Januar 2020 wird das SGB XII dann insofern umgestaltet, als dass die Eingliederungshilfe im SGB IX verortet wird und dementsprechend auch die Regelungen zur Leistungs-, Vergütungsvereinbarung und damit auch zur Qualitätsentwicklungsvereinbarung ebenfalls im SGB IX zu finden sind, siehe dazu auch 4.2.4. Weiterhin über das SGB XII geregelt bleiben aber alle Vereinbarungen und Vorgaben zu sonstigen Leistungen der Sozialhilfe (z. B. Wohnungslosenhilfe).

4.2.4 Eingliederungshilfe nach den Grundsätzen des Bundesteilhabegesetzes (BTHG)

Zum 1. Januar 2020 wird die Eingliederungshilfe aus dem System des SGB XII herausgelöst und als eigenes – personenzentriertes – Leistungsgesetz in Teil 2 des SGB IX (Fassung ab 1. Januar 2018) ausgestaltet. „Personenzentriert" bedeutet, dass eine Aufhebung der Differenzierung zwischen stationärer, teilstationärer und ambulanter Maßnahme sowie eine Trennung von Fachleistungen und existenzsichernden Leistungen zum Lebensunterhalt vorgenommen wird. Kostentechnisch hat dies zur Folge, dass Fachleistungen und existenzsichernde Leistungen künftig getrennt ausgewiesen werden müssen, da sie von unterschiedlichen Kostenträgern übernommen werden: Fachleistungen vom Eingliederungshilfeträger sowie existenzsichernde Leistungen vom Betroffenen selbst (ggf. werden bei Vorliegen der Voraussetzungen die Kosten für Unterkunft und Heizung über SGB II oder SGB XII bezogen). *Personenzentriertes Leistungsgesetz ab 01.01.2020*

Bis 21. Dezember 2019 bleibt die Eingliederungshilfe weiterhin im SGB XII verortet; dementsprechend gelten bis dahin auch die vertragsrechtlichen Vorschriften des SGB XII (§§ 75 ff., siehe 4.2.3).

Gleichzeitig tritt aber das Vertragsrecht der künftigen Eingliederungshilfe am 1. Januar 2018 in Kraft. Dieses „neue" Vertragsrecht der Eingliederungshilfe regelt, unter welchen Voraussetzungen der Träger der Eingliederungshilfe ab 1. Januar 2020 die Kosten der Fachleistungen der Eingliederungshilfe zu übernehmen hat. *Vertragsrecht gilt ab 01.01.2018*

Grund dieses vorgezogenen Inkrafttretens ist einerseits, dass sich Leistungsträger und Leistungserbringer vorbereiten können sollen, bevor das neue Eingliederungshilferecht am 1. Januar 2020 in Kraft tritt. Andererseits soll die Möglichkeit geboten werden, dass bereits in den Jahren 2018 und 2019 Regelungen auf vertraglicher Basis mit Wirkung zum 1. Januar 2020 getroffen werden können.

Mehr noch als bisher spielt die Qualität der Leistungserbringung eine Rolle, wie dem § 125 Abs. 1 und Abs. 2 SGB IX (Fassung ab 01.01.2018) zu entnehmen ist; diese Passagen regeln den Inhalt der künftigen Leistungsvereinbarung der Fachleistungen: *Qualität und Wirksamkeit in künftigen Leistungsvereinbarungen*

> „(1) In der schriftlichen Vereinbarung zwischen dem Träger der Eingliederungshilfe und dem Leistungserbringer sind zu regeln:
>
> 1. Inhalt, Umfang und Qualität einschließlich der Wirksamkeit der Leistungen der Eingliederungshilfe (Leistungsvereinbarung) und
>
> 2. die Vergütung der Leistungen der Eingliederungshilfe (Vergütungsvereinbarung).
>
> (2) In die Leistungsvereinbarung sind als wesentliche Leistungsmerkmale mindestens aufzunehmen:
>
> 1. der zu betreuende Personenkreis,
>
> 2. die erforderliche sächliche Ausstattung,
>
> 3. Art, Umfang, Ziel und Qualität der Leistungen der Eingliederungshilfe,
>
> 4. die Festlegung der personellen Ausstattung,
>
> 5. die Qualifikation des Personals sowie
>
> 6. soweit erforderlich, die betriebsnotwendigen Anlagen des Leistungserbringers."

Die Qualität der Leistungen umfasst dabei auch die Wirksamkeit der Leistungen. Leistungsträger und Leistungserbringer haben künftig gemeinsam festzulegen, welche konkreten Leistungen zu erbringen sind. Die Leistungen müssen bedarfsgerecht sein und die Besonderheiten des Einzelfalls berücksichtigen (individueller Bedarf).

Anlassbezogenes, gesetzliches Prüfrecht

Den Trägern der Eingliederungshilfe wird künftig ein anlassbezogenes, gesetzliches Prüfrecht hinsichtlich der Wirtschaftlichkeit und Qualität der vereinbarten Leistungen eingeräumt. Die relevanten Passagen des § 128 SGB IX (Fassung 01.01.2018) lauten dazu:

> „(1) Soweit tatsächliche Anhaltspunkte dafür bestehen, dass ein Leistungserbringer seine vertraglichen oder gesetzlichen Pflichten nicht erfüllt, prüft der Träger der Eingliederungshilfe oder ein von diesem beauftragter Dritter die Wirtschaftlichkeit und Qualität einschließlich der Wirksamkeit der vereinbarten Leistungen des Leistungserbringers.
>
> (2) Die Prüfung nach Absatz 1 kann ohne vorherige Ankündigung erfolgen und erstreckt sich auf Inhalt, Umfang, Wirtschaftlichkeit und Qualität einschließlich der Wirksamkeit der erbrachten Leistungen."

Dies stellt zur bisherigen Rechtslage eine Verschärfung dar, da derzeit ein Prüfrecht nur vorgesehen ist, wenn eine entsprechende Prüfungsvereinbarung vorliegt, also zwischen dem Träger der Sozialhilfe als Leistungsträger mit dem Leistungserbringer Grundsätze und Maßstäbe für die Wirtschaftlichkeit und die Qualitätssicherung der Leistungen sowie für den Inhalt und das Verfahren zur Durchführung von Wirtschaftlichkeits- und Qualitätsprüfungen vertraglich geregelt werden.

Sanktions-möglichkeiten

Das neue gesetzliche Prüfrecht ist mit Sanktionsmöglichkeiten in Form von Vergütungskürzung (§ 129 SGB IX, Fassung ab 01.01.2018) oder in Form einer außerordentlichen Kündigung (§ 130 SGB IX, Fassung ab 01.01.2018) verbunden:

> **§ 129 Kürzung der Vergütung**
>
> (1) Hält ein Leistungserbringer seine gesetzlichen oder vertraglichen Verpflichtungen ganz oder teilweise nicht ein, ist die vereinbarte Vergütung für die Dauer der Pflichtverletzung entsprechend zu kürzen. …

> **§ 130 Außerordentliche Kündigung der Vereinbarungen**
>
> Der Träger der Eingliederungshilfe kann die Vereinbarungen mit einem Leistungserbringer fristlos kündigen, wenn ihm ein Festhalten an den Vereinbarungen auf Grund einer groben Verletzung einer gesetzlichen oder vertraglichen Verpflichtung durch den Leistungserbringer nicht mehr zumutbar ist. Eine grobe Pflichtverletzung liegt insbesondere dann vor, wenn
>
> 1. Leistungsberechtigte infolge der Pflichtverletzung zu Schaden kommen,
>
> 2. gravierende Mängel bei der Leistungserbringung vorhanden sind,
>
> 3. dem Leistungserbringer nach heimrechtlichen Vorschriften die Betriebserlaubnis entzogen ist,
>
> 4. dem Leistungserbringer der Betrieb untersagt wird oder
>
> 5. der Leistungserbringer gegenüber dem Leistungsträger nicht erbrachte Leistungen abrechnet.

Wie bisher auch können Rahmenverträge abgeschlossen werden. Wie § 131 Abs. 1 Nr. 6 SGB IX (Fassung ab 01.01.2018) zu entnehmen ist, können dabei geregelt werden: die **Grundsätze und Maßstäbe** für die Wirtschaftlichkeit und **Qualität einschließlich der Wirksamkeit der Leistungen** sowie Inhalt und Verfahren zur Durchführung von Wirtschaftlichkeits- und Qualitätsprüfungen.

Landesrahmen-verträge

4.2.5 Kinder- und Jugendhilfe (SGB VIII)

Die gesetzlichen Regelungen im SGB VIII hinsichtlich Qualität werden ebenfalls im Kontext von Entgeltvereinbarungen formuliert. Der Abschluss von Qualitätsentwicklungsvereinbarungen ist fester Bestandteil im Zusammenhang mit der Verhandlung von Leistungsentgelten.

Qualitätsentwicklung im Kontext von Entgeltverhandlungen

Im § 78b Abs. 1 SGB VIII werden die Voraussetzungen für die Übernahme eines Leistungsentgelts wie folgt benannt:

> „(1) Wird die Leistung ganz oder teilweise in einer Einrichtung erbracht, so ist der Träger der öffentlichen Jugendhilfe zur Übernahme des Entgelts gegenüber dem Leistungsberechtigten verpflichtet, wenn mit dem Träger der Einrichtung oder seinem Verband Vereinbarungen über
> 1. Inhalt, Umfang und Qualität der Leistungsangebote (Leistungsvereinbarung),
> 2. differenzierte Entgelte für die Leistungsangebote und die betriebsnotwendigen Investitionen (Entgeltvereinbarung) und
> 3. Grundsätze und Maßstäbe für die Bewertung der Qualität der Leistungsangebote sowie über geeignete Maßnahmen zu ihrer Gewährleistung (Qualitätsentwicklungsvereinbarung) abgeschlossen worden sind."

Nach § 78f SGB VIII werden die allgemeinen Regelungen des § 78b Abs. 1 SGB VIII in Landesrahmenverträgen zwischen den Spitzenverbänden der freien Wohlfahrtspflege und den überörtlichen Sozialhilfeträgern ausführlicher und konkreter dargelegt. Insbesondere enthalten die Landesrahmenverträge Erläuterungen über den Inhalt und die formale Gestaltung der Qualitätsentwicklungsvereinbarungen. Die Landesrahmenverträge sind landesspezifisch unterschiedlich. Die Qualitätsentwicklungsvereinbarungen werden demnach zwischen Kostenträgern und freien Trägern individuell verhandelt. Einige strukturelle und inhaltliche Aspekte sind über die Landesrahmenverträge immer wieder vorzufinden. So wird Qualität vielfach in Struktur-, Prozess- und Ergebnisqualität gegliedert und konkrete Beispiele angeführt. Grundsätze und allgemeine Maßstäbe für die Bewertung von Qualität werden aufgestellt. Vielfach werden Schlüsselprozesse benannt, so etwa Aufnahme- und Entlassungsverfahren, Hilfedokumentation oder die Beteiligung von Leistungsempfängern. Insgesamt wird die Hilfeplanung als Basis für Qualitätsentwicklung verstanden. Im Fokus der Betrachtung steht daher die Fachlichkeit Sozialer Arbeit.

Landesrahmen-verträge

4.2.6 Rehabilitation und Teilhabe von Menschen mit Behinderungen (SGB IX)

Einrichtung eines internen Qualitätsmanagementsystems

Leistungserbringer im Bereich Rehabilitation und Teilhabe müssen nach § 37 Abs. 2 SGB IX (bis 31.12.2017 inhaltsgleich in § 20 Abs. 2 SGB IX geregelt) ein Qualitätsmanagementsystem einrichten, „das durch zielgerichtete und systematische Verfahren und Maßnahmen die Qualität der Versorgung gewährleistet und kontinuierlich verbessert". Zudem besteht die Verpflichtung, an einem Zertifizierungsverfahren teilzunehmen.

Vereinbarung zum internen Qualitätsmanagement

Gemäß § 37 Abs.1 SGB IX vereinbaren die Rehabilitationsträger nach § 6 Abs. 1 Nr. 1 bis 5 SGB IX „gemeinsame Empfehlungen zur Sicherung und Weiterentwicklung der Qualität der Leistungen, insbesondere zur barrierefreien Leistungserbringung, sowie für die Durchführung vergleichender Qualitätsanalysen als Grundlage für ein effektives Qualitätsmanagement der Leistungserbringer".

Auch nach dem bis 31. Dezember 2017 geltenden – nahezu gleichlautenden § 20 SGB IX – hatten die Rehabilitationsträger die Pflicht, Empfehlungen zu entwickeln. Bis diese – basierend auf dem neuen Reha- und Teilhaberecht basierend auf dem BTHG – fortentwickelt werden, können die bisherigen Vereinbarungen angewendet werden.

Wichtig ist hierbei die Vereinbarung zum internen Qualitätsmanagement. Dort sind folgende grundlegenden Qualitätskriterien für stationäre Rehabilitationsträger genannt:

- Teilhabeorientiertes Leitbild

- Einrichtungskonzept

- Indikations-/zielgruppenspezifisches Rehabilitationskonzept

- Verantwortung für das Qualitätsmanagement in der Einrichtung

- Basiselemente eines Qualitätsmanagementsystems

- Beziehungen zu Rehabilitanden/Bezugspersonen/Angehörigen, Behandlern, Leistungsträgern, Selbsthilfe

- Externe Qualitätssicherung

- Interne Ergebnismessung und -analyse (Verfahren)

- Fehlermanagement

- Interne Kommunikation und Personalentwicklung

Diese grundlegenden Qualitätskriterien werden in einem zur Vereinbarung gehörenden Manual weitergehend operationalisiert. So muss ein teilhabeorientiertes Leitbild beispielsweise einen Bezug zum Unternehmenszweck aufweisen, Mitarbeiter beteiligen, schriftlich festgelegt sein und regelmäßig überprüft und aktualisiert werden.

Die Bundesarbeitsgemeinschaft für Rehabilitation veröffentlicht eine Liste anerkannter QM-Verfahren, ihrer herausgebenden Stellen und Zertifizierungsstellen.

Vorgenanntes nur Mindestbedingungen

Neu ist ab 1. Januar 2018, dass die Rehabilitationsträger die Möglichkeit haben, höhere Qualitätsansprüche festzulegen und damit nur Einrichtungen als geeignet anzuerkennen, die diesen Ansprüchen entsprechen. Dazu können Rehabilitationsträger mit den Einrichtungen, die für sie Leistungen erbringen, darüber hinausgehende Anforderungen an die Qualität und das Qualitätsmanagement vereinbaren (§ 37 Abs. 4 SGB IX, Fassung ab 01.01.2018).

4.2.7 Gesetzliche Krankenversicherung (SGB V)

Zentrale Festlegungen zur Qualitätssicherung im Gesundheitswesen sind in § 135a SGB V formuliert. Nach § 135a Abs. 1 SGB V sind Leistungserbringer allgemein verpflichtet, die Leistungsqualität unter Berücksichtigung wissenschaftlicher Erkenntnisse und fachlicher Standards zu sichern und weiter zu entwickeln. Insbesondere **müssen Leistungserbringer** nach § 135a Abs. 2 SGB V ein **internes Qualitätsmanagementsystem vorhalten** und sich **an Maßnahmen der externen Qualitätssicherung beteiligen**. § 135a Abs. 2 SGB V im Wortlaut:

Allgemeine Verpflichtung der Leistungserbringer zur Qualitätssicherung

> „Vertragsärzte, medizinische Versorgungszentren, zugelassene Krankenhäuser, Erbringer von Vorsorgeleistungen oder Rehabilitationsmaßnahmen und Einrichtungen, mit denen ein Versorgungsvertrag nach §111a besteht, sind nach Maßgabe der §§136 bis 136b und 137d verpflichtet, sich an einrichtungsübergreifenden Maßnahmen der Qualitätssicherung zu beteiligen, die insbesondere zum Ziel haben, die Ergebnisqualität zu verbessern und einrichtungsintern ein Qualitätsmanagement einzuführen und weiterzuentwickeln, wozu in Krankenhäusern auch die Verpflichtung zur Durchführung eines patientenorientierten Beschwerdemanagements gehört."

Die Leistungsanbieter sind nicht verpflichtet, ein bestimmtes Qualitätsmanagementsystem einzuführen. Die Festlegung verbindlicher konkretisierender Regelungen ist dem Gemeinsamen Bundesausschuss durch das Bundesministerium für Gesundheit übertragen (G-BA). Den G-BA bilden die kassenärztlichen Bundesvereinigungen, die Deutsche Krankenhausgesellschaft und der Spitzenverband Bund der Krankenkassen auf der Grundlage des § 91 SGB V. Der G-BA ist

Festlegung konkretisierender Regelungen durch den G-BA

> „das oberste Beschlussgremium der gemeinsamen Selbstverwaltung der Ärzte, Zahnärzte, Psychotherapeuten und Krankenhäuser und Krankenkassen in Deutschland ... Er bestimmt in Form von Richtlinien den Leistungskatalog der gesetzlichen Krankenversicherung (GKV) für mehr als 70 Millionen Versicherte und legt damit fest, welche Leistungen der medizinischen Versorgung von der GKV erstattet werden. Darüber hinaus beschließt der G-BA Maßnahmen der Qualitätssicherung für den ambulanten und stationären Breich des Gesundheitswesens." (Gemeinsamer Bundesausschuss, 2017).

Der Gemeinsame Bundesausschuss untersteht bis auf wenige Ausnahmen grundsätzlich der Rechtsaufsicht durch das Bundesministerium für Gesundheit (Gemeinsamer Bundesausschuss, 2107).

Der G-BA bestimmt nach § 136 Abs. 1 SGB V „für die vertragsärztliche Versorgung und für zugelassene Krankenhäuser ... die verpflichtenden Maßnahmen der Qualitätssicherung ... sowie die grundsätzlichen Anforderungen an ein einrichtungsinternes Qualitätsmanagement". Die Richtlinien, so der Gesetzestext weiter, gelten „sektorenübergreifend". Die grundlegenden Anforderungen an ein internes Qualitätsmanagementsystem sind in einer Qualitätsmanagement-Richtlinie (QM-RL) für Krankenhäuser des G-BA geregelt. Das Qualitätsmanagementsystem muss im Sinne eines umfassenden Qualitätsmanagements folgende Elemente beinhalten (Gemeinsamer Bundesausschuss, 2014, S. 3):

Zentrale Anforderungen an ein internes Qualitätsmanagementsystem

Elemente der QM-RL

- „Patientenorientierung,

- Patientensicherheit,

- Verantwortung und Führung,

- Wirtschaftlichkeit,

- Prozessorientierung,

- Mitarbeiterorientierung und -beteiligung,

- Zielorientierung und Flexibilität,

- Fehlervermeidung und Umgang mit Fehlern,

- Kontinuierlicher Verbesserungsprozess".

„Diese Elemente", so heißt es weiter, sollen im Kontext einer „ethischen, moralisch und humanitären Werteorientierung (Qualitätskultur)" miteinander verbunden und umgesetzt werden (ebd.).

Ziele des internen QMs

Die Richtlinie enthält weiterhin differenzierte Ausführungen zu zentralen Zielen eines internen Qualitätsmanagements, zu grundsätzlichen Anforderungen an die Ablauf- und Aufbauorganisation sowie zu einem klinischen Risikomanagement und Fehlermeldesystemen. Zusammenfassend können folgende Aussagen hervorgehoben werden:

- In § 1 werden die **zentralen Ziele** eines internen Qualitätsmanagements näher dargelegt. Qualitätsmanagement muss sich primär am Wohl des Patienten orientieren. Qualität und Patientenzufriedenheit sind entscheidende Wettbewerbsfaktoren. Das Qualitätsmanagementsystem muss einrichtungsspezifisch umgesetzt werden. Grundlage bildet dabei der PDCA-Zyklus als Methode zur „patientenorientierten Prozessoptimierung". Schließlich soll Qualitätsmanagement intern und extern wahrnehmbare Effekte zeigen.

- Mit Blick auf die **Ablauforganisation** wird in § 2 insbesondere die Verantwortung der Leitung hervorgehoben. Qualitätsmanagement soll Bestandteil der strategischen und unternehmenspolitischen Planung sein. Die Kernprozesse sind von der Leitung festzulegen und zu priorisieren. Es wird die Bedeutung eines systematischen und transparenten Umgangs mit Zielen, Maßnahmen des Qualitätsmanagements sowie relevanten organisatorischen und ökonomischen Rahmenbedingungen betont.

- In Bezug auf die **Aufbauorganisation** wird in § 3 die Einrichtung eines zentralen verantwortlichen Gremiums gefordert. Dessen Aufgaben sind vorrangig die Koordination und Steuerung dezentral entwickelter Planungen.

Externe Qualitätssicherung durch G-BA und IQTIG

Die externe Qualitätssicherung ist neben der Einführung eines internen Qualitätsmanagements der zweite zentrale Aspekt der Qualitätssicherung im Bereich des SGB V. Auf der Grundlage des § 137a SGB V in Verbindung mit § 91 SGB V wird der G-BA in Bezug auf die Umsetzung der externen Qualitätssicherung durch ein unabhängiges wissenschaftliches Institut unterstützt. Seit 1. Januar 2016 hat diese Aufgabe das Institut für Qualität und Wirtschaftlichkeit im Gesundheitswesen (IQTIG) übernommen.

Das IQTIG hat folgende Kernaufgaben:

> „Das Institut erarbeitet im Auftrag des G-BA Instrumente zur Qualitätssicherung und zur Darstellung der Versorgungsqualität im Gesundheitswesen und wirkt an deren Umsetzung mit.
>
> Das Institut führt die bereits existierenden Verfahren der Qualitätssicherung weiter und entwickelt sie fort.
>
> Das Institut entwickelt Verfahren, um die externe Qualitätssicherung in der stationären und ambulanten Versorgung besser miteinander zu verzahnen – und führt sie durch. Parallel dazu erarbeitet das IQTIG im Auftrag des G-BA methodische Grundlagen dafür, dass in Zukunft die Versorgungsqualität von Kliniken bei der Krankenhausplanung durch die Landesbehörden berücksichtigt werden kann.
>
> Das Institut schafft Kriterien zur Bewertung von Zertifikaten und Qualitätssiegeln im ambulanten wie stationären Bereich.
>
> Das Institut publiziert die Ergebnisse seiner Arbeit in einer für die Allgemeinheit verständlichen Form. Dazu gehört auch der Aufbau einer Internetseite, die es Patienten ermöglicht, Krankenhäuser hinsichtlich ihrer Qualität miteinander zu vergleichen."
>
> (IQTIG, 2017)

Kernaufgaben des IQTIG

Die externe Qualitätssicherung erstreckt sich schwerpunktmäßig auf den Leistungsvergleich von Krankenhäusern. Perspektivisch soll die externe Qualitätssicherung jedoch sektorenübergreifend erfolgen. „Die SQG führt die bisher getrennten Qualitätssicherungen des ambulanten und des stationären Sektors zusammen. Ziel ist es, die Qualitätsanforderungen beider Sektoren künftig sinnvoll aufeinander abzustimmen, um im Interesse von Patienten und Leistungserbringern eine bessere und effizientere Versorgungsqualität zu erreichen" (Sektorenübergreifende Qualität im Gesundheitswesen, 2017).

Perspektivisch: Sektorenübergreifende Qualität

Die Ziele der externen Qualitätssicherung für Krankenhäuser sind in einer entsprechenden Richtlinie des G-BA formuliert:

Ziele der externen Qualitätssicherung

> „a) Durch Erkenntnisse über Qualitätsdefizite Leistungsbereiche systematisch zu identifizieren, für die Qualitätsverbesserungen erforderlich sind.
>
> b) Unterstützung zur systematischen, kontinuierlichen und berufsgruppenübergreifenden einrichtungsinternen Qualitätssicherung (internes Qualitätsmanagement) zu geben.
>
> c) Vergleichbarkeit von Behandlungsergebnissen, insbesondere durch die Entwicklung von Indikatoren, herzustellen.
>
> d) Durch signifikante, valide und vergleichbare Erkenntnisse, insbesondere zu folgenden Aspekten, die Qualität von Krankenhausleistungen zu sichern und zu verbessern:
>
> • Ergebnisqualität,
>
> • Indikationsstellung für die Leistungserbringung,
>
> • Angemessenheit der Leistung,
>
> • Erfüllung der strukturellen und sächlichen Voraussetzungen zur Erbringung der Leistungen,
>
> • die Selbstbestimmung der Patientinnen und Patienten zu stärken."
>
> (Gemeinsamer Bundesausschuss, 2016)

Datenauswertung Die an der externen Qualitätssicherung teilnehmenden Einrichtungen müssen vorgeschriebene Daten der Patientenversorgung dem IQTIG zur Verfügung stellen. Dabei sind „vorgeschriebene Datenerfassungs- und Übermittlungsspezifikationen", die vor allem den Datenschutz betreffen, zu beachten (IQTIG, 2017). Die Daten werden direkt oder indirekt über die Landesgeschäftsstellen für Qualitätssicherung (LQS), die Landeskrankenhausgesellschaften (LKG) oder die kassenärztlichen Vereinigungen (KV) an das IQTIG gesandt (vgl. IQTIG, 2017). Die Daten werden auf der Basis festgelegter Qualitätsindikatoren beziehungsweise anhand festgelegter Referenzbereiche jährlich ausgewertet und in Form eines Qualitätsreports veröffentlicht.

Treten einrichtungsspezifische rechnerische Auffälligkeiten auf und werden aufgrund dessen Versorgungsdefizite vermutet, so wird dies zielgerichtet und systematisch im Rahmen des sog. Strukturierten Dialogs mit den betreffenden Einrichtungen angesprochen beziehungsweise angegangen (vgl. Richtlinie über Maßnahmen der Qualitätssicheurng in Krankenhäusern (QSKH-RL), 2016). Die betreffenden Einrichtungen werden mit Fristsetzung zu einer Stellungnahme aufgefordert. Je nach Ergebnis der Prüfung der Stellungnahme wird eine Besprechung, eine Begehung vor Ort oder eine Zielvereinbarung veranlasst (vgl. ebd.).

Veröffentlichungs-
pflicht eines
strukturierten
Qualitätsberichts

Krankenhäuser sind nach § 136b Abs. 1 Nr. 3 SGB V zur Veröffentlichung eines strukturierten Qualitätsberichts verpflichtet. Die Ziele des Strukturierten Qualitätsberichts sind:

> „Verbesserung von Transparenz und Qualität der Versorgung im Krankenhaus,
>
> Information, Orientierungs- und Entscheidungshilfe für alle interessierten Personen, z. B. für Patienten und Patientinnen sowie Leistungserbringer insbesondere im Vorfeld einer Krankenhausbehandlung,
>
> Schaffung einer Grundlage für vergleichende Informationen und Empfehlungen der Kassenärztlichen Vereinigungen und Krankenkassen an Vertragsärzte und Vertragsärztinnen sowie Versicherte über die Qualität der Versorgung im Krankenhaus,
>
> Möglichkeit für ein Krankenhaus, seine Leistungen nach Art, Anzahl und Qualität nach außen transparent und sichtbar darzustellen"
>
> (Gemeinsamer Bundesausschuss, 2016).

Der strukturierte Qualitätsbericht besteht aus drei Teilen:

- Teil A: Struktur- und Leistungsdaten des Krankenhauses
- Teil B: Struktur- und Leistungsdaten der Organisationseinheiten beziehungsweise Fachabteilungen
- Teil C: Qualitätssicherung

4.2.8 Pflegeversicherung (SGB XI)

Internes Qualitätsma-
nagement im Kontext
der Zulassung

Laut § 72 Abs. 3 Nr. 3 SGB XI werden Einrichtungen der ambulanten wie stationären Pflege im Zusammenhang mit der Zulassung durch einen Versorgungsvertrag verpflichtet, einrichtungsintern ein Qualitätsmanagement nach Maßgabe des § 113 SGB XI einzuführen und weiterzuentwickeln.

Im Kontext von Pflegesatzvereinbarungen werden wesentliche Leistungs- und Qualitätsmerkmale festgelegt. Dies sind nach § 84 Abs. 5 SGB XI

Leistungs- und Qualitätsmerkmale im Kontext von Pflegesatzvereinbarungen

> „die Zuordnung des voraussichtlich zu versorgenden Personenkreises sowie Art, Inhalt und Umfang der Leistungen, die von der Einrichtung während des nächsten Pflegesatzzeitraums erwartet werden, die von der Einrichtung für den voraussichtlich zu versorgenden Personenkreis individuell vorzuhaltende personelle Ausstattung, gegliedert nach Berufsgruppen, sowie Art und Umfang der Ausstattung der Einrichtung mit Verbrauchsgütern".

Die Pflegeeinrichtungen sind gemäß § 112 Abs. 1 SGB XI „für die Qualität der Leistungen ihrer Einrichtungen einschließlich der Sicherung und Weiterentwicklung der Pflegequalität verantwortlich". Die Einrichtungen müssen laut Abs. 2 Qualitätssicherungsmaßnahmen durchführen, Qualitätsmanagement einführen, Expertenstandards anwenden und bei Qualitätsprüfungen mitwirken.

Qualitätsverantwortung

§ 113 SGB XI regelt Maßstäbe und Grundsätze für die Qualität und die Qualitätssicherung sowie für die Entwicklung eines einrichtungsinternen Qualitätsmanagements in der vollstationären Pflege.

Einrichtungsinternes Qualitätsmanagement

Die Verantwortlichen für die Entwicklung von Maßstäben und Grundsätzen für die Qualität und die Qualitätssicherung sind ebenfalls in § 113 SGB XI genannt:

> „Der Spitzenverband Bund der Pflegekassen, die Bundesarbeitsgemeinschaft der überörtlichen Träger der Sozialhilfe, die kommunalen Spitzenverbände auf Bundesebene und die Vereinigungen der Träger der Pflegeeinrichtungen auf Bundesebene vereinbaren unter Beteiligung des Medizinischen Dienstes des Spitzenverbandes Bund der Krankenkassen, des Verbandes der privaten Krankenversicherung e. V., der Verbände der Pflegeberufe auf Bundesebene, der maßgeblichen Organisationen für die Wahrnehmung der Interessen und der Selbsthilfe der pflegebedürftigen und behinderten Menschen nach Maßgabe von § 118 sowie unabhängiger Sachverständiger Maßstäbe und Grundsätze für die Qualität, Qualitätssicherung und Qualitätsdarstellung in der ambulanten und stationären Pflege sowie für die Entwicklung eines einrichtungsinternen Qualitätsmanagements, das auf eine stetige Sicherung und Weiterentwicklung der Pflegequalität ausgerichtet ist."

Die Ausführungen der Vereinbarung sind sehr ausführlich. Sie beziehen sich auf grundlegende Zielsetzungen. Qualitätsmerkmale hinsichtlich Struktur-, Prozess- und Ergebnisqualität werden differenziert und konkret erläutert. Es wird die Einrichtung eines internen Qualitätsmanagements gefordert. Die zentralen Aspekte der Vereinbarung hinsichtlich eines internen Qualitätsmanagements können folgendermaßen zusammengefasst werden:

Inhalt der Vereinbarung

- Die Verantwortung für das interne Qualitätsmanagement liegt bei der Leitung.

- Qualitätsmanagement bezieht sich auf die Steuerung und Weiterentwicklung der Leistungserbringung.

- Qualitätsmanagement umfasst darüber hinaus auch alle Managementprozesse.

- Qualitätsmanagement erfordert Kundenorientierung und Beteiligung von Leistungsempfängern. In diesem Zusammenhang sind Beschwerden systematisch zu berücksichtigen (Beschwerdemanagement).

- Qualitätsmanagement erfordert die Bereitstellung notwendiger Ressourcen sowie die Beteiligung des Personals.

- Qualitätsmanagement muss zielorientiert erfolgen. Qualitätsziele sowie die darauf bezogenen Maßnahmen und Verfahren sind systematisch zu überprüfen und weiter zu entwickeln.

- Alle Verantwortlichkeiten, Abläufe, Methoden und Verfahren sind zu dokumentieren.

- Das Qualitätsmanagementsystem selbst ist zu beschreiben.

Qualitätsprüfungen durch den MDK

Nach § 114 Abs. 1 SGB XI werden durch den Medizinischen Dienst der Krankenversicherung (MDK) im Auftrag der Landesverbände der Pflegekassen Qualitätsprüfungen durchgeführt. Die Regelprüfung umfasst im Wortlaut:

> „insbesondere wesentliche Aspekte des Pflegezustandes und die Wirksamkeit der Pflege- und Betreuungsmaßnahmen (Ergebnisqualität). Sie kann auch auf den Ablauf, die Durchführung und die Evaluation der Leistungserbringung (Prozessqualität) sowie die unmittelbaren Rahmenbedingungen der Leistungserbringung (Strukturqualität) erstreckt werden. Die Regelprüfung bezieht sich auf die Qualität der allgemeinen Pflegeleistungen, der medizinischen Behandlungspflege, der Betreuung einschließlich der zusätzlichen Betreuung und Aktivierung im Sinne des § 43b, der Leistungen bei Unterkunft und Verpflegung (§ 87), der Zusatzleistungen (§ 88) und der nach § 37 des Fünften Buches erbrachten Leistungen der häuslichen Krankenpflege. Zu prüfen ist auch, ob die Versorgung der Pflegebedürftigen den Empfehlungen der Kommission für Krankenhaushygiene und Infektionsprävention nach § 23 Absatz 1 des Infektionsschutzgesetzes entspricht."

4.3 Qualitätsmanagement und Haftung

Unterscheidung Fehler und Mangel

Im Zusammenhang von Qualität und Recht wird meist zwischen den beiden Begriffen „Fehler" und „Mangel" unterschieden. Werden Qualitätsforderungen nicht erfüllt, so wird im Qualitätsmanagement im Allgemeinen von Fehlern gesprochen. Der Fehlerbegriff bezieht sich insbesondere auf technische Produkte. Die Nichterfüllung von vertraglich vereinbarten Sollforderungen wird juristisch als Mangel, genauer als Sachmangel bezeichnet (§ 434 BGB).

In der DIN EN ISO 9000:2005 finden sich Anmerkungen zur Differenzierung zwischen den Begriffen „Fehler" und „Mangel":

> „Nichterfüllung einer Anforderung in Bezug auf einen beabsichtigten oder festgelegten Gebrauch:
>
> Anmerkung 1: Die Unterscheidung zwischen den Begriffen Mangel und Fehler ist wegen ihrer rechtlichen Bedeutung wichtig, insbesondere derjenigen, die im Zusammenhang mit Produkthaftungsfragen steht. Die Benennung „Mangel" sollte daher mit äußerster Vorsicht verwendet werden.
>
> Anmerkung 2: Der vom Kunden beabsichtigte Gebrauch kann durch die Art der vom Lieferanten bereitgestellten Informationen, wie Gebrauchs- oder Instandhaltungsanweisungen, beeinträchtigt werden." (DIN EN ISO 9000:2005).

Der Haftungsbegriff ist im Prinzip mit Schadensersatzpflicht gleichzusetzen (vgl. Geiger & Kotte, 2005, S. 126).

Nach Herrmann und Fritz lässt sich das Haftungsrecht wie folgt systematisieren: *Arten der Haftung*

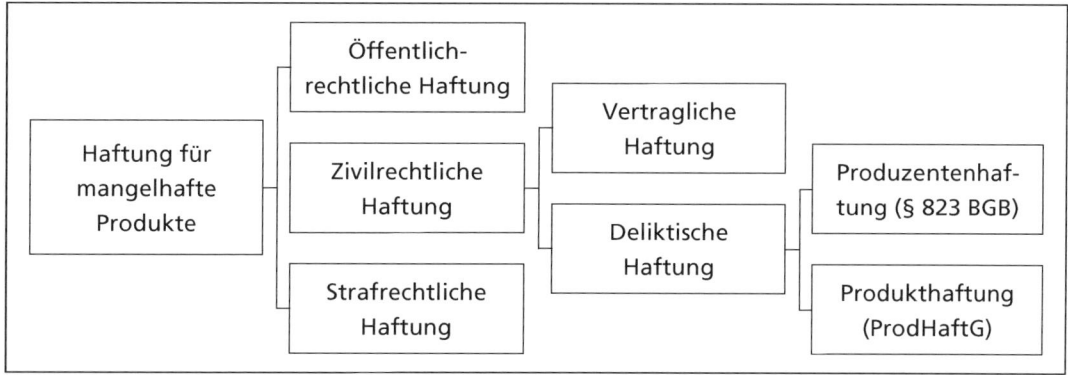

Abb. 11: Gliederung der Haftung für mangelhafte Produkte (Herrmann, Fritz, 2011, S. 301)

Die **öffentlich-rechtliche Haftung** wird im Kontext des betrieblichen Qualitätsmanagements nicht weiter behandelt.

Die **strafrechtliche Haftung** bezieht sich auf die strafrechtliche Verantwortung für Schäden aufgrund von Produktfehlern, wie die Verletzung von Gesundheit oder Leben eines Käufers. Da Unternehmen jedoch nicht strafrechtsfähig sind, handelt es sich bei der strafrechtlichen Haftung immer um persönliche Haftung infolge des eigenen Verhaltens. Ermittlungen richten sich daher immer gegen Mitarbeiter oder Führungskräfte im direkten Zusammenhang mit fehlerhaften Produkten (vgl. Herrmann & Fritz, 2011, S. 309). Von besonderer Bedeutung sind hier die Tatbestände der fahrlässigen Körperverletzung (§ 229 StGB) und der fahrlässigen Tötung (§ 222 StGB).

Im **Zivilrecht** werden die Rechtsbeziehungen zwischen Unternehmen und Bürgern – oder im vorliegenden Kontext Kunden – geregelt. Bei der zivilrechtlichen Haftung wird zwischen vertraglicher und deliktischer Haftung unterschieden, je nachdem, ob die Rechtsbeziehung zwischen Unternehmen und Kunde vertraglich oder gesetzlich begründet ist (vgl. Herrmann & Fritz, 2011, S. 300).

§ 433 BGB regelt die vertragstypischen Pflichten beim Kaufvertrag. Insbesondere ist der Verkäufer verpflichtet, „dem Käufer die Sache frei von Sach- und Rechtsmängeln zu verschaffen". In Bezug auf Qualitätsmanagement folgt daraus, dass vertraglich vereinbarte Forderungen einzuhalten sind. Die Folgen nicht eingehaltener Qualität sind entweder das Eintreten eines Folgeschadens oder das Ausbleiben eines erwarteten Nutzens (vgl. Benes & Groh, 2017, S. 332). In ersterem Fall könnten gesundheitliche Schäden gemeint sein, im zweiten Fall wären Garantieleistungen betroffen (ebd.).

Deliktische Haftung bezeichnet grundsätzlich Schadenshaftung, „die als Folge von Produktfehlern oder -mängeln außerhalb des Produkts selbst an sonstigen Rechtsgütern des Geschädigten eingetreten sind" (Herrmann & Fritz, 2011, S. 304). Mangelfolgeschäden können Personenschäden, Sachschäden und daraus folgende Vermögensschäden sowie unmittelbare Vermögensschäden sein (vgl. ebd.). Bei der deliktischen Haftung wird zwischen Produzentenhaftung und Produkthaftung unterschieden.

Die Produzentenhaftung wird in § 823 BGB (Schadensersatzpflicht) geregelt:

> „(1) Wer vorsätzlich oder fahrlässig das Leben, den Körper, die Gesundheit, die Freiheit, das Eigentum oder ein sonstiges Recht eines anderen widerrechtlich verletzt, ist dem anderen zum Ersatz des daraus entstehenden Schadens verpflichtet.
>
> (2) Die gleiche Verpflichtung trifft denjenigen, welcher gegen ein den Schutz eines anderen bezweckendes Gesetz verstößt. Ist nach dem Inhalt des Gesetzes ein Verstoß gegen dieses auch ohne Verschulden möglich, so tritt die Ersatzpflicht nur im Falle des Verschuldens ein."

Ein Haftungsfall nach dem Produkthaftungsgesetz (ProdHaftG) tritt ein, wenn ein fehlerhaftes Produkt einen Schaden auslöst. Das direkte Herstellerverschulden ist nicht mehr nachzuweisen (vgl. Herrmann & Fritz, 2011, S. 307). Nach § 3 hat ein Produkt „einen Fehler, wenn es nicht die Sicherheit bietet, die unter Berücksichtigung aller Umstände, insbesondere a) seiner Darbietung, b) des Gebrauchs, mit dem billigerweise gerechnet werden kann, c) des Zeitpunkts, in dem es in den Verkehr gebracht wurde, berechtigterweise erwartet werden kann".

Haftungsfrage bei personenbezogenen Dienstleistungen

Wie ist die Haftungsfrage auf den Bereich personenbezogener Dienstleistungen zu übertragen? Ausgangspunkt ist die Überlegung, dass jede Berufsausübung Haftungsrisiken mit sich bringt. In der Sozialen Arbeit tangieren beispielsweise Anforderungen der Aufsicht oder des Kinderschutzes Haftungsrisiken in erheblichem Maße. Im Gesundheitsbereich sind zahlreiche mögliche Haftungstatbestände zu berücksichtigen, wie Fehlbehandlungen in der Pflege oder Medizin.

Haftungsrisiken treten dabei meist in Verbindung mit mangelnder Sorgfalt auf. Haftungsfragen sind darüber hinaus in etlichen anderen Bereichen betroffen, wie etwa im Arbeitsrecht in Bezug auf Arbeitssicherheit, in Bezug auf die Geschäfts- und auch Vereinsführung oder der handelsrechtlichen Rechnungslegung.

> Im Rahmen von Qualitätsmanagement ist gegenüber Haftungsrisiken grundsätzlich eine aktive Position einzunehmen: Haftungsrelevantes Wissen stellt keine unliebsame Einschränkung beruflichen Handelns dar, sondern bietet einen notwendigen Rahmen, der Qualität positiv beeinflusst.

5. Strukturmerkmale des Qualitätsmanagements

Im folgenden Kapitel soll ein fundiertes Verständnis für die konzeptionelle Kernstruktur von Qualitätsmanagement entwickelt werden. Um das zu erreichen, werden die Aspekte erläutert, die sich im Qualitätsmanagement system- und konzeptübergreifend als strukturbestimmend herausstellen lassen.

5.1 Kontinuierlicher Verbesserungsprozess

Mit Qualitätsmanagement wird im Kern ein kontinuierlicher Verbesserungsprozess (KVP) verbunden. Dahinter steht zum einen ein funktionaler Steuerungskreislauf, der als solcher konzeptioneller Kernbestandteil von Qualitätsmanagement ist. Zum anderen steht der auf stetige Verbesserung ausgerichtete Funktionskreislauf im Zusammenhang mit einer Grundhaltung, die über eine technische Betrachtung hinausgeht.

Diese Grundhaltung ist eng mit dem japanischen Begriff „Kaizen" verbunden. „KAI, der Wandel, die Veränderung, ZEN (= das Gute, Bessere) lassen sich übersetzen als der ‚Ersatz des Guten durch das Bessere', also die Veränderung, der Wandel, zum Besseren" (Zollondz, 2016a, S. 555). Kaizen als Grundhaltung ist Ausdruck japanischer Lebenskultur. „Die Kaizen-Philosophie setzt voraus, dass unsere Art zu leben – sei es unser Arbeitsleben, unser Sozialleben oder unser Leben zu Hause – das Ziel ständiger Verbesserung sein sollte. Dieses Konzept ist für viele Japaner so natürlich und naheliegend, dass sie sich seiner oft gar nicht gewahr sind!" (Imai, 1997). Hier wird eine Grund- oder auch Lebenshaltung charakterisiert, die eng mit dem Gedanken des Total Quality Management (TQM)[3] verbunden

*Kaizen:
Ersatz des Guten
durch das Bessere*

Abb. 12: Kaizen-Schirm (Imai, 1992, S. 25 zit. in Zollondz, 2016, S. 556)

[3] Unter TQM werden unterschiedlichste Ansätze und Methoden zusammengefasst. Im weitesten Sinne wird unter diesem Terminus eine zentrale Managementphilosophie diskutiert. Das Verständnis von TQM ist letztlich aber ausgesprochen uneinheitlich, so dass in diesem Kontext nicht darauf Bezug genommen wird.

ist. Damit ist auch klar, dass Kaizen über eine rein methodisch, konzeptionelle Umsetzung hinausgeht. Zollondz betont zu Recht, dass Kaizen „eine Veränderung der weichen Faktoren (Mitarbeiterorientierter Führungsstil, Organisationsphilosophie und Organisationskultur)" erfordert (2011, S. 297).

Laufende und systematische Überprüfung

Imai (199FFF7) hat den Begriff „Kaizen" und die damit verbundene Philosophie auf den organisationalen Kontext beziehungsweise auf das Management übertragen. Nach Imai ist Kaizen als „übergeordnetes Konzept" zu verstehen, als „Schirm", unter dem verschiedene Methoden und Systeme zu subsumieren sind, wie etwa Total Quality Control, Null-Fehler-Programm, Just-in-Time-Produktion, Qualitätszirkelarbeit, Vorschlagswesen oder der PDCA-Zyklus (vgl. ebd., S. 16).

Insbesondere Deming (1992) ist als Ideengeber dieses philosophisch geprägten Verständnisses von Qualität und Qualitätsmanagement dabei hervorzuheben. Deming kritisierte einen „alten", linearen Planungsprozess, der darin bestand, Produkte zu konzipieren, herzustellen und dann bestmöglich zu verkaufen: „Success depended on guess-work-guessing what type and design of product would sell, how much of it to make" (Deming, 1992, S. 180). Entscheidend sei jedoch, so Deming, einen vierten Schritt hinzufügen und die erzielten Resultate laufend und systematisch zu überprüfen. „The reason to study the results of a change is to try to learn how to improve tomorrow's product, or next year's crop" (ebd.).

Kreismodelle

Deming gilt gemeinhin als Erfinder des sog. PDCA-Zyklus. Selten wird darauf hingewiesen, dass die Urheberschaft bei genauerer Betrachtung differenzierter zu sehen ist (vgl. Wolf, 2009). Deming berief sich bei der Darstellung des PDCA-Zyklus in seinen Publikationen (1992; 1994) auf seinen „Lehrer" Shewart. Er wies sogar darauf hin, dass das Kreismodell in den 1950er Jahren in Japan trotz seiner Verweise auf Shewart als Demingkreis beziehungsweise PDCA-Zyklus Bekanntheit erlangte. Deming selbst jedoch sprach stets vom Shewart- oder PDSA-Zirkel.

PDSA-Zyklus

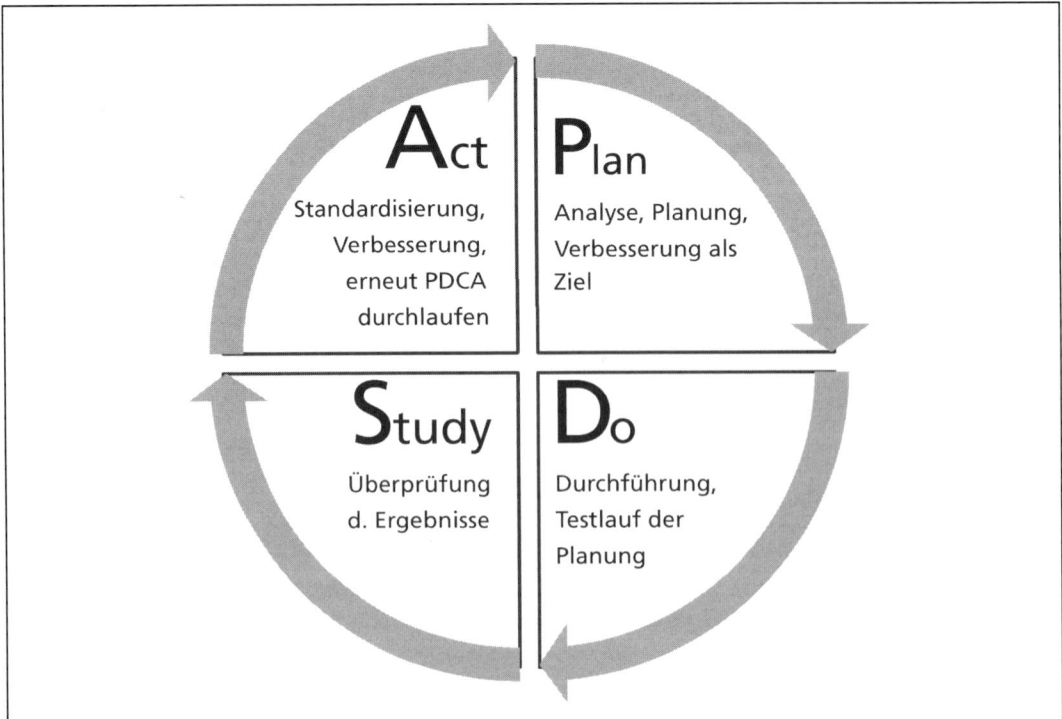

Abb. 13: Der PDSA-Zyklus (Deming, 1994, S. 132)

Im ersten Schritt „Plan" wird eine Änderung oder ein Test mit dem Ziel der Verbesserung geplant. Der zweite Schritt „Do" umfasst die Umsetzung der Änderung beziehungsweise des Tests im Rahmen einer kleinen Stichprobe. Im dritten Schritt „Study" werden die Ergebnisse überprüft und ausgewertet. Schließlich beinhaltet der vierte Schritt „Act" entweder eine Übernahme beziehungsweise Aufgabe der Veränderungen oder ein erneutes Durchlaufen des Kreises.

Der PDSA-Kreis wurde in Japan stark rezipiert und unter der Bezeichnung PDCA-Zyklus weiterentwickelt (vgl. Wolf, 2009, S. 19).

PDCA-Zyklus

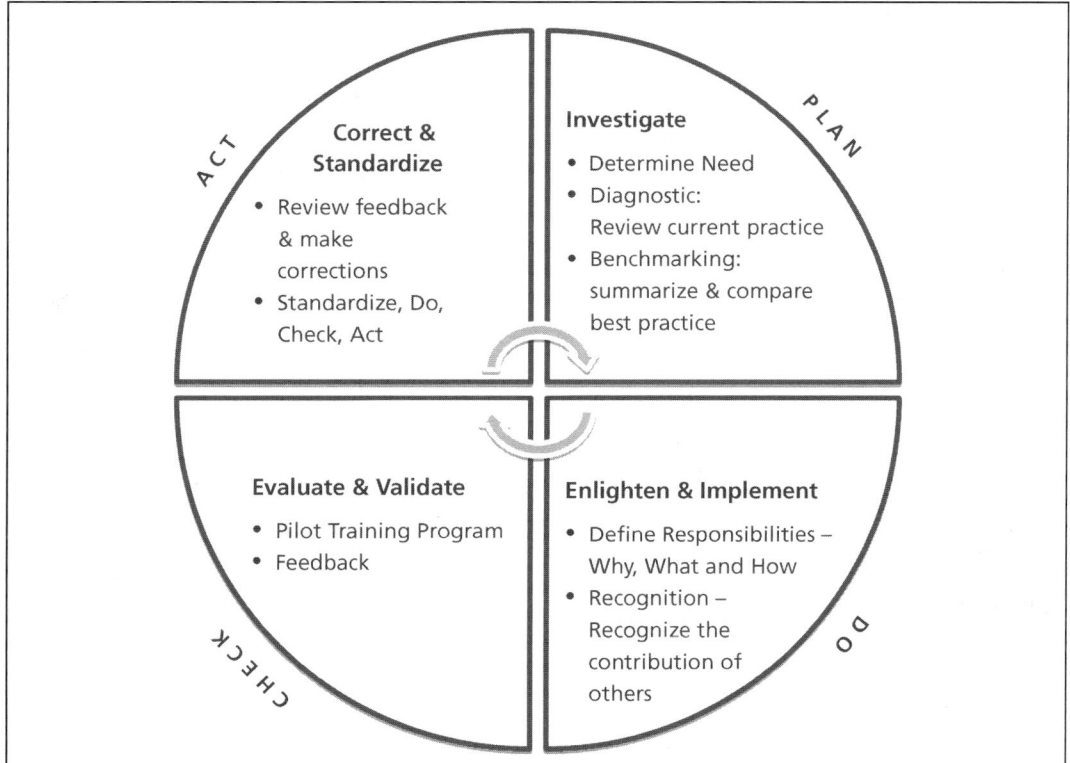

Abb. 14: PDCA-Prozess (Imai, 1997, S. 224)

Der PDCA-Prozess oder auch PDCA-Zyklus wurde vielfach und in abgewandelter Form rezipiert. Im deutschen Sprachkreis wird, wie bereits erwähnt, vom kontinuierlichen Verbesserungsprozess (KVP) gesprochen, im Englischen steht CIP für Continuous Improvement Process. In der DIN EN ISO 9001:2015 taucht der Begriff der fortlaufenden Verbesserung auf. Hier scheint eine Art Versachlichung einzutreten oder „Säkularisierung", wie es Zollondz formuliert (2016a, S. 560).

Kontinuierlicher Verbesserungsprozess

Zusammenfassend ist jedoch festzustellen, dass der PDSA-Zyklus beziehungsweise PDCA-Zyklus im Sinne eines kontinuierlichen Verbesserungsprozesses heute zum Kernwissen des Qualitätsmanagements gerechnet wird.

Er steht als zentrales Element von Kaizen für „ein Anwendungs- wie auch Erklärungsmodell, das als universelles Modell zur Qualitätsverbesserung" im gesamten Unternehmen umgesetzt werden kann (Zollondz, 2011, S. 89).

Unternehmensweite Umsetzung

Das Prinzip der kontinuierlichen Verbesserung ist demnach nicht nur auf die systematische Lösung operativer Probleme bezogen, sondern sollte als grundlegende Steuerungslogik unternehmensweit implementiert werden und zum Einsatz kommen.

5.2 Kunden-, Anspruchsgruppenorientierung

Kundenorientierung als zentrale Ausrichtung des Qualitätsmanagements wurde bereits in den frühen Ansätzen des Qualitätsmanagements hervorgehoben. So forderte Deming ein Umdenken auf Kundenorientierung in einer Zeit, die noch stark vom Taylorismus[4] geprägt war (vgl. Zollondz, 2011, S. 86).

Ausrichtung an Kundenerwartungen, -anforderungen

Nach Deming waren die Kundenerwartungen der wichtigste Teil der Produktionskette: „The consumer is the most important part of the production line. Quality should be aimed at the needs of the consumer, present and future" (Deming, 1992, S. 5). Feigenbaum formulierte als obersten Grundsatz seines Konzeptes des Total Quality Control, dass Kundenerwartungen für die Bestimmung von Qualität wesentlich zu berücksichtigen seien. Und Ishikawa (1985) vertrat die Auffassung, dass Qualität nur vom Kunden her definiert werden könne. Die grundsätzliche Ausrichtung an Kundenanforderungen ist auch wesentlicher Bestandteil der DIN EN ISO 9001:2015 sowie von EFQM, als wichtigste branchenübergreifende Qualitätsmanagementsysteme (siehe zu den beiden Systemen Kapitel 9).

Definition Kundenorientierung

Der Begriff „Kundenorientierung" wird, so Zollondz, sehr unterschiedlich definiert. Er benennt in Bezugnahme auf den Ansatz von Schütze (1992) und Erlbeck (1999) folgende Definitionsmerkmale: Zunächst bezeichnet Kundenorientierung die grundlegende strategische und operative Ausrichtung eines Unternehmens am Kunden. Kundenerwartungen sind zum einen individuell zu bewerten und zu berücksichtigen. Zum anderen ist dabei vorauszusetzen, dass ein Unternehmen als Ganzes in der Lage ist, auf Kundenerwartungen dynamisch zu reagieren. Nicht nur struktur- und prozessbezogene Flexibilität ist demnach erforderlich. Kundenorientierung muss darüber hinaus fester Bestandteil der Unternehmenskultur sein (vgl. Zollondz, 2016a, S. 599).

Kundenbegriff bei personenbezogenen Dienstleistungen

Der Kundenbegriff wird im Zusammenhang personenbezogener Dienstleistungen vielfach kritisch bewertet und ist daher näher zu diskutieren. Insbesondere ist eine Abgrenzung zum Kundenverständnis im Marketing vorzunehmen und zu klären, inwieweit im Kontext von Sozialunternehmen grundsätzlich von Kunden gesprochen werden kann.

Kunden im engeren Sinne sind Empfänger von Produkten oder im vorliegenden Kontext von personenbezogenen Dienstleistungen. Auch im Marketing spielt die Ausrichtung am Kunden eine wesentliche Rolle. Marketing ist letztlich aber als ein allgemeines Kommunikationskonzept zu verstehen, das sämtliche Marktteilnehmer in den Blick nimmt (Zollondz, 2016, S. 598). Das Prinzip der Kundenorientierung zielt hingegen auf eine „dyadische[5] Beziehung von Kunde und Unternehmen" ab, „in der ein spezifischer Kundennutzen erfüllt wird" (Zollondz, 2016a, S. 598).

---

[4] Nach Engelmeier wird Taylorismus „als Metapher für Arbeitsbedingungen mit straffer Kontrolle, rigider Arbeitsteilung und geringer Autonomie verwendet" (2015, S. 697).

[5] Dyadisch = intensive soziale Beziehung von zwei Personen (Zweierbeziehung)

Markt- und Kundenorientierung sind in diesem Sinne zu differenzieren und nicht gegensätzlich zu verstehen. Beiden Ansätzen gemeinsam ist das Ziel des wirtschaftlichen Erfolgs. An dieser Stelle entsteht auf den ersten Blick ein Konfliktfeld: Der Begriff „Kundenorientierung", verbunden mit dem Ziel der Gewinnmaximierung, kann für Sozialunternehmen nicht vorbehaltlos übernommen werden. Sozialunternehmen verfolgen grundsätzlich Sachziele. Kundenbindung ist nicht erklärtes Ziel, sondern die Stärkung der Autonomie und Selbständigkeit der Leistungsempfänger, letztlich die Steigerung von Lebensqualität. Diese Inkompatibilität des Kundenbegriffs und damit der Kundenorientierung als Maxime des Qualitätsmanagements hängt aber bei genauerer Betrachtung mit einer begrifflichen Engführung zusammen. In Sozialunternehmen ist die Mitwirkung des Kunden als Leistungsempfänger Wesensmerkmal der Leistungserbringung und die Beteiligung von Leistungsempfängern daher oberstes fachliches Gebot.

Ziel: Wirtschaftlicher Erfolg – auch in Sozialunternehmen?

Aus diesem Blickwinkel betrachtet, ist Kundenorientierung nicht zwingend mit Gewinnorientierung verbunden. Die Anschlussfähigkeit des Kundenbegriffs wird dann ermöglicht, wenn von einem erweiterten Kundenbegriff ausgegangen und alternativ von Anspruchsgruppen gesprochen wird.

Die Auseinandersetzung mit unterschiedlichen, teilweise stark divergierenden Qualitätsforderungen ist, wie bereits dargestellt wurde, eine zentrale Aufgabe im Qualitätsmanagement. Die systematische Organisation und Steuerung heterogener Qualitätserwartungen ist Aufgabe des Stakeholder-Managements. „Stakeholder-Management beschäftigt sich mit der Frage, wie eine Organisation angesichts divergierender Erwartungen gesteuert werden kann, wie Erwartungen erhoben, gewichtet und zu Zielen verdichtet werden können und wie eine auf diesen Zielen aufbauende Umsetzung aussehen kann" (Meinhold & Matul, 2011, S. 60).

Stakeholder-Management: Steuerung heterogener Qualitätserwartungen

Qualitätsmanagementsysteme wie die DIN EN ISO oder EFQM regeln die Kommunikation auf Organisations- beziehungsweise Betriebsebene. Notwendige Team-, Kooperations- und Kommunikationsstrukturen werden entwickelt und etabliert. Die Kommunikation mit Anspruchsgruppen ist dabei nicht notwendigerweise vorgesehen, weder mit Leistungsempfängern, noch mit Kostenträgern.

Kommunikation mit Anspruchsgruppen

Qualitätsorientierte Kommunikation mit Kostenträgern ist über die Ebene von Kostenverhandlungen standardisiert.

Kostenträger

Eine vergleichbare Beteiligung von Leistungsempfängern im Kontext von Qualitätsmanagement gibt es jedoch in dieser formalisierten Form nicht. Instrumente, um Qualitätsansprüche von Leistungsempfängern zu erfassen, sind gesetzlich oder verfahrenstechnisch nicht vorgeschrieben. Gleichwohl gibt es methodische Optionen, die Qualitätsansprüche von Leistungsempfängern systematisch zu erfassen. So sind grundsätzlich gezielte mündliche oder schriftliche Befragungen möglich. Die Rolle von Leistungsempfängern bleibt dabei prinzipiell passiv. Meinhold und Matul weisen zu Recht darauf hin, dass der Bedeutung von Koproduktion nicht konsequent Rechnung getragen wird (vgl. 2011, S. 200). Leistungsempfänger müssten systematisch in Qualitätsmanagementstrukturen eingebunden werden. Dieser Anspruch wird allerdings nicht adäquat eingelöst, weder konzeptionell noch praktisch. Merchel (2014, S. 201) begründet diese Diskrepanz zwischen Anspruch und Wirklichkeit zum einen mit „praktischen

Beteiligung von Leistungsempfängern

Schwierigkeiten in der Umsetzung dieser Anforderung" und zum anderen mit grundsätzlich ambivalenten Forderungen: „So ist es als ein Charakteristikum einer jeden Profession anzusehen, dass sie aus ihrer eigenen Professionslogik Handlungs- und Verfahrensnormen definiert, deren Gültigkeit sie nicht ohne Weiteres den Angriffen und/ oder Wünschen ihrer Bezugsgruppen aussetzt; dadurch wird eine ‚natürliche' Spannung zu den Qualitätsperspektiven ihrer Adressaten erzeugt".

Das Ziel, dieses Spannungsfeld aufzulösen, ist möglicherweise unerreichbar. Anstrengungen müssen jedoch dahingehen, innerhalb dieses Spannungsfeldes Verfahren der aktiven Beteiligung von Leistungsempfängern im Kontext von Qualitätsmanagement weiter zu entwickeln.

5.3 Prozessorientierung

Prozessorientierung im Qualitätsmanagement ist auf die Entwicklungen Demings zurückzuführen, war also schon immer ein „genuiner Ansatz des Qualitätsmanagements" und hat sich, so Zollondz, in der Version der DIN EN ISO aus dem Jahr 2000 als unumgänglicher Standard etabliert (Zollondz, 2011, S. 243). Um die Bedeutung dieser zentralen Ausrichtung im Qualitätsmanagement zu verstehen, muss zunächst der Prozessbegriff geklärt werden.

Begriffsklärung *Prozess* Nach Geiger ist ein Prozess ein „System von Tätigkeiten, das Eingaben in Ergebnisse umgestaltet" (1998, S. 89). Dahinter steht die Annahme, dass Organisationen prinzipiell zielorientiert sind. Im wirtschaftlichen Bereich steht letztlich der ökonomische Erfolg an erster Stelle. Wirtschaftlicher Erfolg ist wiederum maßgeblich daran gebunden, dass Produkte oder Leistungen von Kunden abgenommen werden. Und Kundenentscheidungen schließlich werden im erheblichen Maße vom erreichten Mehrwert abhängen. Mehrwert wird durch Produktions- beziehungsweise Leistungsprozesse, oder auch Wertschöpfungsprozesse realisiert. „Wertschöpfung ist die Erbringung von Dienstleistungen und die Produktion materieller Erzeugnisse. Somit ist Wertschöpfung gleichbedeutend mit Leistungserbringung" (Zollondz, 2011, S. 242).

Wertschöpfungs-, *Geschäftsprozess* Damit wird der Prozessbegriff nicht nur auf die operative Ebene bezogen, sondern bezeichnet letztlich den Wertschöpfungsprozess als Ganzes. Im Zusammenhang mit dieser strategischen Ausrichtung wird auch von Geschäftsprozessen beziehungsweise Geschäftsprozessmanagement gesprochen (vgl. Ellringmann, 2014, S. 71). Der Wertschöpfungs- oder Geschäftsprozess „besteht aus einer funktionsüberschreitenden Verkettung wertschöpfender Prozesse, die von Kunden und anderen Anspruchsgruppen erwartete Leistungen erzeugen und die internen Strategien und Ziele wirtschaftlich umsetzen" (ebd.).

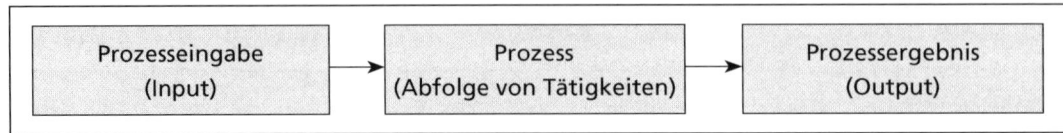

Abb. 15: Prozessdefinition (mod. n. Herrmann, Fritz, 2011, S. 77)

Prozessorientierung kann nach Kamiske und Brauer als „eine Grundhaltung verstanden werden, wobei das gesamte betriebliche Handeln als Kombination von Prozessen beziehungsweise Prozessketten betrachtet wird" (2006, S. 159). „Ziel", so die Autoren weiter, „ist die Steigerung von Qualität und Produktivität im Unternehmen durch eine ständige Verbesserung der Prozesse" (ebd.).

Vorteile von Prozessorientierung

Die Ausrichtung von Qualitätsmanagement an Prozessen führt folgerichtig zu bereichs- und funktionsübergreifendem Denken (vgl. Vomberg, 2010, S. 64; Herrmann & Fritz, 2011, S. 80; Zollondz, 2011, S. 243). Durch den Fokus auf eine bereichsübergreifende Prozessorganisation wird die Wahrnehmung gemeinsamer Verantwortlichkeit unterstützt. Prozessorientierung lenkt den Blick auf Schnittstellen und verdeutlicht die Notwendigkeit von Kooperation und Kommunikation. Leistungsprozesse werden in ihren Ursache-Wirkungs-Zusammenhängen transparent und können dadurch schneller und flexibler verändert und gesteuert werden.

Bereichs- und funktionsübergreifendes Denken

Zu den Nachteilen einer funktionalen Aufbauorganisation stellt Zollondz (2011, S. 245) fest: „Funktions- und Hierarchiebarrieren lassen operative Inseln entstehen, die in der Tendenz quasi ein Eigenleben führen. Es kann in mehr oder weniger hohem Maße zu funktionalen Abschottungen kommen, Informationen werden gefiltert und schlussendlich sind dauerhaft Koordinations- und Steuerungsprobleme zu befürchten."

Qualitätsmanagement ist also im Kern prozessorientiert angelegt. Qualitäts- und Prozessmanagement sind jedoch nicht identisch, sondern grundsätzlich unabhängige Managementansätze. Aufgrund der konzeptionellen Übereinstimmung ist die Anschlussfähigkeit von Qualitäts- und Prozessmanagement daher genauer zu betrachten. Prozessmanagement hat grundsätzlich eine breitere Zielführung und ist nicht zwangsläufig auf Qualität bezogen. Prozessmanagement kann aber als Grundlage für Qualitätsmanagement betrachtet werden, so dass der konsequente Bezug auf Qualität dazu führt, dass Prozessmanagement zu Qualitätsmanagement wird. In der Praxis ist es von zentraler Bedeutung, die Organisation beider Managementsysteme systematisch zu koordinieren, um Doppelstrukturen zu vermeiden und Synergieeffekte zu erzielen.

Gemeinsamkeiten und Abgrenzung: Qualitäts- und Prozessmanagement

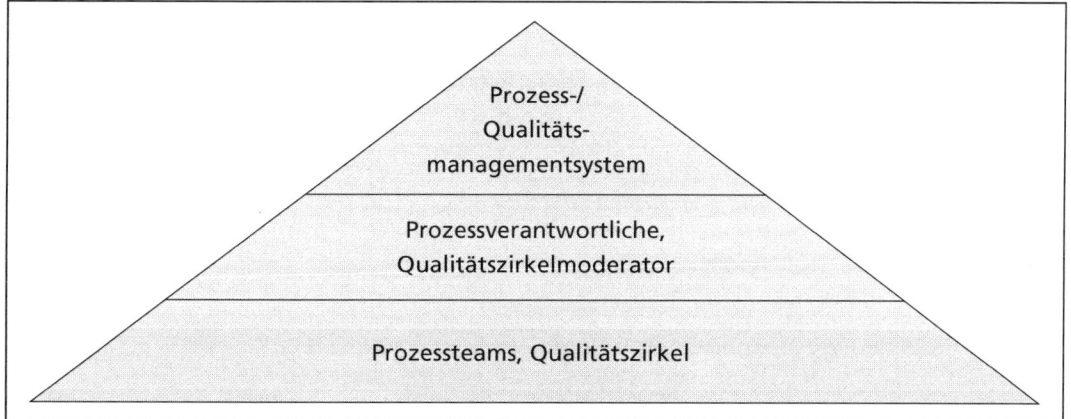

Abb. 16: Koordination von Qualitäts- und Prozessmanagement (in Anlehnung an Wagner & Käfer, 2017, S. 17)

Prozessmodelle,
Prozesslandkarten

Im Qualitätsmanagement dienen Prozessmodelle – oder auch genannt Prozesslandkarten – dazu, sämtliche unternehmensinternen Prozesse in einer integrierten Struktur abzubilden. Die Erstellung einer Prozesslandkarte wird unter 7.2.5 Prozesslandkarte beschrieben. Spezifische Prozessmodelle werden in Teil 2: Qualitätsmanagementsysteme und -konzepte erläutert. Entlang einer unternehmensspezifischen Prozesslandkarte oder auch Prozessarchitektur ist auf operativer Ebene die Prozesssteuerung verortet. Auch dieser Aspekt wird an anderer Stelle dargestellt (siehe 7.2.6 „Prozesssteuerung").

Wandel der Unternehmenskultur

Es ist festzuhalten: Prozessorientierung ist ein strukturbestimmendes Merkmal im Qualitätsmanagement. Dies gilt als Organisationsprinzip im Sinne einer zentralen Ausrichtung des Managements beziehungsweise des Qualitätsmanagements an einer bereichsübergreifenden Prozesssteuerung und wird auf der operativen Ebene als methodisches Verfahren der kontinuierlichen Prozessoptimierung umgesetzt. Die möglicherweise entstehenden Konflikte mit einer gewohnten, etablierten funktionsorientierten Aufbau- und Ablauforganisation deuten erneut darauf hin, dass Prozessorientierung ein fundamentales Umdenken erfordert, letztlich sogar einen Wandel der Unternehmenskultur (vgl. Kleinsorge, 1999, S. 62 ff.).

5.4 Qualitätsmessung

If you can't measure
it, you can't manage it

Qualität ist nur steuerbar, wenn sie einer Steuerung methodisch zugänglich gemacht wird. Dies geschieht vor allem durch die Bildung von Qualitätskriterien und -indikatoren. Damit wird auf den meist Norton und Kaplan zugeschriebenen Grundsatz, „If you can't measure it, you can't manage it" (Kaplan & Norton, 1997, S. 20), Bezug genommen. Eine Beschränkung auf quantitative Messgrößen ist dabei unzureichend, wenn den Besonderheiten personenbezogener Dienstleistungen Rechnung getragen werden soll.

Messung personenbezogener Dienstleistungen

Der Transfer des Messbegriffes auf personenbezogene Dienstleistungen gelingt besser, wenn das Ziel von Messvorgängen in den Blick genommen wird. Messvorgänge haben im Wesentlichen das Ziel, über Sachverhalte systematisch Informationen zu erheben, um auf der Basis der Messergebnisse Bewertungen vorzunehmen und weitere Prozessabläufe daran auszurichten. Die Messung personenbezogener Dienstleistungsprozesse ist angesichts des dynamischen Qualitätsverständnisses zweifellos anspruchsvoll. Diese Aufgabe ist aber lösbar, wenn im Vorfeld von Messvorgängen angemessene Qualitätsbewertungskriterien und -indikatoren ermittelt werden.

Arbeitsreihenfolge

Damit ist eine wichtige Reihenfolge festgelegt.

1. Zunächst ist Qualität zu beschreiben und zu definieren.

2. Daraus sind Bewertungskriterien oder Qualitätsindikatoren abzuleiten.

3. Erst anschließend ist ein geeignetes Messverfahren zu entwickeln.

Indikatorenbildung im
sozialen Bereich

Die Bildung von Indikatoren ist gerade im Bereich der Sozialen Arbeit und auch der Pflege von Bedeutung, weil es sich um komplexe und nicht unmittelbar messbare Zusammenhänge handelt. „Qualität in der Betreuung und Versorgung ist ein vielschichtiges Phänomen, das in der Regel nur durch die Verwendung mehrerer, nebeneinander zu betrachtender Indikatoren abgebildet werden kann" (vgl. Hensen G., 2012 S. 107).

Zur Systematisierung möglicher Messverfahren bietet sich an, von grundlegenden Qualitätsperspektiven auszugehen. Im Abschnitt 2.3 Anspruchsgruppen wurden bereits drei maßgebliche Qualitätsperspektiven vorgestellt: Qualität aus Sicht der Leistungsempfänger, des Managements und der professionellen Fachkräfte. Die Fachkräfte treten innerhalb des Unternehmens jedoch nicht nur als Leistungsträger in Erscheinung. Mitarbeiter können auch als interne Kunden gesehen werden, die eigene Qualitätsforderungen stellen. Die Berücksichtigung dieser Perspektive ist in diesem Kontext insofern von Bedeutung, als es einen nachweisbaren Zusammenhang zwischen Arbeitsmotivation, Arbeitszufriedenheit und Produktivität gibt, der hier – um den Umfang nicht zu sprengen – nicht näher erläutert werden soll.

Ausgangspunkt: Qualitätsperspektiven

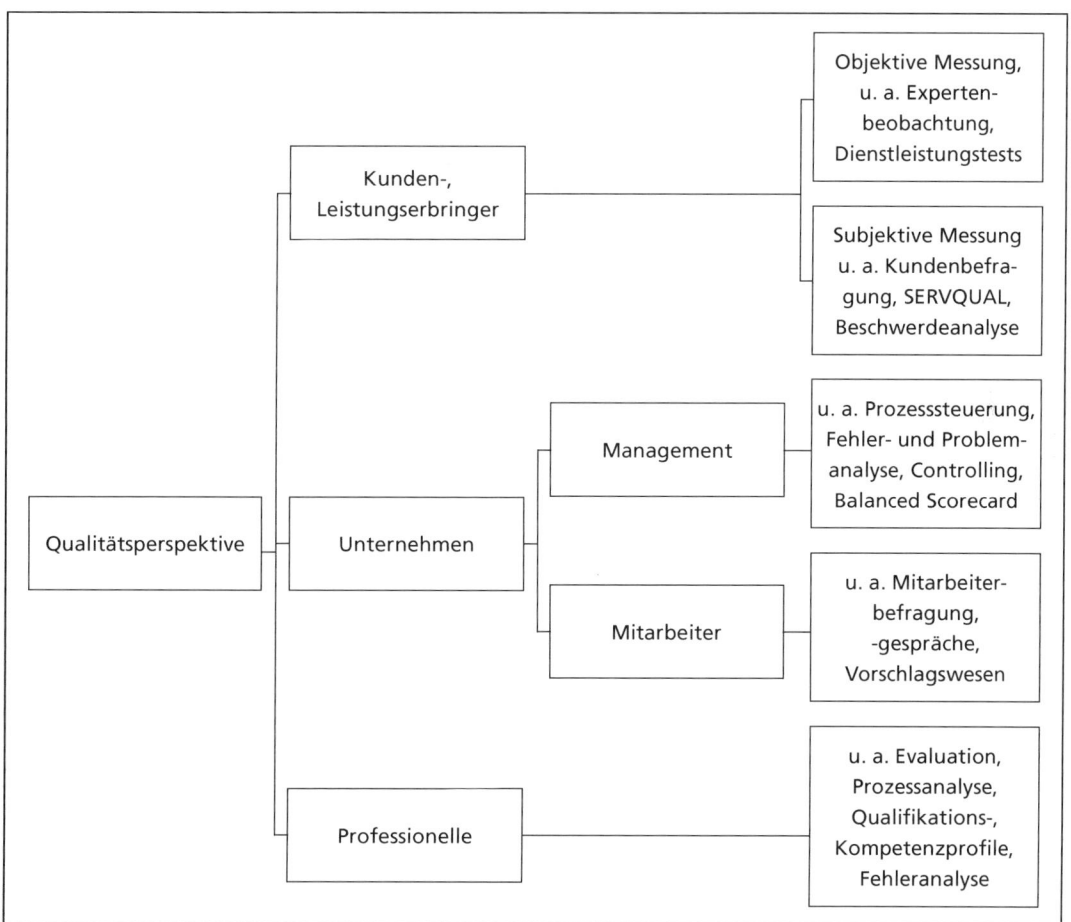

Abb. 17: Systematische Qualitäts- und Messperspektiven (vgl. Hensen, G., 2012, S. 108 ff., vgl. Bruhn, 2013, S. 116, vgl. Stauss, 2016, S. 683)

Qualität aus Sicht der Kunden beziehungsweise Leistungsempfänger kann durch objektive oder subjektive Verfahren ermittelt werden. Zu den subjektiven Messverfahren zählen u. a. Kundenbefragungen, verschiedene Feedbackmethoden, Beschwerdeanalysen oder spezielle Methoden wie das Instrument SERVQUAL (siehe 7.3.4).

Qualität aus Kundensicht

Objektivierte Messansätze, wie u. a. Expertenbeobachtungen oder Dienstleistungstests, zielen darauf ab, Qualität aus Kundensicht zu ermitteln und gleichzeitig intersubjektive Überprüfbarkeit zu gewährleisten.

Qualität aus Sicht des Unternehmens

In Bezug auf unternehmensbezogene Qualität kann zwischen managementorientierter und mitarbeiterorientierter Qualität differenziert werden. Managementqualität bezieht sich auf die Steuerung von Strukturen, Standards und die Umsetzung externer Vorgaben mit dem Ziel kunden- beziehungsweise nutzerorientierte Qualitätserwartungen im Dienstleistungsprozess zu realisieren. Methodisch können unter anderem Fehler- und Prozessanalysen oder die Erfassung von Qualitätskosten angeführt werden. Auf strategischer Ebene kommen Methoden wie die Balanced Scorecard zum Einsatz. Insgesamt stellt das Controlling einen zentralen methodischen Ansatz dar, um über die Ermittlung von Qualitätsindikatoren zu steuern. Schließlich kann unternehmensbezogene Qualität auch aus Sicht von Mitarbeitern bewertet werden. Dahinter steht zum einen die Annahme, dass Mitarbeiterzufriedenheit in erheblichem Maße mit der Dienstleistungsqualität korreliert. Zum anderen sollen Erfahrung und Kompetenz von Mitarbeitenden in Bezug auf qualitative Dienstleistungserbringung systematisch in Erfahrung nutzbar gemacht werden.

Qualität der fachlichen Leistung

Professionelle Qualität bezieht sich grundsätzlich auf die Qualität der fachlichen Leistung. Diese Qualitätsperspektive nimmt in Sozialunternehmen eine besondere Rolle ein, da zwischen fachlichen Qualitätsvorstellungen und den Qualitätsforderungen der Leistungsempfänger ein grundlegendes Konfliktfeld markiert ist (siehe auch 2.3 „Anspruchsgruppen"). Die Qualität fachlicher Leistungen wird etwa über Evaluationsverfahren und im Kontext operativer Prozesssteuerung erfasst. Dabei spielen auch Ansätze der Fehleranalyse eine wichtige Rolle. Schließlich sind auch Methoden der Festlegung fachlicher Qualität über Qualifikations- und Kompetenzprofile zu nennen, womit eine Verbindung zur Personalentwicklung gegeben ist.

5.5 Unternehmensweite Integration

QM als unternehmensweiter Steuerungsansatz

Wird Qualitätsmanagement als unternehmensweiter Steuerungsansatz verstanden, so ist eine umfassende Integration in die Organisation zwingend. Dieser Grundsatz ist in historischen Qualitätsmanagementkonzepten bereits nachweisbar. Feigenbaum wird die Entwicklung des ersten umfassenden Qualitätsmanagementsystems in den 1950er Jahren zugeschrieben. Er forderte grundsätzlich, dass alle Mitarbeiter eines Unternehmens in gleicher Weise für Qualität Verantwortung übernehmen müssten und Qualität alle Funktionsbereiche tangiere (vgl. Zollondz, 2011, S. 111). Ishikawa hat Feigenbaums Ansatz aufgegriffen und in den 1980er Jahren weiterentwickelt. Auch er verband Qualitätsmanagement mit allen Funktionsbereichen des Unternehmens. Er entwickelte mit dem Qualitätszirkel einen methodischen Ansatz, um alle Mitarbeiter in die Qualitätsarbeit einzubinden. Und schließlich fokussierte Ishikawa im Zusammenhang mit Qualitätsmanagement erstmals auch die Verantwortung von Unternehmen für soziale und emotionale Bedürfnisse der eigenen Mitarbeiter (vgl. ebd., S. 116 f.). Die Sicht einer unternehmensweiten Orientierung von Qualitätsmanagement wird bis heute unverändert vertreten (vgl. Benes & Groh, 2017; vgl. Hensen P., 2016; vgl. Schmitt & Pfeifer, 2015; vgl. Zollondz, 2011).

Übereinstimmend lässt sich der Grundsatz der unternehmensweiten Integration von Qualitätsmanagement wie folgt beschreiben:

Integriertes
Qualitätsmanagement

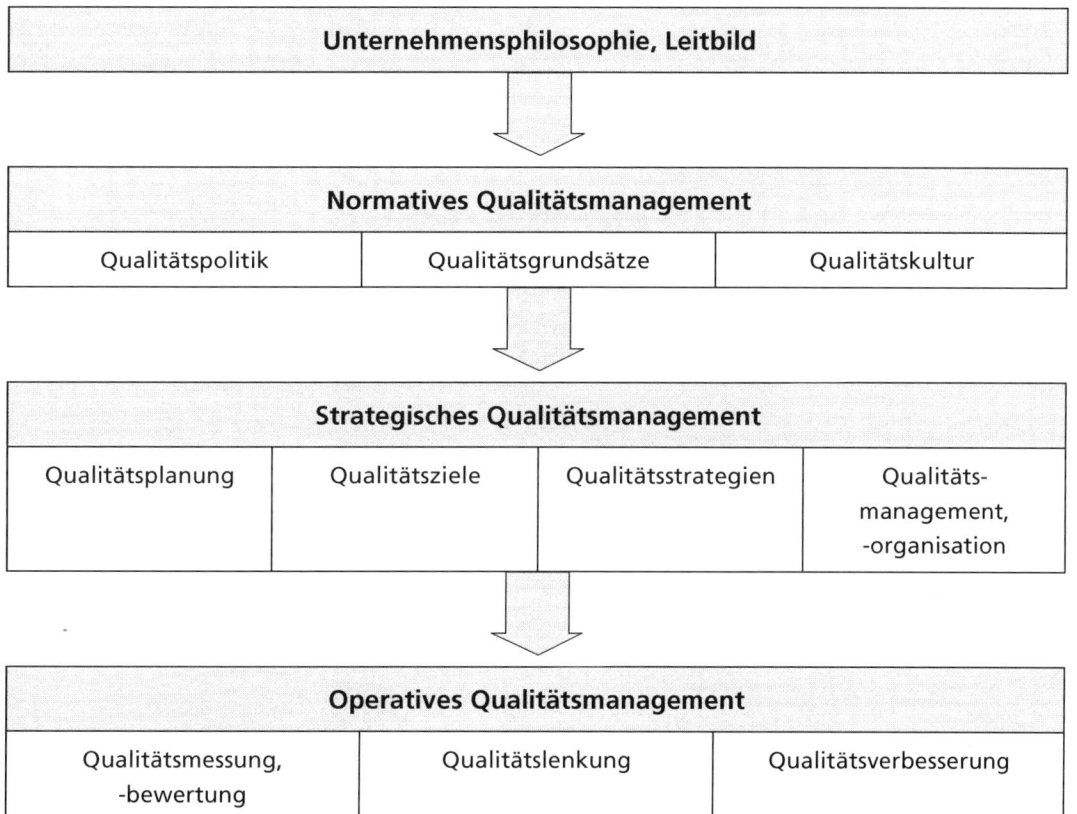

Abb. 18: Modell eines integrierten Qualitätsmanagements

Qualitätsmanagement muss sich zunächst in die normative Rahmenstruktur eines Unternehmens einfügen. Qualitätsmanagement orientiert sich prinzipiell an der Unternehmensphilosophie und dem Unternehmensleitbild und formuliert in Gestalt von Qualitätsgrundsätzen grundlegende Richtlinien für die strategische und operative Ausgestaltung des Qualitätsmanagements. Die Qualitätsgrundsätze korrespondieren im Idealfall mit der Qualitätskultur des Unternehmens. Die Qualitätskultur ist wiederum Teil der Unternehmenskultur. Nach Seghezzi, Fahrni und Herrmann manifestiert sich Qualitätskultur in vier Dimensionen (vgl. 2007, S. 99 f.): Im Führungsverhalten, im Qualitätsbewusstsein, im Selbstverständnis der Mitarbeiter und in der Verantwortungsübernahme. Dem Führungsverhalten wird dabei besondere Bedeutung beigemessen. Es ist vor allem durch aktives „Vorleben" der Führungskräfte geprägt (ebd., S. 101). Qualitätsbewusstsein orientiert sich im Idealfall dynamisch an wechselnden Kundenerwartungen und weniger an absoluten fachlichen Standards. Mit Blick auf das Selbstverständnis integrieren Mitarbeiter den eigenen Aufgabenbereich mit den Zielen des Unternehmens. Und schließlich bedeutet aktive Verantwortungsübernahme, dass sich Mitarbeiter kritisch, kreativ und konstruktiv verhalten. Letztlich bildet die Qualitätspolitik als „Gesamtheit der unternehmerischen Maßnahmen zur Lenkung des Unternehmens hinsichtlich Qualität" den Rahmen für die Strategieentwicklung im Qualitätsmanagement (Hensen G. , 2012, S. 112).

Normativ:
Qualitätspolitik

Strategisch: Definition von Qualitätszielen, -strategien

Auf strategischer Ebene ist die langfristige Qualitätsplanung in Form von Qualitätszielen und Qualitätsstrategien angesiedelt. „Als Qualitätsplanung werden alle Maßnahmen des Auswählens, Klassifizierens und Gewichtens der Qualitätsmerkmale sowie das Vereinbaren der Qualitätsanforderungen an die Beschaffenheit einer Dienstleistung verstanden" (Meinhold & Matul, 2011, S. 120). Qualitätsziele und -strategien orientieren sich dabei im Wesentlichen an normativen Maßgaben der Qualitätspolitik. Die Qualitätsstrategie stellt prinzipiell die Verbindung zwischen normativem und operativem Qualitätsmanagement dar. Auch an dieser Stelle wird die Bedeutung der Führungsrolle deutlich. „Führungskräfte schaffen die Übereinstimmung von Zweck und Ausrichtung der Organisation und damit letztlich so etwas wie die organisatorische Verankerung des Qualitätsmanagements" (Hensen G., 2012, S. 115).

Führungssystem

Die Organisation des Qualitätsmanagements ist unter mehreren Aspekten als strategische Aufgabe zu bewerten: Mit Blick auf die Bedeutung der Unternehmensleitung für die Implementierung und Steuerung eines Qualitätsmanagementsystems ist die Entwicklung eines Führungssystems erforderlich (vgl. Seghezzi, Fahrni & Herrmann, 2007, S. 111 f.). Führung bezieht sich einmal auf eine Führungskonzeption, auch im Sinne von Personalführung und darüber hinaus auf die Integration eines systematischen Steuerungssystems, dem Qualitätscontrolling (siehe 12.4 „Kernaspekte von Qualitätscontrolling"). Im Abschnitt 5.3 „Prozessorientierung" wurde bereits erläutert, dass die Einführung eines prozessorientierten Qualitätsmanagements zu einem weitreichenden Wandel der Strukturen, Abläufe und insbesondere der Unternehmenskultur führt und damit ebenfalls auf strategischer Ebene einzuordnen ist.

Operativ: Konkrete Prozesssteuerung

Auf operativer Ebene schließlich realisiert sich die konkrete Prozesssteuerung. Mit Hilfe von Qualitätsmethoden und -instrumenten werden einzelne Prozesse strukturiert, laufend **erfasst**, zielgerichtet überprüft und gegebenenfalls neu **bewertet**. Eine Neubewertung führt zu Veränderungen und Anpassungen, zur **Lenkung** von Prozessen. Die Steuerung von Prozessen orientiert sich grundsätzlich an Qualitätsforderungen. Qualitätsforderungen, insbesondere der Stakeholder, sind Maßgabe für Qualitätskriterien. Qualitätskriterien wiederum sind zentrales Element von Qualitätskontrolle und -bewertung. Hier ist die wohl wichtigste Schnittstelle zum Controlling zu sehen. Dieser Aspekt wird unter 12.4 „Kernaspekte von Qualitätscontrolling" eingehender diskutiert.

Die operative Steuerung von Prozessen nimmt normative und strategische Vorgaben zum Maßstab. Ergibt die Bewertung operativer Prozesse erhebliche Abweichungen, sind grundlegende Änderungen erforderlich. Scholz und Vrohlings sprechen dann von „Prozess Redesign" (vgl. 1994, S. 117) und markieren damit über den Vorgang der Qualitätsmessung und -bewertung eine Verbindung zwischen operativer und strategischer Steuerungsebene.

5.6 Führungsverantwortung

Es wurde mehrfach deutlich gezeigt, dass Qualitätsmanagement als unternehmensweites Steuerungsprinzip zu verstehen ist. Aufgrund der damit verbundenen hohen Verantwortung der Führungskräfte, seien die bisherigen Ausführungen hier noch einmal auf den Punkt gebracht:

Strategische Ausrichtung

Qualitätsmanagement als Führungsaufgabe ergibt sich damit vor allem aus der unternehmensweiten Bedeutung dieser Managementaufgabe und der damit verbundenen strategischen Ausrichtung. Bruhn stellt fest: „Die Umsetzung eines Qualitätsmanagements erfordert eine ganzheitliche Ausrichtung des Unternehmens auf die Qualität und die Bereitstellung entsprechender Ressourcen" (2013, S. 195). Er begründet dies mit „steigenden Qualitätsanforderungen" und der daraus abzuleitenden Notwendigkeit einer „strategischen und umfassenden Qualitätsorientierung" (Bruhn, 2013, S. 195). Vomberg kommt zu einer ähnlichen Einschätzung: „Die Führung trägt die Verantwortung dafür, dass das Unternehmen so strukturiert und ausgerichtet ist, dass alle Tätigkeiten in Rahmenbedingungen stattfinden, die es ermöglichen, die Qualität der Leistungen zu realisieren" (2010, S. 53).

Abzustimmende Qualitätspolitik

Diese Aussagen verdeutlichen, dass unterschiedliche Ebenen im Unternehmen in grundlegender Weise betroffen sind. Diese strategische Ausrichtung bezieht sich auf die unternehmerischen Qualitätsziele und die damit abzustimmende Qualitätspolitik. In diesem Zusammenhang ist Führungsverantwortung auf die Koordination der Qualitätsforderungen relevanter Anspruchsgruppen bezogen. Führung bedeutet in diesem Kontext daher auch, mit heterogenen Interessen umzugehen und Konfliktfelder systematisch zu managen, um schlussendlich verbindliche Qualitätsrichtlinien und -standards festzulegen.

Anpassung hin zur prozessorientierten Organisationsform

Die Einführung und Steuerung eines Qualitätsmanagementsystems impliziert eine grundlegend prozessorientierte Organisationsform. Dies hat in der Praxis vielfach zur Folge, dass Organisationen mit ausgeprägter Funktionsorientierung ganz erhebliche Anpassungen vollziehen müssen. Insbesondere sind zentrale Kooperationsstrukturen zu klären beziehungsweise aufzubauen, die eine systematische, prozessorientierte Steuerung zulassen. Das betrifft die inhaltliche Planung von Prozessen, also auch die formelle Freigabe. Letztlich ist die Verteilung grundlegender Entscheidungskompetenzen zu klären. Damit ist erneut klar, dass diese Veränderungen nicht nur auf struktureller Ebene zu vollziehen sind, sondern im Kern auch normative Schichten betreffen.

Gestaltung sozialer und kultureller Strukturen

Führungsverantwortung im Zusammenhang mit Qualitätsmanagement tangiert auch die Gestaltung sozialer und kultureller Strukturen im Unternehmen und hat daher wesentlich mit Personalführung zu tun.

Im weiten Sinne nimmt Führung hier Bezug auf das Setzen zentraler Qualitätsziele und -richtlinien sowie die Bereitstellung und Steuerung notwendiger Ressourcen. „Gute Führung ist essentiell für die Etablierung eines erfolgreichen Qualitätsmanagements, das Aufdecken von Fehlern sowie die kontinuierliche Verbesserung von Produkten, Dienstleistungen und Prozessen" (Weihrauch, Peter & Frey, 2016, S. 350).

Führung im engeren Sinne bezieht sich auf originäre Führungsprinzipien, unabhängig von Qualitätsmanagement. Führungskräfte fungieren in ihrer Rolle als Vorbilder und Motivationsgeber. Weihrauch et al. konstatieren: „MitarbeiterInnen, die kein hohes Committment haben, werden auf Dauer kaum in der Lage sein, Qualitätsstandards einzuhalten" (2016, S. 346).

Qualität fördernde Unternehmenskultur

Die Autoren verbinden damit vor allem die Vermittlung und Förderung einer Qualität fördernden Unternehmenskultur. Diese wird durch drei Basiskulturen gespeist (vgl. Weihrauch, Peter & Frey, 2016, S. 347):

- *„Excellenz-Kultur*: Führung muss eine Excellenz-Kultur schaffen, d. h. eine Kultur der kontinuierlichen Verbesserung in Richtung Exzellenz. Hierzu zähl auch das Streben nach höchster Qualität.

- *Wertschätzungskultur*: Zum zweiten bedarf es einer Kultur der persönlichen Wertschätzung. Nur MitarbeiterInnen, die sich anerkannt und wertgeschätzt fühlen, werden auf Dauer eine hohe Qualität erbringen.

- *Kultur der ethikorientierten Führung*: Die Kultur der ethikorientierten Führung ist geprägt von Verantwortung, Vorbild und Verpflichtung. Sie liefert die Basis für die Entwicklung von Exzellenz- und Wertschätzungskultur."

Wie noch in Teil 3 „Implementierung und Steuerung von Qualitätsmanagement" näher erläutert wird, betrifft die Führungsverantwortung insbesondere auch die Einführung und Implementierung von Qualitätsmanagementsystemen.

6. Begleitkonzepte des Qualitätsmanagements

Qualitätsmanagement hat Schnittstellen zu anderen Managementaufgaben. Diese Aufgaben haben einerseits eine eigenständige Funktionalität, andererseits gibt es wichtige Berührungspunkte mit dem Qualitätsmanagement. Diese wechselseitigen Bezüge müssen im Rahmen eines unternehmensweiten Qualitätsmanagements koordiniert werden. Die betroffenen Managementaufgaben werden im Folgenden als Begleitkonzepte des Qualitätsmanagements bezeichnet. Die Ausführungen sollen dabei die grundlegende Systematik dieser Begleitkonzepte und deren Bezug zum Qualitätsmanagement verdeutlichen.

Schnittstellen zu anderen Managementaufgaben

6.1 Beschwerdemanagement

Qualitätsmanagement zielt im Kern darauf ab, in allen Leistungsprozessen Qualitätsforderungen relevanter Anspruchsgruppen zu erfüllen. Im Umkehrschluss ist es naheliegend, aus negativen Kundenrückmeldungen systematisch Informationen zu generieren, um Produkte beziehungsweise Leistungen und schlussendlich die Wettbewerbsfähigkeit des Unternehmens zu verbessern[6]. Beschwerdemanagement bezieht sich demnach auf „die Planung, Durchführung und Kontrolle aller Maßnahmen, die ein Unternehmen im Zusammenhang mit Kundenbeschwerden ergreift" (Stauss, 2016a, S. 85).

Ausgangspunkt: Kundenrückmeldungen

Im Prozess des Beschwerdemanagements sind zwei Ebenen zu unterscheiden: das direkte und indirekte Beschwerdemanagement (vgl. Stauss, 2016a, S. 86 ff.).

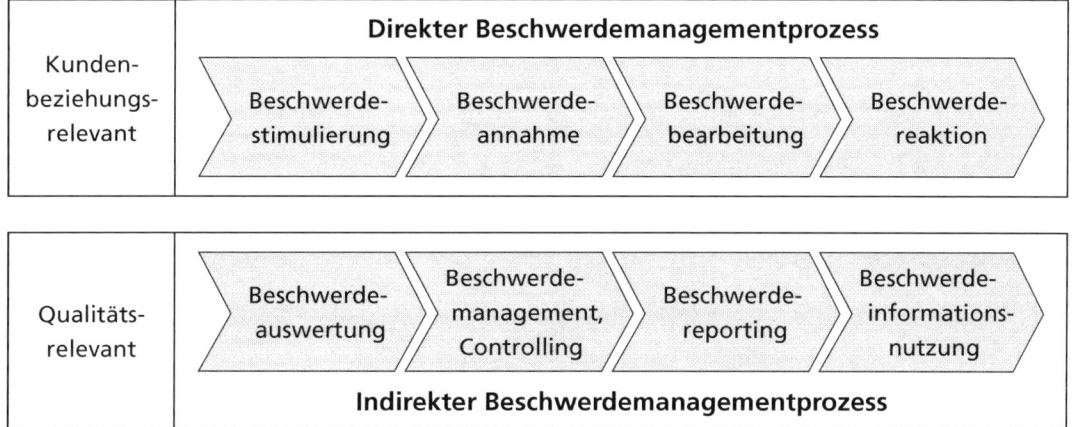

Abb. 19: Direkter und indirekter Beschwerdemanagementprozess (mod. n. Stauss & Seidel, 2014, S. 72)

Im Zuge des **direkten** Beschwerdemanagements sollen unzufriedene Kunden zunächst motiviert und unterstützt werden, ihre Beschwerden dem Unternehmen zu kommunizieren. Die Aktivierung möglichst vieler soll zum einen durch einen leichten Zugang erreicht und zum anderen durch einen klar vermittelten Beschwerdegang gefördert werden.

Direktes Beschwerdemanagement

---

[6] Der Kundenbegriff ist hier im engeren Sinne zu verstehen und kann mit dem Begriff Leistungsempfänger gleichgesetzt werden.

Es wird empfohlen, den weiteren Prozess über Beschwerdeannahme, -bearbeitung und -reaktion unternehmensspezifisch zu organisieren und in jedem Fall zu standardisieren (vgl. Hensen P., 2016, S. 260). Standardisierung bedeutet, dass der Inhalt der Beschwerde sowie der Umgang mit dieser intern kategorisiert werden, um eine Nutzung für das Qualitätsmanagement zu erleichtern.

Indirektes Beschwerde-management

Der Prozess des **indirekten** Beschwerdemanagements findet im Rahmen des Qualitätsmanagements statt. Während das direkte Beschwerdemanagement am Einzelfall ausgerichtet ist, zielt die Bearbeitung im Rahmen von Qualitätsmanagement darauf ab, die gewonnenen Erkenntnisse produkt- und prozessbezogen auszuwerten und für Verbesserungen zu nutzen (vgl. Stauss, 2016a, S. 87 f.; Hensen P., 2016, S. 260).

Die Analyse der eingehenden Beschwerden bezieht sich dabei zum einen auf den Umfang und die Verteilung der Beschwerden und zum anderen auf eine systematische Gewichtung und Prioritätenbildung (vgl. Stauss, 2016a). Eine besondere Funktion kommt dem Beschwerdemanagement-Controlling zu. Einerseits ist zu prüfen, ob über Beschwerden tatsächlich Kundenunzufriedenheit erfasst wird. Zudem ist zu analysieren, ob die Aufgaben des internen Beschwerdemanagementprozesses erfüllt werden. Und schließlich muss das Beschwerdemanagement unter Kosten-Nutzen-Gesichtspunkten betrachtet werden (vgl. Stauss, 2016a, S. 88).

Im Rahmen des Beschwerdereportings werden die Ergebnisse der Beschwerdeanalysen intern, aber auch extern kommuniziert. Das Beschwerdereporting ist gleichzeitig die Basis für die Beschwerdeinformationsnutzung. Bei dieser systematischen Auswertung der Ergebnisse kommen geeignete Analyseinstrumente, wie etwa das Ursache-Wirkungsdiagramm, zur Anwendung.

6.2 Fehlermanagement

Der systematische Umgang mit Fehlern ist fest im Qualitätsmanagement verankert. Der Fokus lag dabei lange Zeit auf der Vermeidung von Fehlern, insbesondere unter Kostengesichtspunkten. Modernes Fehlermanagement geht jedoch darüber hinaus und zielt auf einen aktiven Umgang mit Fehlern ab (vgl. Hagen, 2016, S. 315). Fehler sollen rechtzeitig erkannt und verhindert werden. Auch wird angestrebt, negative Folgen gemachter Fehler zu korrigieren. Dabei ist Fehlermanagement nicht nur unter fachlichen Gesichtspunkten im engeren Sinne von Bedeutung, sondern auch im Zusammenhang mit Risikomanagement.

Fehlerarten

Folgende Fehlerarten werden unterschieden (vgl. Hagen, 2016, S. 315):

- **Ausführungsfehler**: Planabweichung einer Tätigkeit

- **Gedächtnisfehler**: Vergessen von Teilen einer Tätigkeit

- **Planungsfehler**: a) regelbasiert: Tätigkeit ist regelkonform, jedoch Anwendung in falscher Situation, b) wissensbasiert: Problem/Zusammenhang wird falsch verstanden, Tätigkeit führt zu unerwünschtem Ergebnis

Prozesshaftes Fehlermanagement

Fehlermanagement ist prozesshaft zu verstehen (vgl. Hagen, 2016, S. 316 f.). In einem ersten Schritt ist es wichtig, Fehler zu erkennen. Die Fehlererkennung kann prinzipiell zeitgleich (aktionsbasiert), nachträglich (ergebnisbasiert) oder durch externe Einschränkungen im Sinne von Folgeproblemen im Zusammenhang anderer Prozesse erfolgen.

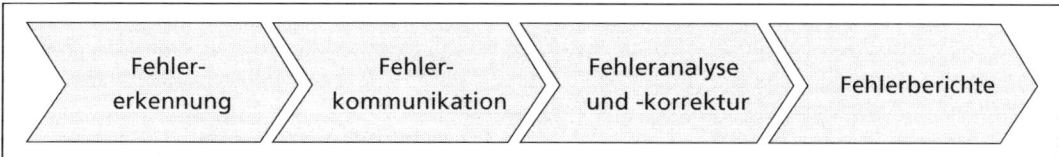

Abb. 20: Prozess des Fehlermanagements

Der nächste Schritt ist die Fehlerkommunikation. Dieser Prozessabschnitt ist insofern entscheidend, da Fehler erst gemeldet werden müssen, um einer Analyse und Korrektur überhaupt zugänglich gemacht werden zu können. Nach Bekanntwerden eines Fehlers folgen dessen systematische Analyse und Korrektur und schließlich die anonyme Berichterstattung zum Zwecke der zukünftigen Fehlervermeidung. Eine besondere Schwierigkeit liegt darin, dass die Meldung eigener Fehler oder der anderer aus Angst vor Sanktionen oder Schuldgefühlen tendenziell gemieden wird. Es bedarf einer konstruktiven Fehlerkultur, in der Fehler sachlich behandelt und nicht primär sanktioniert werden. Ertl-Wagner et al. fordern daher, Fehler nicht in individuellem Verhalten zu suchen, sondern im System (vgl. 2013, S. 153). Dieser „Paradigmenwechsel", so die Autoren, führt dabei „weg von einer oberflächlichen Kultur der Schuldzuweisung (‚culture of blame') hin zu einer systemanalytischen, proaktiven Sicherheitskultur (‚safety culture')" (Ertl-Wagner, Steinbrucker & Wagner, 2013, S. 153). *Fehlerkommunikation*

Das bedeutet im Wesentlichen, dass der gesamte Prozess, von der Fehlererkennung bis zum Fehlerbericht, standardisiert werden muss. Zentrale Faktoren dabei sind formalisierte Verfahren, verantwortlich benannte Stellen der Koordination und Steuerung und Maßnahmen zur Anonymisierung des Meldeprozesses. *Standardisierung des Umgangs mit Fehlern*

Beispielhaft für ein systematisches Verfahren im Umgang mit Fehlern ist das Critical Incident Reporting System (CIRS). Das Fehlermeldesystem CIRS wurde im St. Gallener Kantonsspital entwickelt und gilt als wegweisend (vgl. Ertl-Wagner, Steinbrucker & Wagner, 2013, S. 156 ff.). CIRS sieht die Meldung kritischer Zwischenfälle vor, die noch zu keiner Schädigung geführt haben. Es wird auch von Beinahe-Schäden gesprochen. Die Meldungen erfolgen in bestimmten Meldekreisen, anonym, formalisiert und vielfach elektronisch gestützt. Sie enthalten die Beschreibung des Vorfalls, dessen graduelle Bewertung, die Benennung etwaiger Ursachen und mögliche präventive Maßnahmen. Die Meldekreise bestehen aus 40–250 Teilnehmern und werden von CIRS-Verantwortlichen koordiniert. In den CIRS-Besprechungen werden ausgewählte Fälle hinsichtlich von Verbesserungsoptionen diskutiert. *Fehlermeldesystem CIRS*

Dabei gelten zentrale Kommunikationsregeln (vgl. Ertl-Wagner, Steinbrucker & Wagner 2013, S. 157):

- „Die Anonymität ist immer zu wahren.
- Schuldzuweisungen sollten unterbleiben.
- Es sollte interdisziplinär gearbeitet werden.
- Neue Mitarbeiter sollten eingeführt werden."

Trotz der Vorkehrungen, die Anonymität der Melder zu gewährleisten, sind diesbezüglich auch kritische Aspekte zu nennen (vgl. Merkle, 2014, S. 104; vgl. Hensen P., 2016,

S. 319). Bei elektronischen Meldeprozessen besteht prinzipiell die Möglichkeit, trotz aller datenschutzrechtlicher Vorgaben eine nachträgliche Personalisierung vorzunehmen. Dies kann sich negativ auf das Meldeverhalten auswirken.

6.3 Risikomanagement

Vermeidung von Doppelstrukturen

Risikomanagement ist konzeptionell eng mit Fehler- und Qualitätsmanagement verbunden. Qualitätsmanagement hat grundsätzlich die Erfüllung von Qualitätsforderungen zum Ziel. Die Nicht-Erfüllung von Qualitätsforderungen kann demzufolge als Fehler im weitesten Sinne verstanden werden. Und Risikomanagement zielt vor allem auf Fehlervermeidung ab. Risikomanagement umfasst alle Prozesse und Maßnahmen zur Steuerung einer Organisation bezüglich ihrer Risiken (Brühwiler, 2016, S. 1026). Es wird einerseits konzeptionell als eigenständiger Managementfunktionsbereich behandelt, andererseits in enger Verbindung mit Qualitätsmanagement gesehen (vgl. Brühwiler, 2016; Gurcke, Falke & Midlenberger, 2006). In jedem Fall sind bei der Organisation von Risikomanagement Doppelstrukturen zu vermeiden und Schnittstellen zu anderen Funktionsbereichen, wie dem Qualitätsmanagement oder Controlling, genau zu beachten.

Systematisierung von Risiken nach verschiedenen Aspekten

In diesem Rahmen wird von einem breiten Risikoverständnis ausgegangen. So müssen Risiken nach verschiedenen Aspekten systematisiert werden. Nach **Art** beziehungsweise **Feld** sind etwa technische, finanzwirtschaftliche, haftungsrechtliche, das Management oder die Organisation betreffende Risiken, externe oder interne, immaterielle oder im Gesundheitsbereich auch klinische Risiken zu unterscheiden (vgl. Hagen, 2016, S. 312; Zollondz, 2016c).

Umgang mit Risiken in Sozialunternehmen

Der systematische Umgang mit Risiken in Sozialunternehmen kann und muss über ein primär betriebswirtschaftliches Risikomanagement hinausgehen. So befasst sich Soziale Arbeit mit Problemen, die nicht nur Risiken in sich bergen, sondern bereits durch eingetretene psychosoziale „Schädigungen" gekennzeichnet sind. Der Risikobegriff ist dabei nicht unmittelbar zu fassen, sondern Bestandteil „eines dynamischen, immer wieder neu und anders wahrgenommenen und doch realen Prozesses von unsicheren und gefährdeten Lebenszusammenhängen mit einer Vergangenheit, Gegenwart und Zukunft" (Hongler & Keller, 2015). Das Verständnis von Risiko hat neben einer unternehmerischen und fallbezogenen, fachlichen Komponente auch eine gesellschaftliche Dimension. Aus Managementperspektive ist dies von Bedeutung, da Sicherheitsforderungen in vielfältiger Weise von außen an Sozialunternehmen herangetragen werden. Dabei sind nicht nur konkrete gesetzliche Bestimmungen zu berücksichtigen. Auch allgemeine gesellschaftliche Veränderungen im Umgang mit Risiken („Hochsicherheitsgesellschaft", „Vollkasko-Mentalität") haben Einfluss auf das organisationale Risikomanagement (Lindenau & Kressig, 2015, S. 81). Dies wird insbesondere hinsichtlich der Bewertung relevanter Risiken und der Wahl geeigneter Steuerungsmaßnahmen deutlich. Letztlich ist die Analyse und Bewertung möglicher Risiken auch einer ethischen Reflexion zu unterziehen.

Risikomanagement in Sozialunternehmen gewinnt zunehmend an Bedeutung (vgl. Ertl-Wagner, Steinbrucker & Wagner, 2013; Hensen P., 2016; Moos, 2012). Hintergrund sind zum einen veränderte gesetzliche Vorgaben, zum anderen die zunehmende Bedeutung von Sicherheits- und Schutzaspekten im Leistungsbereich von Sozialunternehmen. Im Gesundheitswesen ist insbesondere die Patientensicherheit betroffen, in der Sozialen Arbeit Forderungen des Kinderschutzes. Nach wie vor wird Risikomanagement primär finanzwirtschaftlich verstanden. Risiken können jedoch sehr unterschiedlich gelagert sein. Gerade in sachzielorientierten Sozialunternehmen sind auch qualitative Risikobereiche von großer Bedeutung, in hohem Maße etwa auch die Reputation eines Sozialunternehmens (vgl. Bachert, Peters & Speckert, 2008, S. 56 f.). Die Wahrnehmung und Bewertung von Ereignissen und Entwicklungen als Risiken sind letztlich nicht festgeschrieben und müssen letztlich unternehmensintern und -spezifisch entwickelt werden (Moos, 2012, S. 24).

Ein einheitliches Risikomanagementsystem ist bislang in der Literatur nicht zu finden. Zentrale Bestandteile lassen sich jedoch zu einem Arbeitsmodell veranschaulichen.

Bisher kein einheitliches Risikomanagementsystem

Unabdingbare Basis des Risikomanagements sind gesetzliche und normative Forderungen. 1998 trat das Gesetz zur Kontrolle und Transparenz im Unternehmensbereich (KonTraG) speziell für börsennotierte Aktiengesellschaften in Kraft. Gleichzeitig war von der Gesetzgebung intendiert, dass das KonTraG auch in GmbHs und weiteren Organisationen wie Vereine oder Stiftungen übertragen werden soll (vgl. Bachert, Peters & Speckert, 2008, S. 29; Haufe, 2017; Moos, 2012, S. 142). Im Zuge des KonTraG wurden weitere Gesetze geändert, so das Aktiengesetz (AktG), das Handelsgesetzbuch (HGB), das Genossenschaftsgesetz (GenG) oder das Publizitätsgesetz (PublG). Konkrete Vorgaben zur Ausgestaltung eines Risikomanagementsystems sind in den Gesetzen nicht zu finden. Die genannten gesetzlichen Grundlagen zielen jedoch im Kern darauf ab, dass Unternehmen eine systematische wirtschaftliche Risikobetrachtung vornehmen, um Fehlentwicklungen frühzeitig zu erkennen (vgl. Moos, 2012, S. 142). Neben den gesetzlichen Vorgaben, sind weitere Regelungen zu nennen, insbesondere die Regelungen der Eigenkapitalvorschriften im Zusammenhang mit Kreditvergaben durch die Baseler Eigenkapitalvereinbarungen (kurz Basel II und III).

Beispiel für gesetzliche Forderungen: KonTraG

Normative Forderungen in Form übergeordneter Leitlinien stellt der Deutsche Corporate Governance Kodex (DCGK) dar. Im Bereich der Wohlfahrtsverbände wurden darüber mit Bezug auf den DCGK eigene Kodizes entwickelt, die auch explizit die Implementierung eines Risikomanagementsystems fordern (vgl. Bachert, Peters & Speckert, 2008).

Beispiel für normative Forderungen: DCGK

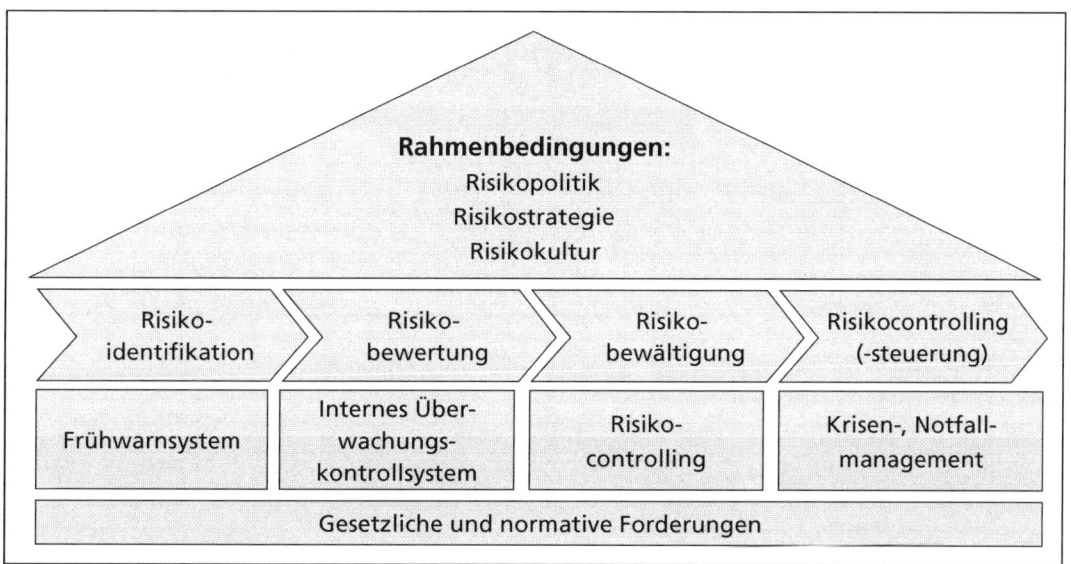

Risikomanagement als Teil des Gesamtmanagementsystems

Abb. 21: Arbeitsmodell Risikomanagementsystem

Risikomanagement ist Teil des Gesamtmanagementsystems und orientiert sich damit an der Unternehmensstrategie.

Rahmenbedingungen: Bereitschaft zur Veränderung

Insofern sind die Rahmenbedingungen von Risikomanagement zu bestimmen. Risikomanagement erschöpft sich nicht in einer technischen, funktionalen Anwendung bestimmter Instrumentarien und Methoden der Risikoanalyse und -steuerung. Es setzt voraus, dass eine Organisation grundsätzlich bereit ist, unternehmerisches Handeln und Risikobereitschaft zu verbinden. Damit hängen wesentlich auch der Umgang mit Fehlern zusammen und die Fähigkeit, Veränderungen in einem Unternehmen zu bewältigen. „Wenn in einer Unternehmenskultur weder Veränderungsbewusstsein noch eine entsprechende Fehlertoleranz vorhanden ist, führt dies zu einem kulturellen Problem in der Organisation" (vgl. Bachert, Eischer & Speckert, 2014, S. 37). Risikokultur als Teil der Unternehmenskultur manifestiert sich in Risikostrategien und Risikopolitik. Strategisches Risikomanagement (auch Business- oder Geschäfts-Risikomanagement) verfolgt mittel- und langfristige Ziele. Es ist Teil der Unternehmensstrategie und befasst sich vor allem mit Risiken im Zusammenhang von Investitionsplanungen, Finanzierung oder Geschäftsfeldstrategien (vgl. Brühwiler, 2016, S. 1026 f.). Die Umsetzung der Risikostrategie kennzeichnet die Risikopolitik eines Unternehmens. „Das bedeutet, dass in diesem Punkt das Gesamtkonzept der Organisation beschrieben wird. Es handelt sich dabei um den Rahmen, in welchem die Einrichtung beabsichtigt, die Risiken zu bearbeiten" (Bachert, Peters & Speckert, 2008, S. 103).

Herzstück: Risikomanagementprozess

Das Herzstück des Risikomanagementsystems bildet der Risikomanagementprozess. Er „umfasst die wichtigsten Aktivitäten zum Umgang mit Unternehmensrisiken" (Middendorf, 2006, S. 61). Der Risikomanagementprozess ist als fortlaufender Regelkreis zu verstehen.

Phasen des Regelkreises

Er umfasst die Phasen Risikoidentifikation, -bewertung, -bewältigung und -überwachung[7].

- **Risikoidentifikation** bedeutet die Festlegung von möglichen und bedeutsamen Risiken im gesamten Unternehmen im Sinne eines Risikoinventars (Herrscher & Goepfert, 2014, S. 167).

- Bei der **Risikobewertung** werden die definierten Risiken hinsichtlich Eintrittswahrscheinlichkeit und Schadenserwartungswert beurteilt. Weitere Bewertungskriterien können Statistiken, Erfahrungswerte, Branchenvergleiche, Studien oder auch subjektive Einschätzungen sein (vgl. Middendorf, 2006, S. 62).

- Im Kontext der **Risikobewältigung** werden in der Regel vier Strategien unterschieden (vgl. Middendorf, 2006, S. 62 ff.; Hensen P., 2016, S. 317; Herrscher & Goepfert, 2014, S. 169 f.): Risikovermeidung als Unterlassung Risiko behafteter Aktivitäten, Risikominderung als Verringerung der Eintrittswahrscheinlichkeit oder Schadenshöhe von Risiken durch personelle, technische oder organisatorische Maßnahmen, Risikoüberwälzung oder -transfer als Risikoabsicherung durch Übertragung von Risiken auf Dritte, Risikovorsorge im Sinne von „Rücklagenbildung" für Schadenskompensation.

---

[7] In der Literatur werden die Phasen teilweise anders benannt: Middendorf (2006) fasst die Risikoidentifikation und -bewertung unter Risikoanalyse zusammen und spricht von Risikocontrolling statt Risikosteuerung. Brühwiler (2016) nennt die Phasen Rahmenbedingungen, Risikoidentifikation, -analyse, -bewertung und -bewältigung und al. (2008, 2014) unterscheiden Risikoidentifikation, -analyse, -bewertung, -steuerung und -überwachung. Die inhaltliche Systematik bleibt trotz der begrifflichen Unterschiede weitestgehend unverändert.

- **Risikoüberwachung** als permanente Funktion schließlich kontrolliert den Risikomanagementprozess in Bezug auf Effizienz und Wirksamkeit. Erfasst und analysiert werden Veränderungen der Risiken hinsichtlich ihrer Struktur, ihrer Eintrittswahrscheinlichkeit und Schadenshöhe.

Risikomanagement muss in der Organisation operationalisiert werden. Dabei sind vier strukturelle Säulen zu beschreiben: Ein Frühwarnsystem, ein internes Überwachungs- und Kontrollsystem, das Risikocontrolling und schließlich ein Krisen- und Notfallmanagement (vgl. Bachert, Eischer & Speckert, 2014, S. 39 ff.; Brühwiler, 2016, S. 1031 ff.).

Strukturelle Säulen des Risiko-managements

- **Frühwarnsystem/Risikofrüherkennung** dient der Erfassung und Analyse aktueller und möglicher Risiken mit Hilfe geeigneter Risikoindikatoren. Ähnlich dem Grundprinzip der Messung und Dokumentation im Qualitätsmanagement ist es auch im Risikomanagement erforderlich, die Beobachtungsbereiche festzulegen und geeignete Frühwarnindikatoren sowie dazugehörige Referenzwerte zu definieren. Beispielhaft sind folgende Beobachtungsbereiche und Frühwarnindikatoren denkbar (Solidaris, 2003, zit. in Bachert, Peters & Speckert, 2008, S. 114):

Beobachtungsbereiche	Frühwarnindikatoren
Personaleinsatz	Vollkräftestatistik, Stellenpläne
Zufriedenheit und Motivation der Mitarbeiter	Fehlzeitenstatistik, Fluktuationsrate, Fernbleiben von betrieblichen Veranstaltungen
Belegung, Fehlbelegung	Entwicklung der Pflege- und Betreuungstage, Abweichungen vom vereinbarten Budget
Leistungsakzeptanz am Markt	Nachfrageentwicklung, Image, Qualität der (Dienst-)Leistungen
Vermögens- und Kapitalstruktur	Finanzierungskennzahlen, Kapitalausstattung im Vergleich zum Branchendurchschnitt, Strukturzahlen, Investitions- und Instandhaltungsplan

Beobachtungs-bereiche, Frühwarn-indikatoren

Abb. 22: Beobachtungsbereiche und Frühwarnindikatoren (mod. nach Solidaris, 2003, zit. in Bachert, Eischer und Speckert, 2014, S. 40)

- **Internes Überwachungssystem**: Das interne Überwachungssystem umfasst organisatorische Sicherheitsmaßnahmen und Kontrollen sowie die interne Revision (vgl. Bachert, Vahs, 2007 zit. in Bachert, Peters & Speckert, 2008, S. 38; Brühwiler, 2016, S. 1027).

- **Risikocontrolling**: „Das Risikocontrolling verhilft der Organisation zu einer sachgerechten Analyse und Beurteilung von Risiken. Es stellt damit einen Bereich des Controllings dar und ist Teil des gesamten Risikomanagementsystems" (Bachert, Eischer & Speckert, 2014, S. 41).

- **Krisen-, Notfallmanagement**: Schließlich beinhaltet Risikomanagement auch Notfall- und Krisenmanagement, das sich mit der Handhabung sehr schwer oder im Vorfeld nicht einschätzbarer Risikosituationen befasst. Ziel des Krisen- und Notfallmanagements ist die rasche Reaktion im Krisenfall, die Begrenzung möglicher Schäden und die Wiederherstellung der Handlungsfähigkeit der Organisation (vgl. Brühwiler, 2016, S. 1027).

6.4 Controlling

Viele Bezugspunkte zum Qualitätsmanagement

Controlling hat als Begleitkonzept im Qualitätsmanagement eine besondere Funktion und wird daher ausführlicher dargestellt. Es fällt zunächst auf, dass Qualitätsmanagement und Controlling in der Praxis wie in der Theorieentwicklung wenig Berührungspunkte aufweisen. Dennoch haben beide Managementfunktionen deutliche methodische Parallelen. In der Steuerungspraxis verspricht eine Integration beider Managementansätze insbesondere organisationsbezogene Synergieeffekte.

Begriff Controlling

Der englischsprachige Begriff Controlling wird in der Regel mit Steuern oder Lenken übersetzt und nach gängiger Lehrmeinung als zentrale Managementaufgabe eingestuft. Trotz einer großen Zahl unterschiedlicher konzeptioneller Ansätze lässt sich ein Grundverständnis von Controlling formulieren (vgl. Bono, 2006, S. 9; Bachert, 2010, S. 25; Fischer, Möller & Schultze, 2012, S. 22): Demnach kann Controlling im Wesentlichen als Steuerung auf der Basis von Information, Planung, Kontrolle und Koordination verstanden werden.

Funktionen des Controllings

Nach Ziegenbein sollen durch Einsatz von Methoden und systematische Bereitstellung von Informationen Planungs- und Kontrollprozesse unterstützt und eine übergreifende Prozesskoordination ermöglicht werden (2012, S. 35).

- Die **Informationsfunktion** ist grundlegend, weil sie die Voraussetzung für alle weiteren Aufgaben darstellt. Die steuerungsnotwendigen Informationen ergeben sich in Bezug auf die Planungs-, Kontroll- und Koordinationserfordernisse aus Sicht des Managements (vgl. Bachert, 2010, S. 30). Controlling erzeugt Informationen stets zielorientiert und systematisch in Bezug auf Managementanforderungen. Controlling unterstützt Management in der Analyse, Entscheidung, Planung und letztlich der Evaluation umgesetzter Planungen.

- **Planung** und **Kontrolle** sind zunächst einmal grundlegende Managementaufgaben. Der Planungsprozess verläuft über die Analyse, die nachfolgende Zielfindung und führt über Alternativenentwicklung letztlich zur Entscheidung. Controlling wirkt somit in Entscheidungssituationen unterstützend (Fischer, Möller & Schultze, 2012, S. 30). Im Rahmen von Abweichungsanalysen dient Controlling des Weiteren als Kontrollinstanz, um erneute Entscheidungs- und Planungsprozesse zu unterstützen (vgl. ebd.). In Anlehnung an Beck können Planungs- und Kontrollprozesse systematisiert werden (Beck, 1999, S. 28 ff.). So sind eine strategische und eine operative Planungsdimension zu unterscheiden. Weiterhin können Planungs- und Kontrollprozesse in Bezug auf betriebliche Funktionen wie Personalmanagement, Finanz- und Kostenmanagement oder auch Qualitätsmanagement differenziert werden.

- Die **Koordinationsfunktion** wird nach Einschätzung Becks unterschiedlich bewertet: „Eine Gruppe von AutorInnen sieht die Aufgabe von Controlling in der zielbezogenen Informationsbeschaffung, -verarbeitung und Bereitstellung zur Unterstützung von Führungsprozessen. Der Controller ist demnach dafür verantwortlich, die Planung, Kontrolle und Steuerung von Organisationen mit Informationen zu unterstützen … Die meisten aktuellen Beiträge zur Controlling-Konzeption richten sich allerdings an der Systemtheorie aus und sehen eben die Koordination der Führungtätigkeit als Hauptaufgabe des Controllings an" (1999, S. 21). Controlling basiert auf systematischem Informationsmanagement zur Unterstützung von Planungs- und Kontrollprozessen. Die Koordinationsfunktion schließlich führt das Informations-, Planungs- und Kontrollsystem zusammen.

Es zeigt sich an dieser Stelle, dass Controlling eine ähnliche Logik ausweist, wie der kontinuierliche Verbesserungsprozess im Qualitätsmanagement. Sowohl Qualitätsmanagement als auch Controlling folgen den gleichen Phasen:

Controlling und QM: ähnliche Logik, gleiche Phasen

Analyse und Entscheidungsfindung – Zielentwicklung und Planung – Umsetzung – Kontrolle und Anpassung.

Schlüsselelement des Vorgehens ist dabei die Operationalisierung von Entscheidungen und Zielen durch Kennzahlen. Dennoch ist die beidseitige Anschlussfähigkeit mit Blick auf das jeweils primäre Steuerungsinteresse nicht ohne weiteres vorauszusetzen.

Um die Verbindungsoptionen besser einschätzen zu können, werden im Folgenden zentrale Steuerungskategorien des Controllings in Sozialunternehmen beleuchtet:

Zentrale Steuerungs-kategorien in Sozialunternehmen

- **Kosten:** Klassisches Controlling baut auf dem Rechnungswesen auf und verfolgt primär wirtschaftliche Zielsetzungen. Für Sozialunternehmen steht jedoch nicht die Gewinnmaximierung im Vordergrund, sondern Formalziele. Ökonomische Ziele sind danach ausgerichtet, die soziale Leistungserbringung wirtschaftlich abzusichern (vgl. Pracht, 2013, S. 103). Und auch wenn ökonomische Steuerungsanforderungen in Sozialunternehmen an Bedeutung gewonnen haben, bleibt deren Sachzielorientierung bestehen. Gleichzeitig müssen die Steuerungspotentiale des Controllings für Sozialunternehmen weiter entwickelt werden. Die Auseinandersetzung mit Controlling im Bereich von Sozialunternehmen weist noch einen großen Entwicklungsbedarf auf. „Je deutlicher sich eine Organisation der Sozialen Arbeit in einem eigenen Wirtschaftskreislauf bewegt, bei dem Aufwand und Ertrag durch eigene Steuerungsbemühungen beeinflusst werden können (und müssen) und je stärker die Finanzierungsformen leistungsbezogen und marktähnlich konstruiert werden, desto stärker ist die Organisation auf ein umfassendes, auf Steuerungsoptionen ausgerichtetes betriebliches Rechnungswesen angewiesen" (Merchel, 2014, S. 164). Gleichzeitig lässt sich diese Feststellung auch in umgekehrter Richtung formulieren. „Lange Zeit wurden die Besonderheiten von Dienstleistungen bei der Gestaltung von Kostenrechnungssystemen vernachlässigt. Erst seit Anfang des letzten Jahrzehnts findet im wissenschaftlichen Bereich eine verstärkte Auseinandersetzung mit dieser Problematik statt" (Büttgen, 2005, S. 371). Die Entwicklungsanstrengungen zielen dabei darauf ab – ähnlich dem Qualitätsmanagement – den Aspekt der Kundenorientierung in der Kostenrechnung zu berücksichtigen. „Das Hauptproblem", so stellt Büttgen fest, „bei beteiligungsintensiven Dienstleistungen besteht darin, den Einfluss des Kunden auf die Kostenentstehung des Anbieters adäquat zu berücksichtigen" (ebd.).

Ökonomische Ziele

- **Ziele, Strategien:** Strategisches Management gewinnt im Sinne einer langfristigen Zielorientierung im Controlling immer stärker an Bedeutung (vgl. Preißler, 2007, S. 19; Bono, 2006). Sozialunternehmen haben eine im Vergleich zum Profitbereich deutlich größere Zielvielfalt. Eine Zielsystematik erscheint daher sinnvoll zu sein. Hier kommt dem Stakeholder-Management eine besondere Funktion zu (Greiling & Ther, 2011; Bono, 2006). „Maßgeblich für den Erfolg ist die Fähigkeit des Unternehmens, die unterschiedlichen Interessen und Erwartungen all jener Personen und Gruppen zu erfüllen, die wesentlich für seine Existenz sind" (Bono, 2006, S. 83 f.). An dieser Stelle ist eine starke Verbindung zum Qualitätsmanagement zu erkennen. Die

Strategisches Management

Anspruchsgruppenorientierung wurde bereits als ein Strukturprinzip von Qualitätsmanagement dargestellt. Im Kontext der Implementierung von Qualitätsmanagement wird in Teil 3 noch näher darauf eingegangen.

Klassifiktion von Anspruchsgruppen

Für die Funktionsweise des Controllings ist es erforderlich, den Stakeholderansatz methodisch zu operationalisieren. Bono klassifiziert **Anspruchsgruppen** nach vier Gesichtspunkten: Nähe zur NPO, Macht, Legitimation und Motivation.

Kriterium	Ausprägung
Nähe zur NPO	• Interne Stakeholder • Primäre Stakeholder • Sekundäre Stakeholder
Macht	• Entscheidungsmacht • Wirtschaftliche Macht • Politische Macht
Legitimation	• Regulative Legitimation • Normative Legitimation • Kognitive Legitimation
Motivation	• Extrinsische Motivation • Intrinsische Motivation

Abb. 23: Kriterien zur Klassifikation von Anspruchsgruppen (Bono, 2006, S. 85)

Die größte **Nähe** zum Unternehmen haben interne Stakeholder. Bono bezeichnet diese als „harten Kern der Anspruchsgruppen ... die sich aufgrund von ideellen Werten und viel persönlichem Engagement mit der NPO verbunden fühlen und ihre Richtung mitbestimmen" (vgl. Bono, 2006, S. 85). Zu primären Stakeholdern sind Mitarbeitende und Leistungsempfänger zu zählen, also Anspruchsgruppen, die den Organisationsalltag bestimmen. Externe Stakeholder, wie Kostenträger hingegen prägen die Rahmenbedingungen der Organisation.

Die Begriffe „Macht", „Legitimation" und „Motivation" stehen schematisch für bestimmte Einflusssphären der Stakeholder (Bono, 2006, S. 86 in Anlehnung an Theuvsen, 2001).

Einflussnahme auf der Basis von **Macht** kann sich dabei auf Entscheidungskompetenzen, wirtschaftliche oder auch politische Macht begründen. Legitimation „ist ein sozial konstruierter Begriff, der zum Ausdruck bringt, inwieweit Handlungen gesellschaftlichen Rückhalt haben oder aber gegen die allgemeinen Wertvorstellungen gehen" (ebd., S. 86).

Regulative **Legitimation** begründet sich in formalen und gesetzlichen Strukturen. Normative Legitimation manifestiert sich in der Repräsentanz der in einem System vorherrschenden Wert- und Normvorstellungen und kognitive Legitimation schließlich fußt auf dem Wissensvorsprung, der mit einer bestimmten Rollenzuschreibung verbunden ist (ebd.).

Für die Kategorisierung der Anspruchsgruppe kann schließlich die grundlegende **Motivation** kennzeichnend sein (vgl. ebd., S. 86 f.). Extrinsisch motivierte Stakeholder agieren im Sinne der Organisation ziel- und ergebnisorientiert. Intrinsisch motivierte Anspruchsgruppen hingegen folgen primär der eigenen Einflussnahme und dem eigenen Machtzuwachs (ebd., S. 87). An dieser Stelle wird deutlich, dass sich Steuerung beziehungsweise Controlling über Ziele und Strategien prinzipiell von der klassischen, auf dem Rechnungswesen basierenden Form des Controllings unterscheidet. Hier kommen nicht nur ökonomische, sondern vor allem normative Steuerungskategorien zum Tragen.

- **Wirkung**: Wie bereits deutlich wurde, zielt Controlling auf der Basis des Rechnungswesens darauf ab, die Effizienz und Produktivität sozialer Leistungsprozesse in Form von Kennzahlen abzubilden. Dies entspricht im Wesentlichen der Denkweise profitorientierter Unternehmen. Sozialunternehmen sind jedoch sachzielorientiert und dienen damit einem grundsätzlich anderen Zweck, nämlich der Abdeckung sozialer Bedarfslagen. Hierbei stellt sich dann die Frage, welche Informationen notwendig sind, um soziale Leistungsprozesse bedarfsgerecht zu steuern. Der Effizienzfokus funktioniert wie eine Art Filter, der die Möglichkeiten, notwendige, relevante Informationen zu ermitteln, gravierend einschränkt. Halfar, Moos und Schellberg ziehen den Schluss, dass „die Ziele der Organisation aus ihrem Selbstverständnis gewonnen werden" müssen (vgl. 2014, S. 62). Die Autoren sehen das Selbstverständnis von Sozialunternehmen prinzipiell darin, „operationalisierbare Ziele für Stakeholder zu formulieren" (ebd.). Sie schlagen dabei vor, eine Zielsystematisierung der International Group of Controlling zu übernehmen. Kern dieser Systematik ist ein differenziertes Wirkungsverständnis. Es wird zwischen objektiver, subjektiver und gesellschaftlicher Wirkung unterschieden. Wirkungscontrolling ist damit ein Steuerungsansatz, der Zielerreichung über die Ermittlung unterschiedlicher Wirkungen erfasst und für Sozialunternehmen eine notwendige Ergänzung des klassischen Controllings darstellt. Klar ist dabei auch, dass sich Controlling hier noch in einem Grenzbereich bewegt.

Wirkungskontrolle

7. Qualitätsmethoden und -werkzeuge

Qualitätsmanagement greift auf ein breites Spektrum an Methoden und Werkzeugen zurück. Nicht alle wurden dabei explizit im Kontext von Qualitätsmanagement entwickelt. Im Fachdiskurs werden Qualitätsmethoden und -werkzeuge unterschiedlich systematisiert (vgl. Benes & Groh, 2017; vgl. Schmitt & Pfeifer, 2015; vgl. Zollondz, 2011; vgl. Ertl-Wagner, Steinbrucker & Wagner, 2013).

Strategische Ausrichtung notwendig

Hier wird eine eigene Einteilung vorgenommen, um herauszustellen, dass Qualitätsmanagement als zentraler Steuerungsansatz eine strategische Ausrichtung haben muss. Dargestellt wird zunächst die Balanced Scorecard als Strategieinstrument, da diese sehr gut geeignet ist, um Qualitätsmanagement in die strategische Planung eines Unternehmens zu integrieren. Es folgen Methoden, die im Qualitätsmanagement grundlegende Funktion haben, und schließlich sehr gezielt einzusetzende Qualitätswerkzeuge, insbesondere zur Problem- und Prozessanalyse.

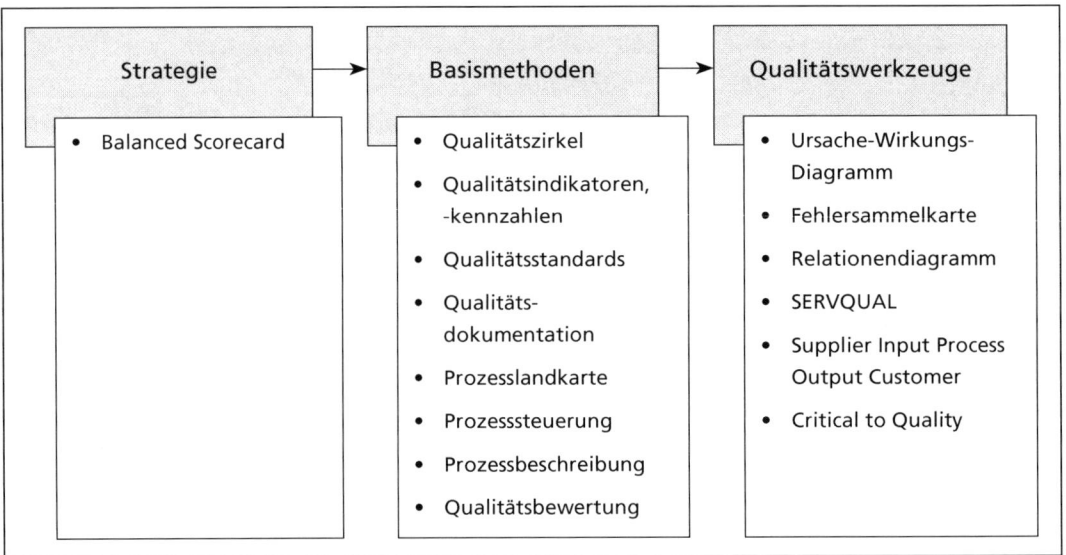

Abb. 24: Übersicht über Qualitätsmethoden und -werkzeuge

7.1 Strategie

7.1.1 Balanced Scorecard

Werkzeug im Rahmen der Strategieentwicklung

Die Balanced Scorecard (= ausgewogener Berichtsbogen) stellt ein Werkzeug im Rahmen von Strategieentwicklung dar. Sie wurde von Kaplan und Norton als Alternative zu klassischen Kennzahlensystemen entwickelt (Kaplan & Norton, 1997). Klassische Kennzahlensysteme sind primär vergangenheitsorientiert und auf wirtschaftliche Daten beschränkt. Die Balanced Scorecard erweitert die strategische Planung um weitere zentrale Felder. In der originalen Balanced Scorecard werden folgende vier Strategieperspektiven unterschieden: Finanzwirtschaftliche Perspektive, Kundenperspektive, interne Prozessperspektive und Lern- und Entwicklungsperspektive (Kaplan & Norton, 1997). Die Ausgewogenheit des Berichtsbogens entsteht dabei prinzipiell durch die Berücksichtigung externer und interner Planungsperspektiven, ferner durch Ergänzung finanzieller durch nichtfinanzielle, qualitative Strategieperspektiven und schließlich durch die Kombination retrospektiver und zukunftsgerichteter Kenngrößen (vgl. Stoll, 2013). Orientiert an der Unternehmensvision werden für jede Strategieperspektive Ziele, dazugehörige Kennzahlen, Vorgaben beziehungsweise Zielwerte sowie Maßnahmen zur Zielerreichung entwickelt.

Die Balanced Scorecard wurde für den Profitbereich konzipiert, so dass eine Anpassung für Sozialunternehmen sinnvoll und notwendig ist (vgl. Vomberg, 2010, S. 285 f.; vgl. Stoll, 2013, S. 95 ff.). Eine einheitliche Vorgehensweise ist dabei in der Literatur nicht zu finden. In jedem Fall sind jedoch die Sachziele anstelle der Gewinnorientierung sowie die fehlende Kundenautonomie zu berücksichtigen. *Anpassungen für Sozialunternehmen*

- **Finanzperspektive**: Kaplan und Norton messen der Finanzperspektive eine zentrale Funktion zu. „Die finanzwirtschaftlichen Ziele dienen als Fokus für die Ziele und Kennzahlen aller anderen Scorecard-Perspektiven" (1997, S. 46). Finanzielle Ziele sollen in Sozialunternehmen grundsätzlich die Auftragserfüllung wirtschaftlich absichern. Insofern ist die Finanzperspektive ebenso unverzichtbar, insbesondere mit Blick auf die Beschaffung notwendiger finanzieller Ressourcen. Der Stellenwert insgesamt ist jedoch nicht prioritär zu sehen.

- **Kundenperspektive (Stakeholderperspektive)**: Der Kundenbegriff ist im Bereich von Sozialunternehmen kritisch zu reflektieren. Leistungserbringung im Bereich von Sozialunternehmen ist wesentlich im sozialrechtlichen Leistungsdreieck zu verorten. Daraus folgt, dass die in diesem Kontext relevanten Interessen, Ziele beziehungsweise Qualitätsforderungen grundsätzlich in einem Spannungsverhältnis zueinander stehen. Daher muss von einem differenzierten und erweiterten Kundenbegriff ausgegangen oder alternativ von Stakeholdern gesprochen werden. Entscheidend ist, für den Einsatz der Balanced Scorecard die Kundenperspektive eindeutig festzulegen.

- **Interne Prozessperspektive**: Die Prozessperspektive richtet sich auf die Frage, inwieweit interne Abläufe den Interessen und Anforderungen von Kunden gerecht werden. Besondere Bedeutung kommt dabei den erfolgskritischen Prozessen oder Schlüsselprozessen zu, also diejenigen Abläufe, die vor allem Wirkung auf Kunden und deren Interessen und Anforderungen entfalten. Dies sind im Wesentlichen die Prozesse der Leistungserstellung selbst.

- **Lern- und Entwicklungsperspektive**: Die Lern- und Entwicklungsperspektive fokussiert die langfristige Veränderungs- und Anpassungsfähigkeit eines Unternehmens im Sinne einer lernenden Organisation (vgl. Kaplan & Norton, 1997, S. 121). Kaplan und Norton subsumieren unter der Lern- und Entwicklungsperspektive insbesondere „Mitarbeiterpotentiale, Potentiale von Informationssystemen sowie Motivation, Empowerment und Zielausrichtung (ebd.). „Hierbei werden [prinzipiell; der Verf.] sowohl Menschen und Prozesse als auch das gesamte System in den Blick genommen" (Vomberg, 2010, S. 286). Stoll betont mit Blick auf die Rolle des Personals als zentralen Faktor der Leistungserstellung die Relevanz von Mitarbeiterförderung und Personalentwicklung.

Die Balanced Scorecard kann in mehrfacher Hinsicht mit Qualitätsmanagement verknüpft werden. Stoll zeigt die Verbindungen, insbesondere auch für soziale Organisationen, wie folgt auf (vgl. 2013, S. 153 ff.): Die Balanced Scorecard fungiert als „qualitäts- *Verknüpfung mit Qualitätsmanagement* sichernde beziehungsweise -entwickelnde Maßnahme des Managements, da geplant und zielgerichtet vorgegangen wird und übernimmt damit gleichzeitig die Funktion eines Managements- und Qualitätsinstruments" (ebd., S. 153).

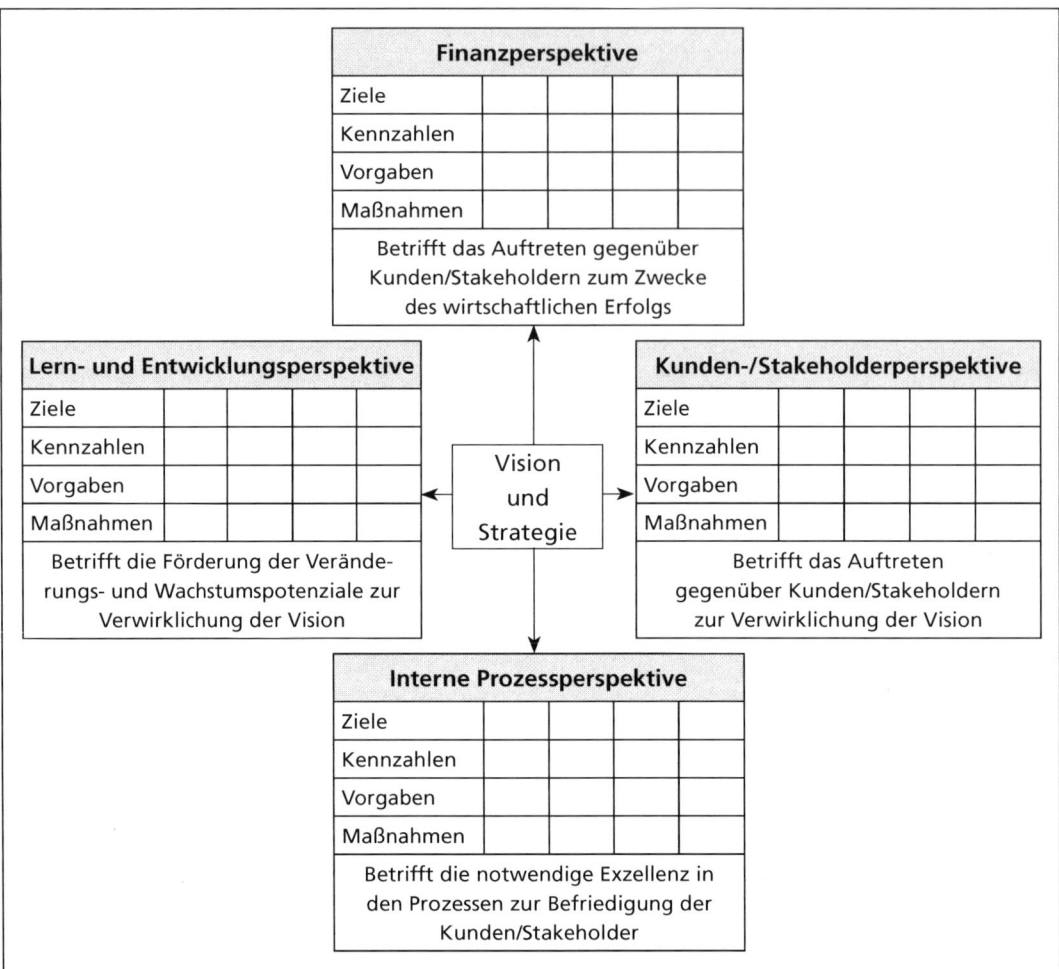

Abb. 25: Strategiefelder der Balanced Scorecard (mod. Kaplan, Norton, 1997, S. 9)

*Zum Qualitäts-
controlling einsetzbar*

Die gezielte Operationalisierung strategischer Ziele erhöht die Transparenz von Planungen und dient damit letztlich der Überprüfung von Managementhandeln. Mit Bezugnahme auf Lachhammer (2000) ist die Balanced Scorecard, so Stoll, auch im Sinne von Qualitätscontrolling einsetzbar, und zwar dergestalt, „da es mit ihr möglich ist, den definierten qualitätsrelevanten Eigenschaften und Eignungen der Kernprozesse der Sozialen Organisationen Quality Control Points (= Kennzahlen) sowie Zielniveaus und -toleranzen zuzuordnen" (Stoll, 2013, S. 154). In diesem Sinne stellt die Balanced Scorecard schließlich ein „rahmengebendes beziehungsweise andere Qualitätsmanagementsysteme ergänzendes Qualitätsinstrument dar" (ebd.). Die Balanced Scorecard eignet sich insofern als Rahmen für Qualitätsmanagement, als sie grundsätzlich „strategisch und visionär ausgerichtet ist und Qualitätsmanagement letztlich die operative Umsetzung strategischer Leitlinien zum Ziel hat (ebd.). Qualitätsmanagementsysteme wie EFQM oder ISO 9000 ff. können der Balanced Scorecard komplementär zu- oder auch untergeordnet werden, in dem die relevanten Qualitätsziele und verwendeten Qualitätsindikatoren durch die Balanced Scorecard koordiniert und gesteuert werden (vgl. ebd., S. 155 ff.).

7.2 Basismethoden prozessorientierten Qualitätsmanagements

7.2.1 Qualitätszirkel

Ishikawa – ein Pionier des Qualitätsmanagements – befasste sich in den 1950er Jahren mit Gruppenarbeitskonzepten und entwickelte in diesem Kontext die Methode des Qualitätszirkels (vgl. Zollondz, 2011, S. 115). Seine Bemühungen richteten sich auf Qualitätssicherung im gesamten Unternehmen. Ishikawa integrierte Qualitätszirkel in einen umfassenden Qualitätsansatz. Sein Grundanliegen war es, alle Mitarbeiter in das Qualitätsmanagementsystem einzubinden (vgl. ebd., S. 116). In Deutschland wurden Qualitätszirkel erst in den 1980er Jahren rezipiert (vgl. Schmidt, 2016).

Mitarbeitereinbindung

Ein Qualitätszirkel ist eine moderierte Kleingruppe innerhalb eines Bereiches, die sich auf freiwilliger Basis regelmäßig trifft, um betriebliche Probleme des Arbeitsalltags zu analysieren und unter Anwendung geeigneter Methoden Lösungen zu entwickeln (vgl. Ertl-Wagner, Steinbrucker & Wagner, 2013, S. 149; vgl. Benes & Groh, 2017, S. 193).

Moderierte Kleingruppe

Die Arbeitsweise der Qualitätszirkel gleicht der Systematik des Problemlösens beziehungsweise eines kontinuierlichen Verbesserungskreislaufes.

Kontinuierlicher Verbesserungskreislauf

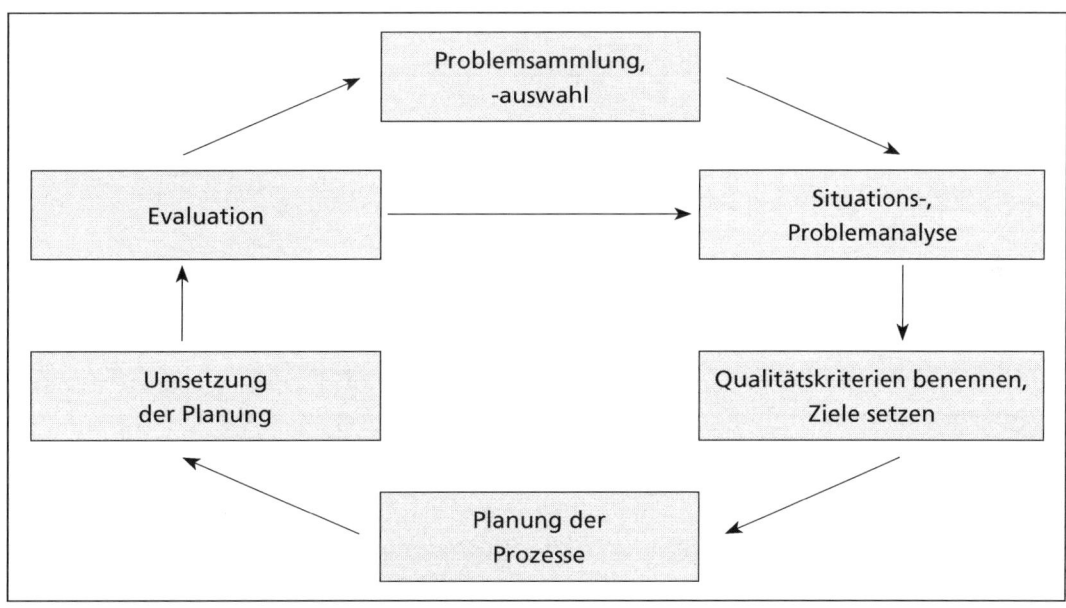

Abb. 26: Arbeitssystematik im Qualitätszirkel

Qualitätszirkel – so die Grundintention – sollen die Beteiligung aller Mitarbeiter ermöglichen. Sie müssen daher systematisch in die Unternehmensorganisation integriert werden. Um dies zu gewährleisten, sind weitere organisationale Strukturen notwendig.

Je nach Größe der Organisation ist die Einrichtung von Koordinationsteams und Steuerungsgruppen sinnvoll (vgl. Hensen P., 2016, S. 188). Die Koordinationsteams bestehen aus den Moderatoren der Qualitätszirkel, haben beratende und bei Problemen mit Fachbereichen und Führungskräften vermittelnde Funktion. Steuerungsgruppen setzen sich aus Führungskräften der obersten Leitungsebene zusammen, die für die Qualitätszirkelarbeit normative und strategische Vorgaben festlegen.

Koordinationsteam, Steuerungsgruppe

Hierarchieübergreifende, freiwillige Zusammenarbeit

Die Integration von Qualitätszirkeln in die Unternehmensorganisation geht jedoch über diese funktionale Betrachtung hinaus. Mit Blick auf die Freiwilligkeit zur Teilnahme an Qualitätszirkeln sind Motivation und Akzeptanz auf Seiten der Mitarbeiter unerlässlich. Die hierarchieübergreifende Zusammenarbeit in Qualitätszirkeln muss mit einer offenen und prozessorientierten Unternehmenskultur korrespondieren. Führung und Führungskompetenz sind hier in besonderer Weise betroffen.

Gelingt die Integration von Qualitätszirkeln als zentrale methodische Struktur von Qualitätsmanagement, so entfalten sich entscheidende Vorteile (vgl. Benes & Groh, 2017, S. 194):

- Verbesserung der Zusammenarbeit

- Förderung des Informations- und Meinungsaustausches

- Förderung von Arbeitsmotivation und -zufriedenheit

- Einbindung individuellen Wissens und individueller Erfahrung

- Stärkung der Vorteile prozessorientierten Arbeitens

7.2.2 Qualitätsindikatoren, -kennzahlen

Funktion und Bedeutung von Qualitätsindikatoren im Kontext der Messung von Qualität (siehe 5.4 „Qualitätsmessung") wurden bereits erläutert. Hier wird nun differenzierter auf die Arten von Qualitätsindikatoren und deren Entwicklung eingegangen. Zunächst ist eine Begriffsklärung notwendig.

Qualitätsindikator

Unter einem Qualitätsindikator ist eine Kenngröße zu verstehen, die Sachverhalte oder Leistungen indirekt durch Zahlen oder Zahlenverhältnisse abbildet. Die Qualität der Leistungen – insbesondere der Kernprozesse – in Sozialunternehmen ist das Ergebnis einer Vielzahl heterogener Qualitätsforderungen. Insofern sind Qualitätsindikatoren als Hilfsgrößen zu verstehen, um Qualität indirekt bewerten zu können.

Qualitätskennzahlen

Qualitätsindikatoren fungieren ihrer Funktionalität nach analog klassischen Kennzahlen. Kennzahlen beziehungsweise Qualitätskennzahlen sind ebenfalls quantitative Maße, die Informationen und Sachverhalte jedoch unmittelbar, direkt darstellen. Qualitätsindikatoren und Qualitätskennzahlen unterscheiden sich hinsichtlich der Verbindung zum zu messenden Sachverhalt, haben jedoch dieselbe Funktionalität. Qualitätsindikatoren sind auch Qualitätskennzahlen, nicht jede Qualitätskennzahl jedoch auch Qualitätsindikator. Im Folgenden wird der Einfachheit halber daher von Qualitätskennzahlen die Rede sein.

Angesichts der Komplexität der Qualität personenbezogener Dienstleistungen sind die Vorteile und gleichzeitig Grenzen des Einsatzes von Qualitätskennzahlen zu beachten. Qualitätskennzahlen reduzieren Komplexität und machen Leistungsprozesse einer Steuerung grundsätzlich zugänglich. Gleichzeitig ist die Steuerungserwartung aufgrund der starken Vereinfachung realer Zusammenhänge realistisch einzuschätzen. Eine besondere Bedeutung gewinnt in diesem Kontext der Prozess der Entwicklung und Bewertung geeigneter Indikatoren unter Einbeziehung der betroffenen Anspruchsgruppen beziehungsweise Stakeholder.

Folgende Qualitätskennzahlen sind zu unterscheiden:

- **Absolute Qualitätskennzahlen** – oder auch **Grundzahlen** – sind einfache Maßzahlen, ohne Bezug zu anderen Werten, vor allem als Summe (Häufigkeit, Anzahl), Differenz oder Mittelwert. Einfache Qualitätskennzahlen sind im Qualitätsmanagement grundsätzlich von Nachteil, da Bezugsgrößen fehlen und die Vergleichbarkeit von Soll- und Ist-Forderungen dadurch erschwert ist.

- Daher werden im Qualitätsmanagement vor allem **relative Qualitätskennzahlen** – oder auch **Verhältniszahlen** – verwendet. Als relative Qualitätskennzahlen werden Gliederungs-, Beziehungs- und Indexkennzahlen unterschieden. Gliederungskennzahlen bezeichnen das Verhältnis einer Teil- zur Gesamtgröße, wie beispielsweise die Abbruchquote von Heimunterbringungen im Verhältnis zu allen Unterbringungen innerhalb eines Zeitraumes. Beziehungskennzahlen vergleichen Teil- und Gesamtgröße unterschiedlicher Datenherkunft, z. B. die Anzahl Fachkräfte je Betreuungseinheit. Schließlich können Indexkennzahlen gebildet werden. Einfache Indexkennzahlen vergleichen Indikatoren in Bezug auf Zeiträume, wie etwa die Neuaufnahmen im Januar des laufenden Jahres zu den Neuaufnahmen des gleichen Monats im vorangegangenen Jahr. Zusammengesetzte Indizes kombinieren unterschiedliche Indikatoren. So setzt sich etwa der Arbeitszufriedenheitsindex aus mehreren additiv gewichteten Einzelindikatoren – Arbeitssicherheit, Arbeitsbedingungen, Entwicklungsmöglichkeiten – zusammen.

Qualitätskennzahlen müssen grundlegenden Anforderungen genügen (vgl. Herrmann & Fritz, 2011, S. 100; vgl. Hafner & Polanski, 2009, S. 32; vgl. Hensen P., 2016, S. 154 f.).

- **Relevanz und Nutzen:** Qualitätskennzahlen müssen in Bezug zu Qualitätszielen stehen, um eine sinnvolle Steuerung grundsätzlich zu ermöglichen. In diesem Zusammenhang ist Klarheit über den inhaltlichen Informationswert und dessen Bedeutung herzustellen. Die zentralen Qualitätskriterien beziehungsweise -merkmale sind zu bestimmen.

- **Methodische Genauigkeit, Wissenschaftlichkeit und Unterscheidungsfähigkeit:** Technisch sind Berechnungsgrundlage sowie Erhebungs- und Dokumentationsmodus genau festzulegen. Dabei gelten – gerade im Gesundheitsbereich – auch wissenschaftliche Gütekriterien. Qualitätskennzahlen müssen Qualitätsmerkmale valide und reliabel abbilden, Messunterschiede sind präzise zu erfassen (Diskriminationsfähigkeit).

- **Ziel-, Richtwert:** Notwendig ist vor allem auch, dass zur Beurteilung von Qualitätskennzahlen Richt- oder Zielwerte benannt werden. Nur auf der Basis dieser Zielorientierung ist eine systematische Steuerung möglich.

- **Gezielte Steuerung:** Letztlich bedarf es Festlegungen hinsichtlich des Umgangs mit ermittelten Werten, einschließlich potenziell folgender Maßnahmen.

Die Entwicklung von Qualitätskennzahlen erfolgt also stufenweise: Zunächst sind die kritischen Qualitätsmerkmale zu bestimmen und passende Qualitätskennzahlen zu bilden. Qualitätskennzahlen müssen durch Qualitätsziele und Zielwerte präzisiert werden.

Ein geeignetes Messverfahren muss festgelegt werden und schließlich müssen aus der Datenerhebung und -bewertung Steuerungsmaßnahmen erfolgen.

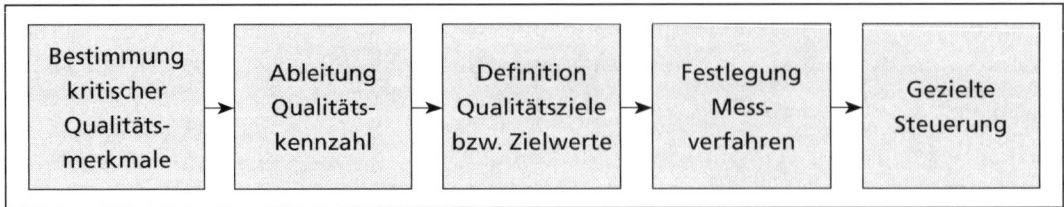

Abb. 27: Prozess der Entwicklung von Qualitätskennzahlen

7.2.3 Qualitätsstandards

Standards in Sozialunternehmen

Standards sind grundsätzlich fester Bestandteil von Qualitätsmanagement. Bereits Deming hatte sich eingehend mit Standards und Standardisierung im Qualitätsmanagement befasst (1992, S. 297 ff.). Im Bereich des Managements von Sozialunternehmen fehlt jedoch eine systematische Auseinandersetzung mit der Bedeutung und Funktion von Standards weitestgehend. So herrscht auch keine Begriffsklarheit über Standards beziehungsweise Qualitätsstandards. Im Gesundheitswesen hat der Umgang mit Standards bereits eine gewisse Selbstverständlichkeit (gerade im Pflegebereich gibt es eine Vielzahl an Experten-Standards). Im Fachdiskurs der Sozialen Arbeit hingegen werden Forderungen nach Standards beziehungsweise Standardisierung vielfach kritisch diskutiert und sogar abgelehnt (vgl. Merchel, 2014, S. 63 ff.). Wie bereits ausgeführt, ist Qualität ein relationaler Begriff und letztlich das Ergebnis der Zusammenführung unterschiedlicher Qualitätsforderungen. Aus diesem Kontext wird vor allem abgeleitet, dass Standards zu einer unzulässigen Vereinfachung und Vereinheitlichung komplexer Handlungsanforderungen führen können. Merchel schlägt daher vor, auf den Standardbegriff zu verzichten und fachliches Handeln in der Sozialen Arbeit alternativ an Qualitätskriterien und Qualitätsindikatoren zu orientieren (vgl. Merchel, 2014, S. 66). Dieser kritische Zusammenhang ist jedoch nicht zwingend.

Qualitative Soll-Vorstellung

Das Ergebnis der Zusammenführung maßgebender und konsensfähiger Qualitätsforderungen entspricht grundsätzlich einer qualitativen Soll-Vorstellung. Diese Soll-Vorstellung ist vorläufig, wird systematisch und laufend überprüft, angepasst, schließlich standardisiert und wieder auf den Prüfstand gestellt. Das entspricht im Prinzip der Grundvorstellung eines kontinuierlichen Verbesserungskreislaufes. So ist klar, dass der Prozess der Standardisierung und als Ergebnis die Formulierung eines Standards nicht prinzipiell im Widerspruch zu den Besonderheiten personenbezogener Dienstleistungen stehen. Hansen, der sich in einer Publikation ausschließlich der kritischen wissenschaftlichen Auseinandersetzung mit Standards in der Sozialen Arbeit befasst, kommt zu dem Schluss, dass Standards „konstitutionelle Steuerungsinstrumente in sozialen Systemen sind" (2010, S. 163). Ein offener, konstruktiver Umgang mit den bestehenden Widersprüchen ermöglicht es, so Hansen, „Standards als Orientierung für professionelle Prozessgestaltung und Standardabweichungen als Chance zur Reflexion und Optimierung sozialberuflichen Handelns zu begreifen" (vgl. ebd., S. 167)

Mindestniveau

Qualitätsstandards bezeichnen also qualitative Mindestniveaus, die als norm- und orientierungsgebender Maßstab fungieren. Das Maß der Normierung beziehungsweise

Formalisierung ist dabei dynamisch. Es reicht von teambezogenen Festlegungen, fachlich-konzeptionellen Grundlegungen bis hin zur Forderung der Evidenzbasierung professionellen Handelns.

Es ist sinnvoll, Qualitätsstandards zu systematisieren. Timmermans und Berg (2003) klassifizieren Standards wie folgt (zit. n. Hensen P., 2016, S. 65): *Systematisierung von Qualitätsstandards*

Struktur-standards (Design Standards)	Begriffsstandards (Terminological Standards)	Leistungs-standards (Performance Standards)	Prozessstandards (Procedural Standards)
Standards, mit deren Hilfe strukturelle Spezifika von Einzelkomponenten oder von ganzen Systemen festgelegt werden.	Formal strukturierte Standards, die eine zeitliche und räumliche Stabilität in Sprache und Bedeutung von Fachausdrücken gewährleisten.	Standards, die Ergebnis- oder Zielwerte vorgeben. Sie haben keinen Regelungsanspruch auf die dahin führenden Tätigkeiten, sondern allein auf das Resultat der Handlung.	Standards, die sich auf die tatsächlichen Ausführungen beziehungsweise die Gestaltung von Prozessen richten. Es können einzelne Arbeits- und Entscheidungsschritte beziehungsweise die auszuführende Reihenfolge festgelegt werden.

Abb. 28: Klassifikation von Standards nach Timmerman, Berg, 2003, S. 24 ff., zit. in Hensen P., 2016, S. 65)

Neben der bereits erwähnten kritischen Bewertung von Standards in Sozialunternehmen, stehen deren Vorteile im Fokus der Betrachtung. Hensen beschreibt dabei drei unterschiedliche Ansätze (vgl. Hensen P., 2016, S. 67 f.): *Vorteile von Standards*

- **Präventiver Ansatz der Qualitätssicherung:** Die Orientierung an Standards führt zur Vermeidung von Fehlern, insbesondere in kritischen Situationen.

- **Vertrauensbildender Ansatz der Qualitätssicherung:** Standards zielen darauf ab, Qualitätsschwankungen zu reduzieren. Dies fördert Sicherheit und Vertrauen auf Seiten von Leistungsempfängerinnen und -empfängern, aber auch von Leistungserbringerinnen und -erbringern.

- **Zweckgerichteter Ansatz der Qualitätssteuerung:** Die Ausrichtung an Standards bedeutet, Leistungen und Strukturen systematisch in Bezug auf Qualitätsforderungen beziehungsweise -zielen zu entwickeln und zu evaluieren.

7.2.4 Qualitätsdokumentation

Qualitätsdokumentation wird in der einschlägigen Fachliteratur in der Regel im Zusammenhang mit Dokumentationsanforderungen großer Qualitätsmanagementsysteme, insbesondere der DIN EN ISO thematisiert. Zentrale Begriffe und Zusammenhänge in Bezug auf Qualitätsdokumentation sind der DIN EN ISO entnommen und haben quasi allgemeingültigen Charakter angenommen. Selten wird jedoch Qualitätsdokumentation als solches systematisch unter methodischen oder instrumentellen Gesichtspunkten behandelt.

Sinn von Dokumentation

Wie bereits ausgeführt, hat Dokumentation grundsätzlich die Funktion, Qualität für Steuerung zugänglich und nutzbar zu machen. Dies geschieht in dreifacher Hinsicht: Einmal sind Qualitätsforderungen zu verschriftlichen, etwa in Form von Qualitätskriterien oder -standards. Ferner muss die Umsetzung von Qualitätsforderungen zielgerichtet überprüft und nachgewiesen werden, vor allem mittels Qualitätsindikatoren. Und schließlich ist auch das Qualitätsmanagementsystem als solches darzulegen.

Unterschiedliche Dokumentarten

Gemäß dieser Funktionsbreite von Qualitätsdokumentation sind auch verschiedene Dokumentenarten zu unterscheiden (vgl. Hinsch, 2014, S. 62 ff.):

- **Vorgabedokumente** dienen der Planung, Durchführung oder Lenkung von Prozessen. Die Vorgaben können dabei auf unterschiedlichen Ebenen angesiedelt sein (z. B. Qualitätsziele, Leitlinien, technische Spezifikationen, Verfahrensanweisungen, Arbeitsanleitungen).

- **Nachweisdokumente** dienen der Darlegung von Aufzeichnungen, etwa im Kontext der Leistungserstellung (z. B. Patientenakte, Untersuchungsbefunde) oder Managementhandeln (z. B. Berichte, Statistiken).

- **Interne Dokumente** werden organisationsintern im Rahmen von Qualitätsmanagement erstellt und verwendet (z. B. Verfahrensanweisungen, Stellenbeschreibungen, Organigramm).

- **Externe Dokumente** werden außerhalb der Organisation erstellt, haben aber Relevanz für die Einrichtung (z. B. Gesetzestexte, Verordnungen, fachliche Leitlinien und Standards).

- **Mitgeltende Unterlagen** bezeichnen Dokumente, die nicht direkt einem Prozess zugeordnet sind, jedoch inhaltlich mit diesem im Zusammenhang stehen.

Messung, Analyse, Prozesssteuerung: Dokumentenlenkung

Die zentrale Funktion der Qualitätsdokumentation besteht in der Messung, Analyse und letztlich Steuerung von Prozessen. In der Fachliteratur hat sich hierfür der aus der DIN EN ISO entnommene Begriff Dokumentenlenkung etabliert. Im Rahmen der weiteren Ausführungen wird dieser Terminus beibehalten. Die Steuerung der Dokumentation ist eine zentrale Anforderung an ein Qualitätsmanagementsystem, nicht zuletzt unter arbeitsökonomischen Gesichtspunkten. Hier ist eine Einschränkung vorzunehmen: Tatsächlich anspruchsvoller und für die Leistungserstellung von größerer Bedeutung ist die Veränderung von Tätigkeiten und Abläufen, kurz Prozessen im organisationalen Alltag. Neben der Dokumenten- muss gleichzeitig auch von Prozesslenkung gesprochen werden. Die in diesem Zusammenhang erforderliche Führungskompetenz wird im letzten Teil dieses Buches ausführlich thematisiert.

Für die Dokumentenlenkung – oder für die Lenkung dokumentierter Informationen, wie es in der aktuellen Version der DIN EN ISO formuliert ist – sind methodische Aspekte zu beachten.

Insbesondere sollten Vorgabedokumente nach festen Regeln erstellt werden (vgl. Ertl-Wagner, Steinbrucker & Wagner, 2013, S. 115).

Festzulegen und festzuhalten sind:

- Name der Organisation

- Gültigkeitsbereich

- Bezeichnung beziehungsweise Nummerierung des Dokuments

- Revisionsnummer beziehungsweise Stand des Dokuments

- Name und Unterschrift der Ersteller

- Name und Unterschrift der prüfenden Person

Diese Informationen werden in der Regel im betreffenden Dokument festgehalten, vor allem in Kopf- und Fußzeile.

Neben diesen formalen Kriterien der Dokumentengestaltung sind mit Blick auf die Dokumentenlenkung weitere Aspekte zu berücksichtigen (vgl. Hinsch, 2014, S. 66 ff.):

Archivierung,
Datenschutz,
Bekanntmachung

- **Ablage und Archivierung:** Dokumente sollten im betreffenden Gültigkeitsbereich erreichbar und abrufbar sein. Das betrifft zum einen das Ablage- beziehungsweise Archivierungssystem und zum anderen den konkreten Zugang zu den Dokumenten.

- **Datenschutz:** Dokumente sind in ausreichendem Maße zu schützen. In besonderem Maße gilt dies für elektronische Dokumente.

- **Verteiler und Bekanntmachung:** Dokumente beziehungsweise die darin enthaltenen prozessrelevanten Informationen müssen an den davon betroffenen Arbeitsplätzen bekannt gemacht und eingeführt werden. Neben dem administrativen Austausch von Dokumenten sind auch inhaltliche Veränderungen in Bezug auf Tätigkeiten und Verfahren vorzunehmen. Hier sind wiederum Führungsaufgaben betroffen.

Die Sammlung und Organisation aller geltenden Dokumente schließlich bedarf einer eigenen Systematik. Mit Bezugnahme auf die DIN EN ISO 9001:2008 wird vielfach von einer hierarchischen Systematik der Qualitätsdokumentation ausgegangen (vgl. Schmitt & Pfeifer, 2015, S. 306 f.).

Systematik
der Qualitäts-
dokumentation

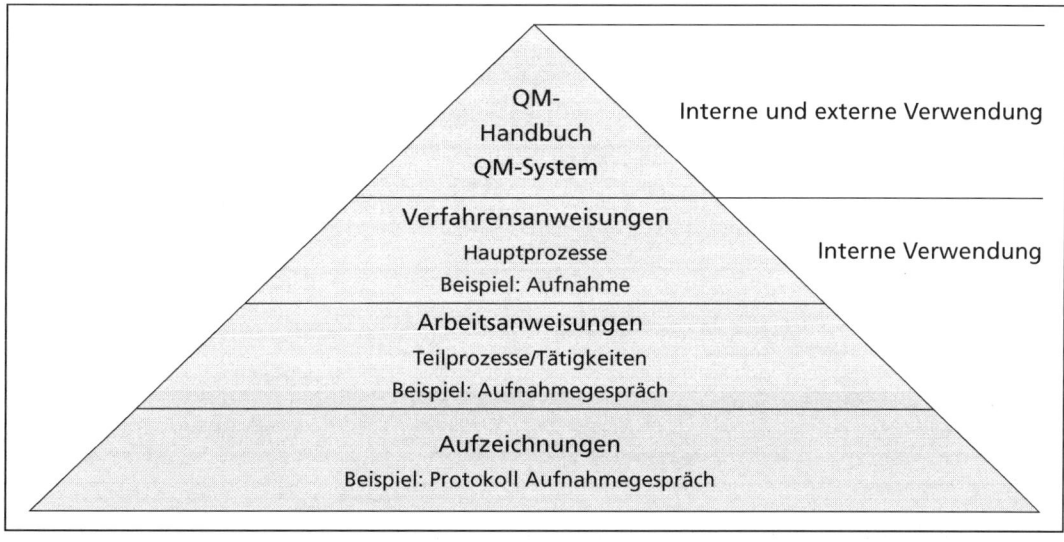

Abb. 29: System der Qualitätsdokumentation

QM-Handbuch Im **Qualitätsmanagementhandbuch** (QM-Handbuch) wird das Qualitätsmanagementsystem in seinen zentralen Elementen dargelegt. Für den konkreten Aufbau des QM-Handbuchs gibt es keine festen Vorgaben. Möglich ist eine Gliederung analog dem eingesetzten Qualitätsmanagementsystem. Mindestens sollten jedoch Angaben enthalten sein über (vgl. Ertl-Wagner, Steinbrucker & Wagner, 2013, S. 117; vgl. Schmitt & Pfeifer, 2015, S. 307):

- zentrale Qualitätsziele, Qualitätspolitik,

- die normative Verortung des Qualitätsmanagements im Unternehmen,

- die Struktur des eingesetzten Qualitätsmanagementsystems,

- die Aufbau- und Ablauforganisation,

- das Führungssystem,

- die Verteilung von Zuständigkeiten und Kompetenzen,

- die Struktur der zentralen Prozesse des Unternehmens (Prozesslandschaft).

Das QM-Handbuch wird in der Regel unternehmensintern eingesetzt. Es „dient als Referenz bei der Umsetzung, Aufrechterhaltung, Pflege und der kontinuierlichen Verbesserung des QM-Systems" (Schmitt & Pfeifer, 2015, S. 307). Vielfach fungiert das QM-Handbuch auch als Nachweis des Qualitätsmanagementsystems nach außen.

Weitere interne Aufzeichnungen Die Ebenen der Qualitätsdokumentation unterhalb des QM-Handbuchs enthalten genauere Beschreibungen von Prozessen und Tätigkeiten und sind nur für die interne Nutzung bestimmt:

- **Verfahrensanweisungen** bezeichnen Prozesse oder auch allgemeine Abläufe und Vorgehensweisen. Meist haben Verfahrensanweisungen bereichsübergreifende, oder auch unternehmensweite Gültigkeit.

- **Arbeitsanleitungen** regeln arbeitsplatzbezogene Tätigkeiten oder Aktivitäten. Sie sind deshalb detaillierter und spezifischer als Verfahrensanweisungen. Verfahrens- und Arbeitsanweisungen werden auch als Vorgabedokumente bezeichnet.

- **Aufzeichnungen** hingegen sind Nachweisdokumente, in Form von Protokollen, Akten, Statistiken, Berichten usw.

Verfahrensanweisungen	Arbeitsanweisungen	Aufzeichnungen
Aufnahme	Aufnahmegespräch führen	Aufnahmeprotokoll
Diagnostik	Intelligenztest	Testbogen
Betreuungs-, Pflegeplanung	Visite, Fallgespräch	Patientenakte, Teamprotokoll
Personalentwicklung	Leistungsbeurteilungsgespräch	Beurteilungsbogen
usw.	usw.	usw.

Abb. 30: Beispiele für Verfahrens- und Arbeitsanweisungen sowie Aufzeichnungen

Die Systematik der Qualitätsdokumentation, so wie hier dargestellt, entspricht im Prinzip den Vorgaben der DIN EN ISO 9001[8].

Die Qualitätsdokumentation in dieser Form ist gleichzeitig kompatibel mit anderen Qualitätsmanagementsystemen.

Kompatibilität

> Die Binnenstruktur der verschiedenen Dokumentationsebenen sollte in jedem Fall systematisch so aufeinander abgestimmt sein, dass sie erstens der Struktur des eingesetzten Qualitätsmanagementsystems entspricht und zweitens Querbezüge zwischen allgemeinen Qualitätsvorgaben, Verfahren, Anweisungen sowie dazugehörigen Aufzeichnungen problemlos hergestellt werden können.

7.2.5 Prozesslandkarte

Eine Prozesslandkarte – manchmal auch Prozessarchitektur oder -landschaft genannt – dient der systematischen Strukturierung und Visualisierung aller Prozesse eines Unternehmens. Die Systematisierung orientiert sich grundsätzlich an der tatsächlichen Unternehmensstruktur, jedoch nicht im Sinne der Aufbauorganisation. Strukturgebend sind vielmehr zentrale Prozesskategorien.

Strukturierung, Visualisierung der Unternehmensprozesse

Als Grundstruktur werden drei Prozessarten unterschieden: leistungsbezogene Kern- oder Primärprozesse, serviceorientierte, unterstützende Sekundärprozesse und steuernde, koordinierende Managementprozesse. Weitere Prozessarten sind denkbar, etwa Mess-, Analyse- und Verbesserungsprozesse. Die hier genannten Prozessarten sind wie folgt zu verstehen:

Prozessarten

- **Kernprozesse** sind alle Prozesse, die an der Wertschöpfung der Leistungserstellung beteiligt sind. Diese wertschöpfenden Prozesse orientieren sich an den Qualitätsforderungen der relevanten Anspruchsgruppen. Der gesamte Wertschöpfungsprozess eines Sozialunternehmens erstreckt sich von der Aufnahme bis zur Entlassung und Nachsorge. Unternehmensspezifisch ist es sinnvoll, eine weitere Unterteilung vorzunehmen.

- **Managementprozesse** bezeichnen alle zentralen Prozesse, die für die Steuerung der Leistungserstellung und der notwendigen betrieblichen Ressourcen verantwortlich sind und den strategischen und normativen Rahmen abstecken.

- **Unterstützende Prozesse** sichern die Funktionalität aller anderen Prozesse. Sie leisten damit einen indirekten Beitrag zur Wertschöpfung der Kernprozesse, insbesondere durch die operative Bereitstellung notwendiger betrieblicher und leistungsbezogener Ressourcen.

Für die Erstellung einer Prozesslandkarte bietet sich eine zweifache Vorgehensweise an. Gemäß einer Top-Down-Strategie werden zunächst die **strategischen, erfolgs-**

Schritt 1: Top-Down

---

[8] In der aktuellen Version der DIN EN ISO 9001:2015 ist die Pflicht zur Erstellung eines Qualitätsmanagementhandbuchs entfallen.

kritischen Prozesse identifiziert, um daraus eine Rahmenprozessstruktur zu entwerfen. Aktuelle, problembezogene Vorgänge werden in diesem ersten Schritt bewusst nicht berücksichtigt.

Schritt 2: Bottom-Up   In einem zweiten Schritt werden dann Bottom-Up alle **realen Prozessverläufe** erfasst und der Prozesslandkarte zugeordnet.

Beispiel einer Prozesslandkarte

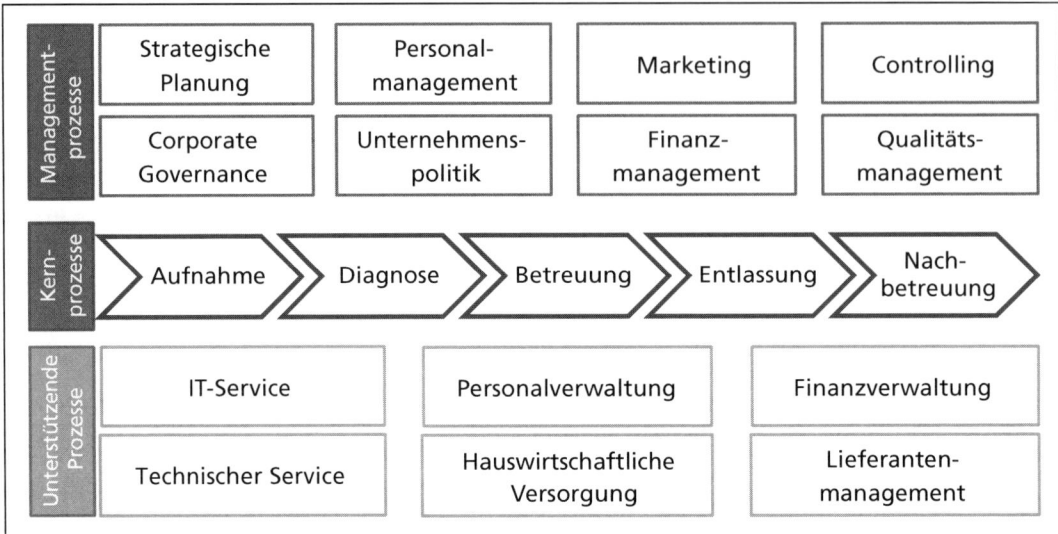

Abb. 31: Beispiel einer Prozesslandkarte

Abbildung der Hauptprozesse   Die Prozesslandkarte bildet die strategisch relevanten, erfolgskritischen Prozesse ab. Diese werden auch Hauptprozesse beziehungsweise Verfahrensanweisungen genannt. Die Prozesslandkarte bildet somit – ähnlich dem QM-Handbuch – eine Orientierung gebende Rahmenstruktur. Daraus ergeben sich verschiedene Darstellungsebenen, die dem Aufbau der Qualitätsmanagementdokumentation prinzipiell entsprechen. Jeder Hauptprozess, der in der Prozesslandkarte enthalten ist, teilt sich in unterschiedlich viele Prozesse und Teilprozesse auf. Insgesamt weist die gesamte Prozessstruktur von oben nach unten einen zunehmenden Detaillierungsgrad auf.

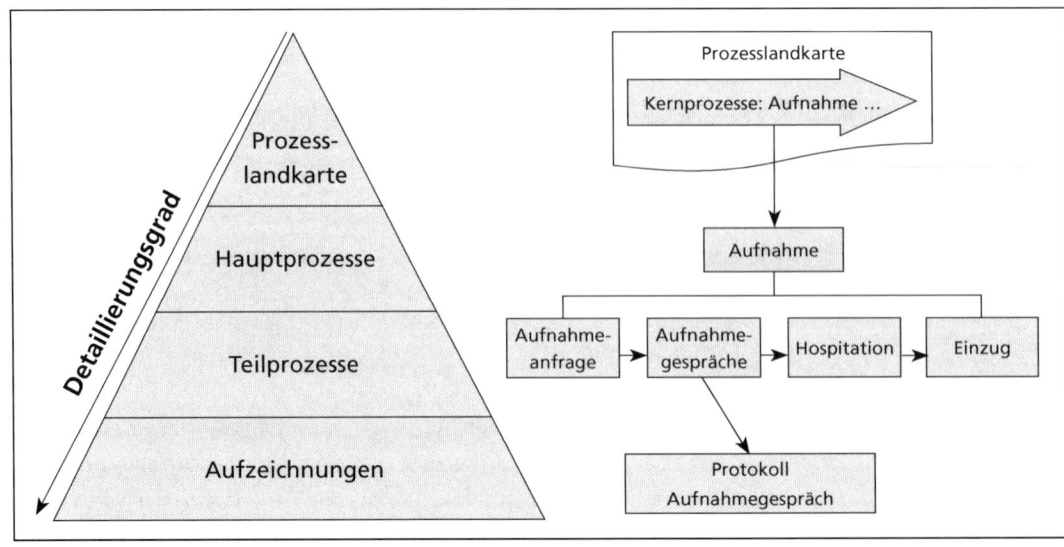

Abb. 32: Prozessebenen mit Beispiel (in Anlehnung an Wagner & Käfer, 2017, S. 59 f.)

Die meisten Qualitätsmanagementsysteme basieren selbst auf einem Prozessmodell. Diese Prozessmodelle können als Vorlage zur Entwicklung einer unternehmensspezifischen Prozesslandkarte dienen.

7.2.6 Prozesssteuerung

Eine zentrale Methode ist die operative Prozesssteuerung. Dieser Steuerungsprozess wird in der Regel in Phasen unterteilt, wobei die Einteilung der Phasen in der Fachliteratur unterschiedlich dargestellt wird (vgl. Scholz & Vrohlings, 1994, S. 117 f.; vgl. Wagner & Käfer, 2017, S. 63 ff.; Zollondz, 2016b, S. 834). Eine sinnvolle Strukturierung sieht vier Schritte der operativen Prozessteuerung vor:

Vier Schritte der operativen Prozesssteuerung

- **Prozessdefinition**: Im ersten Steuerungsschritt wird die Prozessaufgabe beziehungsweise der Zweck des Prozesses festgelegt und der Prozess in der Prozesslandkarte verortet. Weiter sind der Prozessumfang, Anfang und Ende des Prozesses sowie alle relevanten Qualitätsforderungen zu bestimmen. Schließlich werden die Prozessverantwortlichen benannt. Dabei wird vielfach zwischen Prozesseigner und -verantwortlichen unterschieden. Der Prozesseigner ist hauptverantwortlich für die Strukturierung, zielführende Umsetzung und Weiterentwicklung des Prozesses. Der Prozessverantwortliche trägt für die operative Umsetzung des Prozesses im Arbeitskontext Sorge.

- **Prozessstrukturierung**: Im zweiten Schritt folgt die detaillierte Strukturierung und letztlich Beschreibung des Prozesses (siehe 7.2.7 „Prozessbeschreibung") im Sinne einer Sollfestlegung. Die zentrale Aufgabe besteht darin, den Ablauf des Prozesses detailliert, einschließlich der Schnittstellen zu anderen Prozessen zu erfassen und schriftlich zu fixieren. Ferner sind Qualitätskriterien, -indikatoren und Messverfahren festzulegen. Die – möglicherweise auch stufenweise – Prozessfreigabe hingegen geschieht meist durch hierarchisch verantwortliche Stellen.

- **Prozessimplementierung und Durchführung**: Im dritten Schritt ist der Prozess im betreffenden Arbeitsbereich des Unternehmens einzuführen. Mit jedem Prozess sind bestimmte Aufgaben und Tätigkeiten verknüpft, die wiederum in der Aufbau- und Ablauforganisation verankert werden müssen. Das bedeutet, dass allen Prozessen verantwortlich ausführende Stellen zugeordnet werden und notwendige Kommunikations- und Kooperationsprozesse zu beschreiben sind. Die Zuordnung der Prozessverantwortlichkeit ist also in erster Linie mit sachlich notwendigen Kompetenzen verbunden. Möglicherweise sind bei erstmaliger Prozessimplementierung oder bei gravierenden Änderungen Schulungen und Einweisungen erforderlich. Es folgt die Umsetzung des Prozesses. Der Prozess ist in geeigneter Weise zu messen und zu dokumentieren.

- **Prozessoptimierung**: Die Phase der Prozessoptimierung als vierte Phase schließt den Kreis. Anhand der Prozessfestlegungen werden Soll-Ist-Vergleiche durchgeführt. Die Analyse dient zunächst dazu, Fehler und Schwachstellen im Prozessablauf zu finden und auf mögliche Ursachen zu schließen. Daraus kann ein notwendiger Veränderungs- und Anpassungsbedarf abgeleitet werden. Im Kontext einer solchen Prozessanalyse und -verbesserung kommen Qualitätswerkzeuge zum Einsatz, wie etwa das

Ursache-Wirkungsdiagramm, die Fehleranalyse oder komplexere Qualitätsmethoden wie Six Sigma. Zusätzlich kann auch Benchmarking, also der gezielte Vergleich mit unternehmenseigenen oder externen Prozessleistungen vorgenommen werden. Die Phase der Prozessoptimierung entspricht im Prinzip dem Grundgedanken der kontinuierlichen Qualitätsverbesserung.

7.2.7 Prozessbeschreibung

Methodischer Kernbestand des QM

Die Beschreibung von Prozessen gehört zum methodischen Kernbestand des Qualitätsmanagements. Die Bedeutung und die Funktion von Prozessbeschreibungen ergeben sich unmittelbar auch aus den Ausführungen zur Qualitätsmanagementdokumentation allgemein.

Prozesse können textlich, grafisch oder tabellarisch verschriftlicht werden. Kombinationen der verschiedenen Formen der Prozessbeschreibung sind üblich.

Notwendige Inhalte

Unabhängig der Darstellungsform sollten bestimmte Aspekte berücksichtigt werden:

- **Bezeichnung des Prozesses**: Name des Prozesses, z. B.: Aufnahme in Wohngruppe

- **Zweck**: intendierter Regelungsbedarf, z. B.: Dieser Prozess regelt die Aufnahme eines Patienten/einer Patientin in die Wohngruppe

- **Ziel**: angestrebtes inhaltliches Ergebnis, z. B.: Aufnahme in die Wohngruppe erfolgt fachlich indiziert und zeitnah

- **Geltungsbereich** (teilweise auch Verteiler): Bereiche des Unternehmens, die vom Prozess betroffen sind

- **Prozessbeginn/Eingabe und Prozessende/Ausgabe**: Werden in die Prozessbeschreibung integriert, z. B. Vorschriften, Informationen, Protokoll, Aufzeichnung usw.

- **Schnittstellen**: vorgelagerte, nachfolgende und andere verknüpfte Prozesse

- **Qualitätsindikatoren**: Angabe Prozess bezogener Messwerte

- **Prozessverantwortlichkeit**: Person/Team, die/das für die Erstellung und Weiterentwicklung des Prozesses verantwortlich ist

- **Dokumentation**: verschriftlichtest Prozessergebnis, z. B. Protokoll, Formular, Checkliste

- **Mitgeltende Unterlagen**: für den Prozess relevante interne und externe Dokumente

- **Angaben zur Prüfung und Freigabe des Prozesses**: z. B. Prüfung Prozessbeschreibung durch Bereichsleitung, Freigabe durch Einrichtungsleitung

Vielfach werden die wichtigsten prozessrelevanten Informationen in einer tabellarischen Übersicht zusammengefasst und der betreffende Prozess zusätzlich an anderer Stelle beschrieben.

Prozessbezeichnung	
Geltungsbereich	
Zweck beziehungsweise Ziel	
Qualitätsindikatoren	
Prozessverantwortlichkeit	
Prüfung	
Freigabe	
Archivierung	

Abb. 33: Prozessübersicht

Die häufigste Form der Prozessbeschreibung sind Flussdiagramme. Flussdiagramme stellen den Ablauf eines Prozesses grafisch dar. Dabei werden chronologisch zwischen Anfang und Ende eines Prozesses die einzelnen Prozessschritte, Entscheidungen, Ergebnisse und Schnittstellen zu anderen Prozessen abgebildet. Die Symbole werden einheitlich verwendet.

Häufigste Form: Flussdiagramm

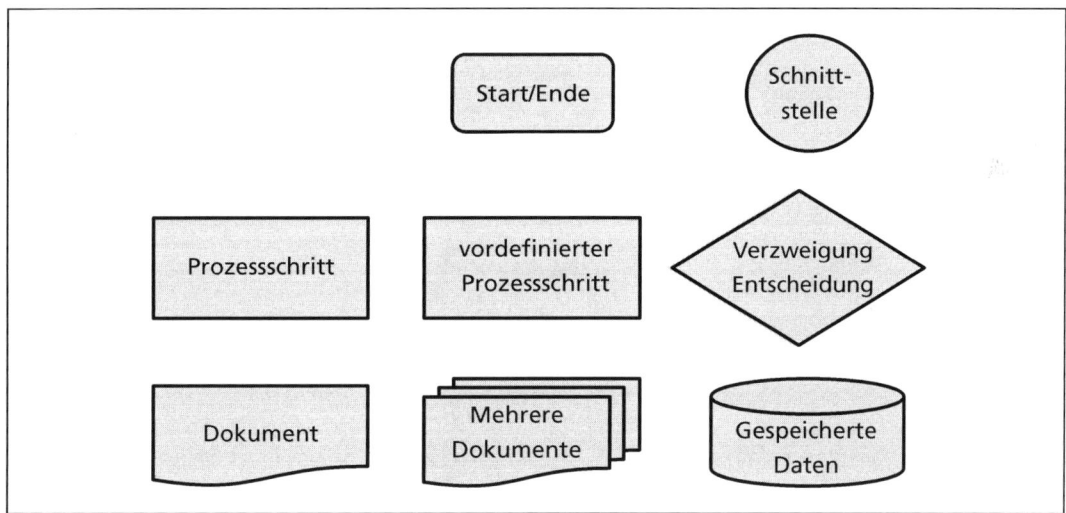

Abb. 34: Standardsymbole bei Flussdiagrammen

Das wichtigste Symbol ist der Prozessschritt. Das Rautensymbol stellt eine Entscheidung dar, die mit „ja" oder „nein" zu beantworten ist, die Wahl zweier Alternative. Der Kreis markiert den Übergang auf eine weitere Seite. Unter einem vordefinierten Prozessschritt sind eigenständige Prozesse zu verstehen, die an anderer Stelle dargestellt werden. So werden Schnittstellen gekennzeichnet.

Nachfolgende Abbildung zeigt in vereinfachter Form beispielhaft die grafische Darstellung eines Aufnahmeprozesses. Der Ablauf wird durch zusätzliche Informationen zu verantwortlichen Personen oder Stellen sowie Eingabe- und Ausgabedokumente beziehungsweise -ereignisse ergänzt. Für die Erstellung von Flussdiagrammen stehen grund-

Beispiel: Aufnahmeprozess

sätzlich weitaus mehr Symbole als die hier vorgestellten zur Verfügung. Vielfältige Variationen der Darstellung sind möglich.

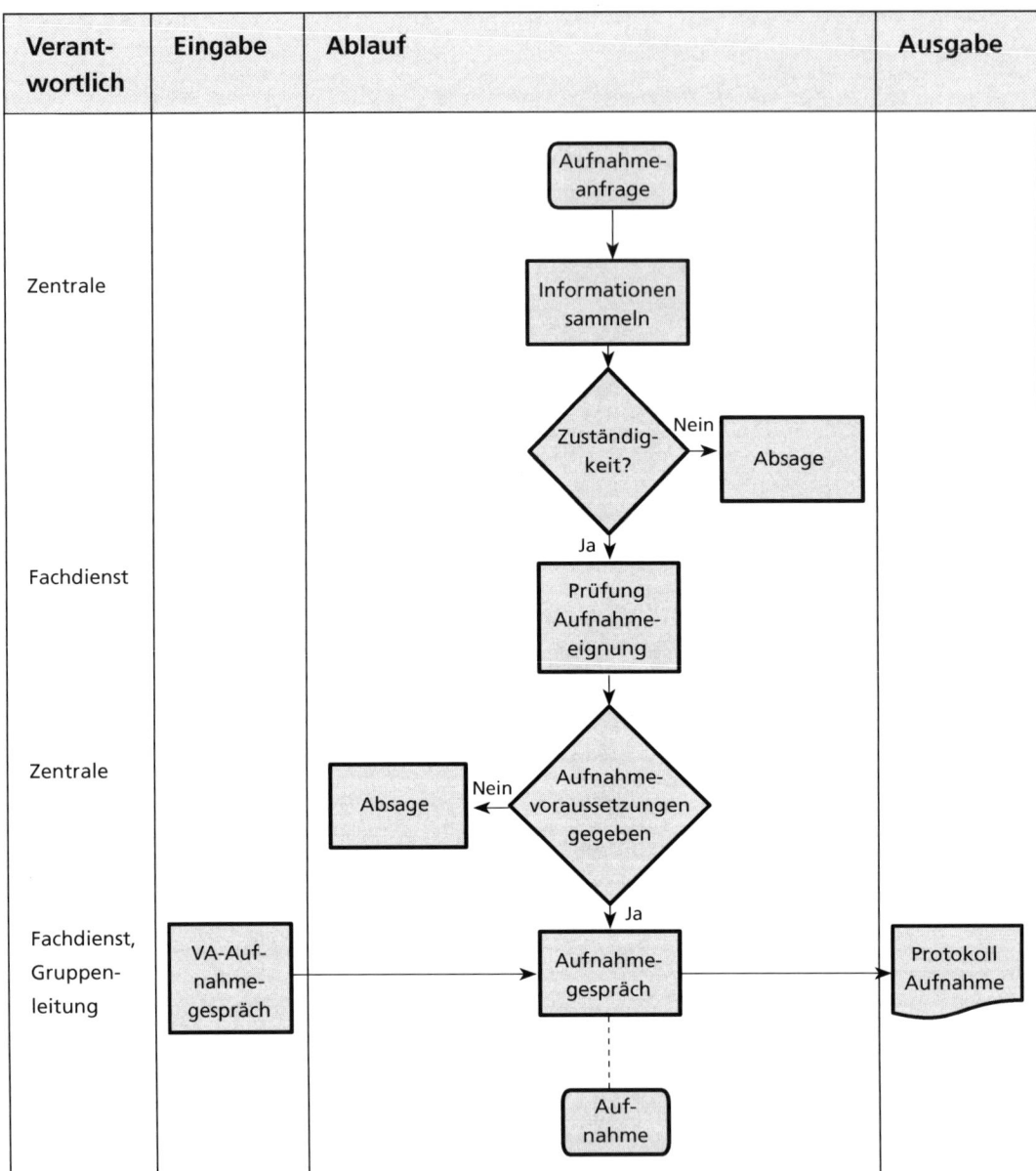

Abb. 35: Prozessbeschreibung als Flussdiagramm

Textliche Darstellung von Prozessen

Prozesse können ebenso textlich dargestellt werden. Auch in diesem Fall sind notwendige allgemeine Angaben zu integrieren, entweder in Kopf- und Fußzeilen, wie hier dargestellt oder in Prozessübersichten. Der Prozess selbst wird unter Punkt 5 beschrieben. Vielfach wird an dieser Stelle auf ein entsprechendes Flussdiagramm verwiesen. Wird der Prozess textlich beschrieben, empfehlen sich im Sinne von Klarheit Formulierungen in ganzen und kurzen Sätzen unter Verwendung von Subjekt, Prädikat, Objekt und ggf. eindeutiger Zeitangabe.

Name des Unternehmens	Prozessbezeichnung		
1. Zweck			
2. Geltungsbereich			
3. Begriffserklärungen			
4. Verantwortlichkeit			
5. Durchführung			
6. Dokumentation			
7. Bemerkungen, Hinweise			
8. Änderungen, Pflege			
9. Mitgeltende Unterlagen			
Erstellt von … am … Geprüft von … am … Freigegeben von … am …	Seite	Revisionsstand Archivierung	

Vorlage: Prozessbeschreibung in Textform

Abb. 36: Prozessbeschreibung in Textform

Schließlich können Prozesse auch tabellarisch dargestellt werden. Die formale und inhaltliche Gestaltung der Darstellung bleibt dem Unternehmen überlassen. Auch werden zentrale Prozessangaben in Prozessübersichten oder Kopf- und Fusszeilen erfasst.

Darstellung von Prozessen als Tabelle

Nr.	Prozessschritt	verantwortlich	Dokumentation
1	**Aufnahmeanfrage entgegennehmen** Aufnahmeeignung prüfen, Weitervermittlung oder interne Weiterleitung an Fachdienst	Zentrale	Gesprächsnotiz
2	**Aufnahmegespräch führen** Fachdienst vereinbart Aufnahmegespräch binnen einer Woche, Terminabsprache mit Gruppenleitung, bei Ablehnung Weitervermittlung	Fachdienst, mit Gruppenleitung	Protokoll Aufnahmegespräch
3	**Aufnahme festlegen** Aufnahmezeitpunkt festlegen, notwendige Unterlagen anfordern, Kostenbescheid anfordern		Checkliste Aufnahme

Beispiel: Aufnahmeprozess

Abb. 37: Prozessbeschreibung in tabellarischer Form

7.2.8 Qualitätsbewertung

Qualitätsbewertung ist ebenso ein zentrales methodisches Element im Qualitätsmanagement. Qualität wurde als relationaler Begriff zwischen Qualitätsforderungen und tatsächlich gemessener Qualität definiert (siehe 2.1 „Der Qualitätsbegriff"). Der Vorgang des Vergleichs zwischen geforderter und gemessener Qualität kann als Qualitätsbewertung bezeichnet werden.

Abgrenzung zu Qualitätsevaluation

Hier muss eine begriffliche Differenzierung vorgenommen werden. Hensen führt zum Begriff Qualitätsbewertung noch den Begriff Qualitätsevaluation ein (vgl. 2016, S. 155). Er sieht zwischen beiden Begriffen eine inhaltliche Übereinstimmung, nämlich den bewertenden Qualitätsvergleich. Hensen verweist jedoch gleichzeitig auf einen unterschiedlichen Verwendungskontext. Von Evaluation, so Hensen, wird vor allem im wissenschaftlichen, gesellschaftlichen Kontext gesprochen, im betrieblichen Bereich eher von Bewertung. Eine weitere Unterscheidung kommt hinzu: Evaluation ist als sozial- und humanwissenschaftliche Forschungsmethode (vgl. Bortz & Döring, 2003) im Kontext fachbezogener Qualitätsentwicklung – gerade auch in der Sozialen Arbeit – von großer Bedeutung. Bewertung meint in Bezug auf Qualitätsmanagement die systematische Bestimmung von Qualität durch Festlegung „eines Bezugsrahmens, der festlegt, welche Messverfahren verwendet werden, welche Daten erhoben und welche Kriterien (Maßstäbe) angelegt werden" (Hensen P., 2016, S. 155).

Qualitätsbewertung als Soll-Ist-Vergleich

Mit Blick auf Qualitätsmanagement soll daher im weiteren Verlauf von Qualitätsbewertung im Sinne eines gezielten Soll-Ist-Vergleichs die Rede sein.

Hensen skizziert eine Systematisierung möglicher Qualitätsvergleiche (2016, S. 156):

Vergleichsart	Vergleichsgegenstand	Vergleichsmethode
Strategische Zielerreichung	Vergleich der Qualitätsziele der Organisation mit der Qualität, die tatsächlich realisiert wurde	z. B. Selbstbewertung, Managementbewertung
Operative Zielerreichung	Vergleich der Qualitäts- anforderungen und den tatsächlichen Aktivitäten der Organisationen	z. B. Compliance-Evalua- tionen wie Qualitätsaudits, Qualitätscontrolling
Querschnittsvergleiche	Vergleich der in der Organisation erreichten Qualität mit der Qualität anderer Einrichtungen	z. B. öffentliche Qualitäts- vergleiche, Qualitätsbe- richte, Benchmarking
Längsschnittsvergleiche	Vergleich der Veränderung der Qualität innerhalb der gleichen Organisation zwischen verschiedenen Zeitpunkten	z. B. Qualitätsmonitoring, Qualitätsstatistiken

Abb. 38: Grundprinzipien des Qualitätsvergleichs (Hensen P., 2016, S. 156)

Im Kontext von Qualitätsbewertung sind weitere begriffliche Differenzierungen vorzunehmen. Vielfach wird zwischen Selbst- und Fremdbewertung unterschieden: *Selbst- und Fremdbewertung*

- Im Falle einer Selbstbewertung nimmt ein Unternehmen eine eigene, interne Qualitätsbewertung vor.

- Von Fremdbewertung wird gesprochen, wenn die Qualitätsbewertung durch externe Fachleute durchgeführt wird.

Die Zertifizierung im Rahmen der DIN EN ISO 9001:2015 stellt eine klassische Fremdbewertung dar (siehe auch 9.1.6 „Auditierung, Akkreditierung und Zertifizierung"). Bei EFQM oder KTQ ist eine Kombination von Selbst- und Fremdbewertung vorgesehen (siehe 9.2.5 „Excellence-Stufen" und 10.1.4 „Zertifizierungsverfahren").

Ferner werden die Begriffe „Audit" und „Assessment" gegenübergestellt. Ein Audit ist eine Qualitätsbewertung, bei der prinzipiell die Einhaltung bestimmter Anforderungen überprüft wird. Im Rahmen der DIN EN ISO 9001:2015 wird von Auditierung gesprochen. Unter einem Qualitätsassessment ist die Bewertung anhand eines Referenzmodells zu verstehen. Dies ist bei EFQM und KTQ der Fall. *Audit, Assessment*

7.3 Ausgewählte Qualitätswerkzeuge

Die im Folgenden vorgestellten Qualitätswerkzeuge werden vor allem zur genaueren Analyse von Problemen und Prozessen eingesetzt. Die getroffene Auswahl der Qualitätswerkzeuge orientiert sich dabei an der Einsatzbarkeit im Kontext von Sozialunternehmen; dediziert statistische Werkzeuge sind nicht berücksichtigt.

7.3.1 Ursache-Wirkung-Diagramm

Das Ursache-Wirkung-Diagramm (Ishikawa-Diagramm beziehungsweise Fischgrätendiagramm) wurde von Kaoru Ishikawa erfunden (Ishikawa, 1986, S. 18 ff.). Es ist ein Qualitätswerkzeug, um Kausalitätsbeziehungen von Problemen zu analysieren und gilt in der Literatur als eine der bekanntesten Qualitätswerkzeuge. Ishikawa führte Qualitätsschwankungen zunächst auf fünf (1985), später auf vier (1986) grundsätzliche Faktoren zurück: *Ishikawa-Diagramm, Fischgrätendiagramm*

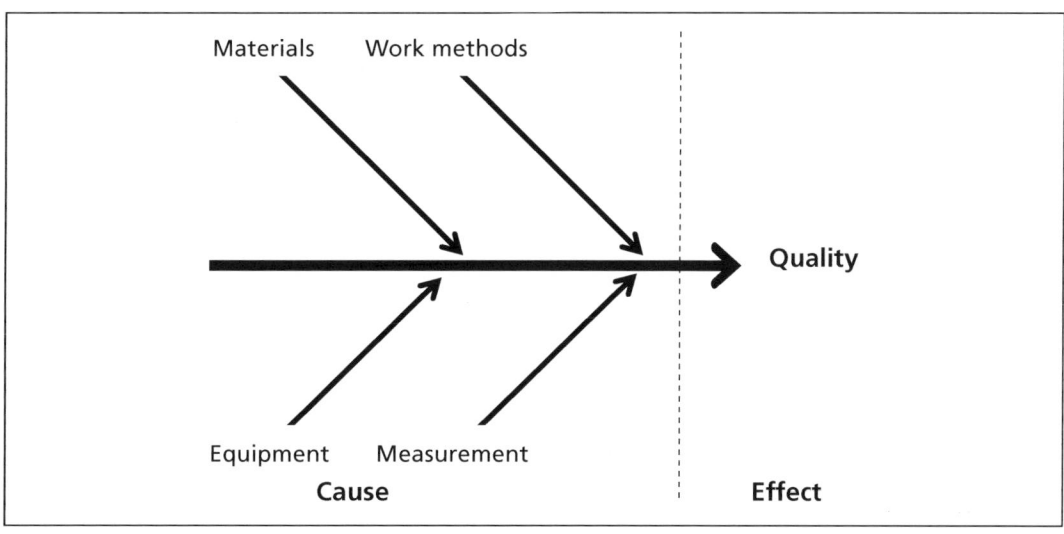

Abb. 39: Cause-and-effect diagram (Ishikawa, 1986, S. 19)

Anpassung, Weiterentwicklung

Er wies darauf hin, dass das Ursache-Wirkung-Diagramm auf die jeweilige Organisation angepasst werden müsse (Ishikawa, 1986, S. 20). In der Fachliteratur hat sich die Darstellung des Fischgrätendiagramms letztlich mit sieben Ursachenkategorien etabliert:

Management – Mensch – Methode – Material – (Mit-)Umwelt – Maschine – Messbarkeit.

Grundsätzlich können die Bezeichnungen sowie die Zahl der Ursachenkategorien, wie bereits erwähnt, variiert werden.

Einsatz im Team, Qualitätszirkel

Das Ursache-Wirkung-Diagramm wird in der Regel im Team beziehungsweise im Qualitätszirkel eingesetzt. Die Entwicklung des Diagramms folgt nach Ishikawa einer bestimmten methodischen Abfolge (vgl. Ishikawa, 1986, S. 19 f.).

Anwendungsbeschreibung

Der eigentlichen Arbeit mit dem Ishikawa-Diagramm geht eine Problembeschreibung voraus. Zuerst wird das erkannte und zu lösende Problem an der Pfeilspitze notiert. Dann werden, mit Blick auf das beschriebene Problem, mögliche Hauptursachen ermittelt und die Hauptpfeile entsprechend benannt. Es folgt abschließend eine Zuordnung der möglichen Bedingungsfaktoren zu den Hauptursachen. Komplexere Probleme können auch in Teilprobleme gegliedert werden. Die Ursachensammlung wird vielfach auch durch den Einsatz von Kreativitätstechniken, wie Brainstorming unterstützt. Die systematisierten Ursachen werden in einem weiteren Schritt genauer bewertet und priorisiert.

Beispiel: Unzufriedenheit im Team

Nachfolgend wurde das Fischgrätendiagramm beispielhaft auf ein mögliches Teamproblem ("Unzufriedenheit im Team") übertragen. Die Hauptursache "Leitung überfordert" könnte weiter differenziert werden. So könnte die Überforderung mit einer fehlenden Qualifizierung zur Vorbereitung auf die Führungsaufgabe zusammenhängen oder auf eine seit längerem unbesetzte Stelle im Sekretariat zurückzuführen sein.

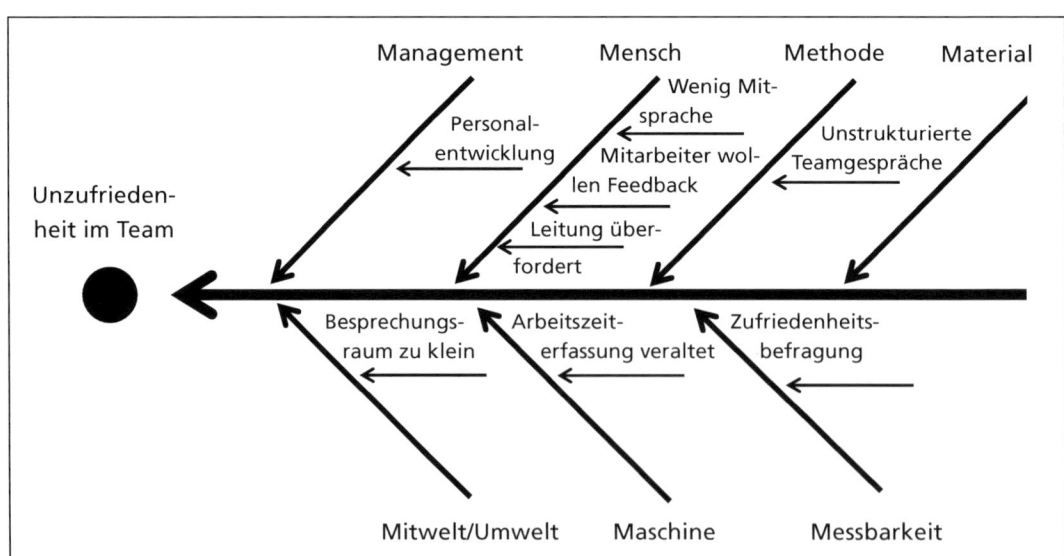

Abb. 40: Fischgrätendiagramm am Beispiel eines Teamproblems

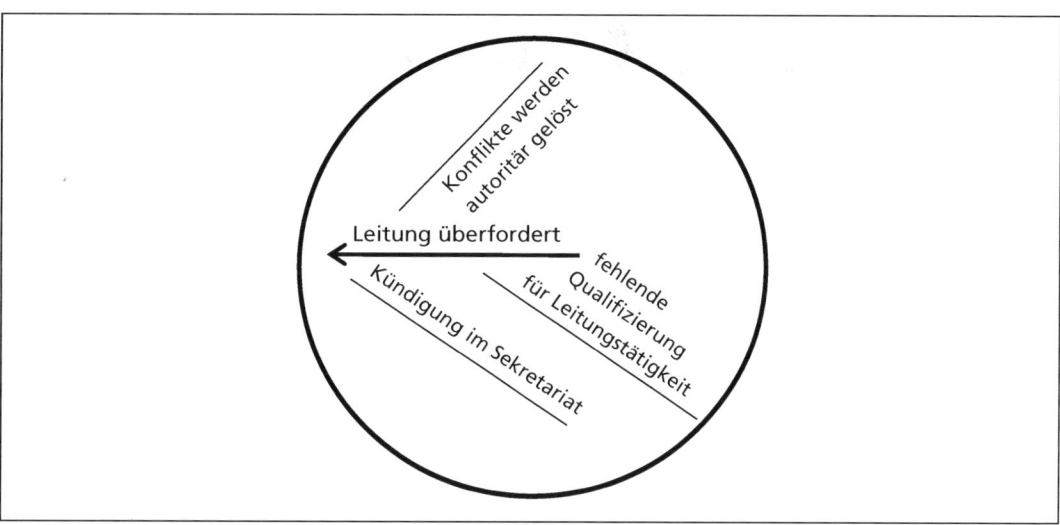

Abb. 41: Detaildarstellung der Hauptursache „Leitung überfordert"

7.3.2 Fehlersammelkarte

Die Fehlersammelkarte (check sheet) wurde ebenfalls von Ishikawa eingeführt (1986, S. 3 ff.). Fehlersammelkarten sind Formulare, mit deren Hilfe Fehler im Kontext von Produkten und Prozessen erfasst und dokumentiert werden. Dabei werden vor allem Art und Häufigkeit von Fehlern aufgeführt sowie deren Zuordnung im Leistungsprozess. Mit Einführung der Fehlersammelkarte sollten auch die Art der Fehlererhebung und die verantwortliche(n) Person(en) bestimmt werden.

Dokumentation, Analyse von Fehlern

Eine wichtige Vorarbeit im Zusammenhang mit der Fehlersammelkarte ist neben der differenzierten Analyse möglicher Fehler auch die nachfolgende Diskussion und Bewertung der dokumentierten Ergebnisse.

Beispiel: Probleme bei der Berichterstellung

Prozess: Berichterstellung		**Prüfverantwortlich: Gruppenleitung** **Datum:**			
Nr.	**Fehlerart**	**Zeitraum**			
		Woche 1	**Woche 2**	**Woche 3**	**Woche 4**
1	zu späte Abgabe				
2	fehlende Unterschrift				
3	falsches Formular				
4	fehlende Anonymisierung				
5	nicht verifizierte Angaben				
6	Sonstiges				

Abb. 42: Beispiel für Fehlersammelkarte

7.3.3 Relationendiagramm

Qualitative Analyse

Das Relationendiagramm ist ein Werkzeug, um Probleme qualitativ zu analysieren. Mit dem Relationendiagramm ist es möglich, unterschiedliche Sichtweisen und Einflussfaktoren von Problemen und deren Wechselwirkungen darzustellen (vgl. Benes & Groh, 2017, S. 280 f.; vgl. Schmitt & Pfeifer, 2015, S. 524 f.).

Gemeinsame Problemdefinition, Sammlung Einflussfaktoren

Zunächst muss eine konsensfähige Problembeschreibung, -definition bzw. Fragestellung formuliert werden. Diese wird in die Mitte einer Pinwand, eines Whiteboards etc. gesetzt. Im nächsten Schritt werden möglichst viele Einflussfaktoren gesammelt und auf Karten festgehalten. Dabei können andere Kreativitätstechniken, wie Brainstorming, unterstützend eingesetzt werden.

Die gesammelten Einflussfaktoren werden um das Problem herum gruppiert und dann die Relationen zwischen den Einflussfaktoren mittels Pfeilen markiert. Eingehende Pfeile stellen Wirkungen, ausgehende Pfeile Ursachen dar. Pfeile werden dabei jeweils nur in eine Richtung dargestellt. Im Konfliktfall muss eine Entscheidung getroffen werden. Abschließend sind die Hauptwirkungen (meisten eingehenden Pfeile) sowie Hauptursachen (meistens ausgehende Pfeile) kenntlich zu machen und das Gesamtergebnis zu diskutieren.

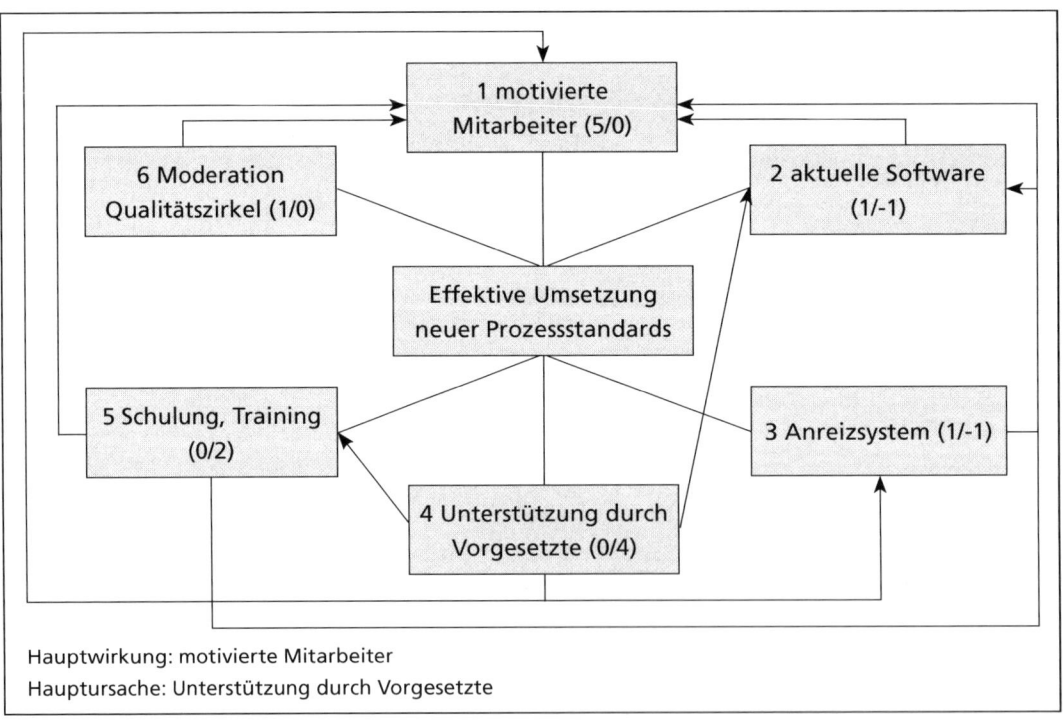

Abb. 43: Beispielhafte Darstellung eines Relationendiagramms

7.3.4 SERVQUAL

Fragebogentechnik zur Erhebung von Kundenzufriedenheit

Die SERVQUAL-Methode wurde von Parasuraman, Berry und Zeithaml (1991; 1988b) auf der Basis des GAP-Modells entwickelt (siehe 3.3 „Das Modell der Dienstleistungsqualität nach Parasuraman, Zeithaml & Berry"). SERVQUAL steht für Service Quality.

Es handelt sich dabei um eine Fragebogentechnik, um Kundenzufriedenheit zu erheben. Entlang der bereits beschriebenen fünf Dimensionen von Servicequalität (siehe 3.3

„Das Modell der Dienstleistungsqualität nach Parasuraman, Zeithaml & Berry") – Materielles Umfeld, Zuverlässigkeit, Entgegenkommen, Souveränität, Einfühlungsvermögen – wurde eine siebenstufige Doppelskala konzipiert. Diese erfasst zunächst Sollerwartungen an die Dienstleistungsqualität und in einem zweiten Schritt die tatsächlich wahrgenommene Leistung. Abschließend wird ein Differenzwert berechnet, um daraus Ansatzpunkte für Verbesserungen abzuleiten.

Qualitätserwartung (Expectation)							Qualitätswahrnehmung (Perception)						
E1. They should have up-to-date equipment.							P1. XYZ has up-to-date equipment.						
1	2	3	4	5	6	7	1	2	3	4	5	6	7
E2. Their physical facilities should be visually appealing.							P2. XYZ's physical facilities are visually appealing.						
1	2	3	4	5	6	7	1	2	3	4	5	6	7
E3. Their employees should be well dressed and appear neat.							P3. XYZ's employees are well dressed and appear neat.						
1	2	3	4	5	6	7	1	2	3	4	5	6	7
E4. The appearance of the physical facilities of these firms should be in keeping with the type of services provided.							P4. The appearance of the physical facilities of XYZ is in keeping with the type of services provided.						
1	2	3	4	5	6	7	1	2	3	4	5	6	7

Abb. 44: Beispielhafter Auszug aus der SERVQUAL-Doppelstufenskala (vgl. Parasuraman, Zeithaml & Berry, 1988b, S. 38)

Die SERVQUAL-Methode wird teilweise auch kritisch bewertet. Moniert wird etwa, dass die Frage nach Qualitätserwartungen im Grunde nicht operationalisiert werden kann, daher häufig idealisierende Antworten gegeben werden und eine Realisierung damit unrealistisch erscheint (vgl. Hensen P., 2016, S. 309; vgl. Bruhn, 2013, S. 133). *Kritik*

Im praktischen Einsatz des Erhebungsinstruments werden daher mitunter Modifikationen vorgenommen (vgl. Bruhn, 2013, S. 134). Beispielsweise werden Qualitätserwartungen nicht je Item eingeschätzt, sondern insgesamt eine Gesamtpunktzahl verteilt und damit eine Gewichtung erzwungen. Trotz der Kritik findet die SERVQUAL-Methode aufgrund der „Ganzheitlichkeit und Einfachheit der Rangfolgenbildung" und „des hohen Praxisbezugs" ungebrochen Anwendung (vgl. ebd.).

7.3.5 Supplier Input Process Output Customer (SIPOC)

SIPOC ist ein Qualitätswerkzeug der Prozessanalyse und des Managementansatzes Six Sigma. Es dient der Analyse aller relevanten Kunden-Lieferanten-Beziehungen im Kontext eines Prozesses und der Entwicklung eines gemeinsamen Prozessverständnisses (vgl. Schmitt & Pfeifer, 2015, S. 594 ff.). *Werkzeug zur Prozessanalyse*

Six Sigma

> *Exkurs: Six Sigma wurde als Qualitätstechnik ursprünglich von Motorola entwickelt, um mittels statistischer Verfahren im gesamten Produktionsprozess Fehler zu verringern (vgl. Köhler, Frank & Schmitt, 2014, S. 258; vgl. Leyendecker, 2016, S. 1077). Die Namensgebung hing dabei mit dem statistischen Schlüsselwert „σ" als Streuungsmaß von Fehlern zusammen. Six Sigma wurde weiterentwickelt und gilt heute als strategischer Ansatz im Qualitätsmanagement, verbunden mit einem eigenständigen Führungssystem. Im Zentrum von Six Sigma steht dabei, so Zollondz, nicht zwingend die statistisch nachweisbare Fehlerreduktion, sondern die systematische, zielgerichtete und projektorientierte Arbeitsweise zur Optimierung von Prozessen (vgl. 2011, S. 403). Insofern ist Six Sigma auch im Bereich von Sozialunternehmen anwendbar. Einzelne Qualitätstechniken werden in diesem Lehrbuch vorgestellt.*

Arbeitsschritte von SIPOC

Die einzelnen Arbeitsschritte von SIPOC können folgendermaßen beschrieben werden (vgl. Schmitt & Pfeifer, S. 595 f.):

- **Process**: Der Gesamtprozess wird festgelegt, insbesondere Anfangs- und Endpunkt. Der Prozess wird in Prozessschritte gegliedert.

- **Input**: Alle relevanten Eingaben des Prozesses werden erfasst.

- **Supplier**: In Verbindung mit den Eingaben werden die internen und externen Lieferanten benannt.

- **Output**: Die Prozessergebnisse sind zu ermitteln.

- **Customer**: Interne und externe Kunden müssen ermittelt werden.

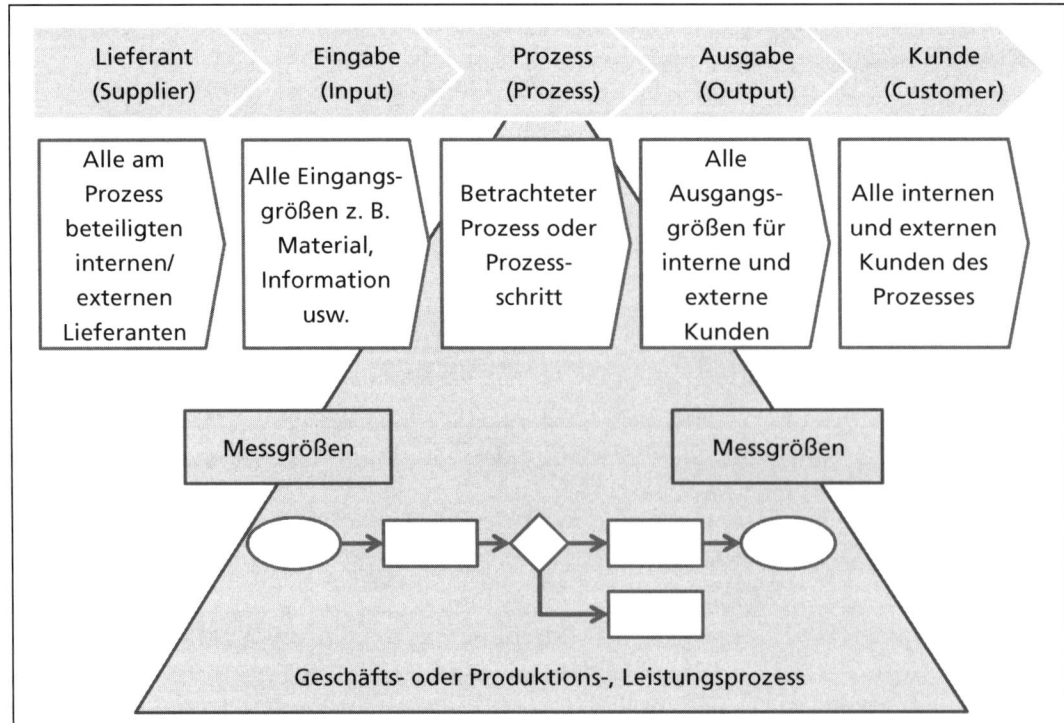

Abb. 45: Schema der SIPOC-Analyse (Schmitt & Pfeifer, 2015, 595)

Abschließend sind für alle Eingaben und Ausgaben des Prozesses Messgrößen zu bestimmen. Maßgebend sind dabei die Qualitätsforderungen aus Kundensicht sowie aus Prozessperspektive. Für personenbezogene Dienstleistungsprozesse ist die Festlegung statistischer Messgrößen kaum möglich, aber auch nicht zwingend erforderlich. Wichtig ist hingegen, operationalisierte Indikatoren zu benennen. Die SIPOC-Analyse wird meist in Form einer Matrix dargestellt.

Messgrößen bestimmen

Prozess:				
Supplier	Input (Messgröße)	Prozessschritt	Output (Messgröße)	Customer

Abb. 46: SIPOC-Matrix

7.3.6 Critical to Quality Analyse (CtQ)

Die Critical to Quality Analyse ist ebenfalls eine Qualitätstechnik aus Six Sigma. Sie wird eingesetzt, um die erfolgskritischen Merkmale eines Produkts, Prozesses oder Systems zu erfassen, welche sich unmittelbar auf die vom Kunden wahrgenommene Qualität auswirken.

Erfassung erfolgskritischer Merkmale

Dabei werden drei Arten kritischer Qualitätsmerkmale unterschieden (Schmitt & Pfeifer, 2015, S. 548):

- **Kundenkritische Merkmale** (Was ist den Kunden wichtig?),

- **Prozesskritische Merkmale** (Was ist für die Leistungserstellung wichtig?)

- **Vorgaben bzw. normativkritische Merkmale** (Welche gesetzlichen Vorgaben oder Standards sind zu berücksichtigen?)

Der Kern des methodischen Vorgehens besteht darin, Qualitätsforderungen systematisch zu operationalisieren. Dies geschieht in einem Dreischritt (vgl. Lunau, 2007, S. 36; vgl. Benes & Groh, 2017, S. 201):

Systematische Operationalisierung von Qualitätsforderungen

- Zunächst werden Kundenaussagen im Originalton gesammelt,

- dann sukzessive zu Kernthemen oder auch Treibern zusammengefasst

- und schließlich messbare qualitätskritische Merkmale abgeleitet.

Für die Darstellung eignet sich eine tabellarische Form (Matrix) oder Baumstruktur.

Nachfolgendes Beispiel operationalisiert mögliche Aussagen von Eltern einer Kindertagesstätte.

Kundenaussage	Kernthemen/Treiber	Qualitätskritische Merkmale
„Ich werde von Team unfreundlich behandelt"	Freundlichkeit des Personals	Die Frage nach der Freundlichkeit des Personals muss bei der jährlichen Elternbefragung mindestens zu 95 % positiv beantwortet werden.
„Beim Abholen ist es reine Glückssache, mal mit einer Betreuerin noch kurz sprechen zu können"	Bring- und Abholzeit	In der Abholzeit Doppelbesetzung einplanen.
„Ich erfahre immer zu kurzfristig, wenn ein Ausflug geplant ist. Mein Kind ist dann nicht richtig angezogen"	Information über Ausflüge und aktuelle Projekte	Die Eltern werden über Ausflüge mind. zwei Werktage im Voraus durch einen Aushang am Schwarzen Brett informiert.

Abb. 47: Beispiel einer Critical to Quality Matrix

8. Qualität und Kosten

Der Zusammenhang zwischen Qualität und Kosten beziehungsweise Wirtschaftlichkeit wird in der allgemeinen Fachliteratur als wichtiger Aspekt des Qualitätsmanagements beschrieben. Im Bereich von Sozialunternehmen wird diese Thematik jedoch meist nur unter allgemeinen Gesichtspunkten diskutiert. Das Hauptaugenmerk gilt dabei der Frage nach der Vereinbarkeit fachlicher, professioneller und betriebswirtschaftlicher Logik.

Wirtschaftlichkeits-überlegungen

Im Folgenden wird der Zusammenhang zwischen Qualität und Kosten spezifischer beleuchtet und erläutert, was unter qualitätsbezogenen Kosten zu verstehen ist, wie diese Kosten erfasst und schließlich auch gesteuert werden können.

Traditionell werden Qualitätskosten funktional gegliedert. Klassischerweise wird auf eine Systematik Feigenbaums (1955) zurückgegriffen, der Fehlerverhütungs-, Prüf- und Fehlerkosten unterscheidet.

Traditionell: funktionale Gliederung

- **Fehlerverhütungskosten** erfassen fehlerverhütende und fehlervorbeugende Kosten im Zusammenhang mit Maßnahmen der Qualitätssicherung. Darunter fallen Tätigkeiten wie Qualitätsplanungen, Prüfplanungen, Schulungen zum Qualitätsmanagement, interne Qualitätsaudits, organisatorische Stellen zur internen Organisation des Qualitätsmanagements oder Programme der Qualitätsverbesserung.

- **Prüfkosten** bezeichnen alle vorgesehenen, planmäßigen Qualitätsprüfungen. Hier entstehen Kosten etwa für Messvorrichtungen, notwendigen Einsatz von Personal oder die Erstellung von Qualitätsgutachten.

- **Fehlerkosten** schließlich entstehen, wenn Produkte oder Dienstleistungen nicht den geplanten Qualitätsforderungen entsprechen. Es werden interne und externe Fehlerkosten unterschieden.

Geiger und Kotte haben diese Systematik durch Hinzunahme externer Qualitätsdarlegungskosten ergänzt (vgl. 2005, S. 264 f.). Diese umfassen insbesondere Kosten durch externe Auditierungen und Zertifizierungen, einschließlich der notwendigen Vorbereitungsarbeiten.

Ergänzung: externe Qualitäts-darlegungskosten

Durch Fehlerverhütung und Qualitätsprüfung verringern sich Fehlerkosten und insgesamt die Qualitätskosten. Gleichzeitig steigen Fehlerverhütungs- und Prüfkosten an. Ein optimales Qualitätskostenniveau ist erreicht, wenn die Qualitätskosten minimiert sind und eine weitere Steigerung von Fehlerverhütungs- und Prüfkosten zur Unwirtschaftlichkeit führen würden. Diese klassische Erfassung qualitätsbezogener Kosten ist auch heute noch weit verbreitet. Qualitätsmanagement wurde bis in die 1980er Jahre primär im Sinne von Qualitätskontrolle verstanden. 1985 hat die Deutsche Gesellschaft für Qualität (= DGQ) ein Rahmenwerk veröffentlicht, das diesem traditionellen Qualitätskostenverständnis entspricht und bis heute maßgebend ist (vgl. Schmitt & Pfeifer, 2015, S. 331).

Optimales Qualitäts-kostenniveau

Eine erweiterte Betrachtung qualitätsbezogener Kosten stellt die zusätzliche Berücksichtigung von Opportunitätskosten dar. Opportunitätskosten als „entgangene Erlöse aufgrund mangelnder Qualität" (Schmitt & Pfeifer, 2015, S. 333) entstehen, wenn z. B. Produkte oder Leistungen quantitativ oder qualitativ nicht ausreichend erbracht werden können, daher weniger oder nicht in Anspruch genommen werden und dadurch

Berücksichtigung von Opportunitätskosten

Erlöse entfallen. Diese Kostenart kann im Rahmen der Kostenrechnung separat ausgewiesen und in Bezug auf Kundenzufriedenheit interpretiert werden.

Modern: Konformitätskosten, Non-Konformitäts-kosten

Mit zunehmend integrativen Qualitätsmanagementsystemen verliert die traditionelle funktionale Einteilung von Qualitätskosten an Informationswert. Basierend auf den Überlegungen Crosbys werden „Kosten der Übereinstimmung" mit Qualitätsforderungen (Konformitätskosten) von „Kosten der Abweichung" (Non-Konformitätskosten) unterschieden (Crosby, 1984).

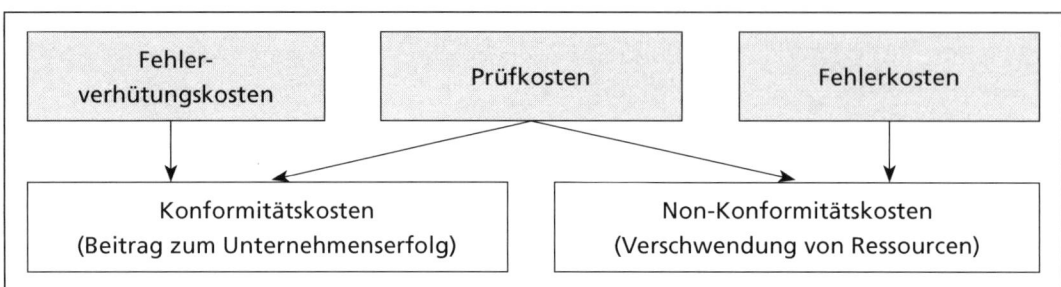

Abb. 48: Neugliederung von Qualitätskosten (mod. n. Schmitt & Pfeifer, 2015, S. 334)

Prozessorientierte Betrachtung

Mit der Neugliederung der Qualitätskosten nach Crosby ist tendenziell eine prozessorientierte Kostengliederung gegeben (vgl. Schmitt & Pfeifer, 2015, S. 334). Eine vollständige prozessorientierte Betrachtung von Qualitätskosten ist aber erst möglich, wenn die Relation von Kosten und Qualitätsforderungen konsequent auf den Wertschöpfungsprozess übertragen wird (vgl. Tomys, 1994). Prinzipiell ist hierfür eine Analyse der gesamten Wertschöpfungskette erforderlich. Es sind die Prozesse beziehungsweise Tätigkeiten zu eruieren, die Wertschöpfung steigern beziehungsweise stützen oder aber Wertschöpfung verringern beziehungsweise keinen erkennbaren Wertzuwachs erzielen.

In Sozialunternehmen sind diesem Ansatz naturgemäß Grenzen gesetzt, wenn von einem rein quantitativen Wertschöpfungsverständnis ausgegangen wird. Schmitt und Pfeifer empfehlen daher bei der Bewertung von Qualitätskosten hinsichtlich der Wertschöpfung des Unternehmens, die Integration strategisch orientierter Kennzahlen- und Planungssysteme, wie die Balanced Scorecard, um monetäre und nicht monetäre Kenngrößen zusammenzuführen (vgl. 2015, S. 339).

Teil 2: Qualitätsmanagementsysteme und -konzepte

Dieser zweite Teil dient der Darstellung wichtiger Qualitätsmanagementsysteme und -konzepte. Dabei sind solche Qualitätsmanagementsysteme und -konzepte Gegenstand der Betrachtung, die dem Anspruch einer unternehmensweiten, integrierten Steuerung gerecht werden. Als branchenübergreifende Qualitätsmanagementsysteme wurden die DIN EN ISO 9001:2015, EFQM und – als weitere Option – das Aachener Qualitätsmanagementmodell ausgewählt. Daran schließt sich mit KTQ für das Gesundheitswesen und GAB für die Soziale Arbeit die Darstellung zweier branchenspezifischer Qualitätsmanagementkonzepte an.

Im Fachdiskurs werden verschiedene Begriffe parallel geführt. Es wird von Qualitätsmanagementsystemen, -modellen, -ansätzen, -verfahren oder -konzepten gesprochen. So wird etwa die DIN EN ISO 9001 sowohl als System oder Modell bezeichnet. EFQM gilt ebenso als Qualitätsmodell wie auch als TQM-Ansatz. Eine Begründung der Begriffswahl fehlt meistens. Hier wird von Qualitätsmanagementsystem die Rede sein, um besonders den unternehmensweiten Steuerungsanspruch zu verdeutlichen.

9. Branchenübergreifende Qualitätsmanagementsysteme

Die DIN EN ISO 9001 sowie EFQM sind im internationalen Bereich die am stärksten verbreiteten Qualitätsmanagementsysteme. Sie werden daher ausführlich vorgestellt. Zollondz weist in diesem Kontext allerdings zu Recht darauf hin, dass zwischen dem Verbreitungsgrad des Systems und dessen Qualität kein zwingender Zusammenhang besteht und machtpolitische – und zu ergänzen wären auch wirtschaftliche – Interessen zentrale Einflussfaktoren darstellen (vgl. Zollondz, 2011, S. 364). Daher wird in Anlehnung an die Überlegungen Zollondz als weitere Alternative das Aachener Qualitätsmanagementmodell vorgestellt.

9.1 DIN EN ISO 9000 ff.

9.1.1 Entwicklung und Struktur der DIN EN ISO 9000er Normenreihe

Normen bezeichnen in diesem Zusammenhang verbindliche Festlegungen und Regelungen, letztlich Forderungen an die Erstellung von Produkten oder Leistungen. Eine Norm ist laut Definition des Deutschen Instituts für Normung e. V. (DIN) „ein Dokument, das mit Konsens erstellt und von einer anerkannten Institution angenommen wurde. Es legt für die allgemeine und wiederkehrende Anwendung Regeln, Leitlinien oder Merkmale für Tätigkeiten oder deren Ergebnisse fest" (2016, S. 6). Die Entwicklung überbetrieblicher deutscher Normen (DIN-Normen) ist „eine Aufgabe der Selbstverwaltung der Wirtschaft unter Einschluss der interessierten behördlichen Stellen" (Benes & Groh, 2017, S. 291). Die Koordination dieser Normentwicklungsprozesse übernimmt das Deutsche Institut für Normung. Für die Entwicklung von Normen auf europäischer Ebene (EN-Normen) sind die europäischen Normungsorganisationen CEN (Europäisches Komitee für Normung), CENELEC (Europäisches Komitee für elektrotechnische Normung) und ETSI (Europäisches Institut für Telekommunikationsnormen) zuständig. Und die Entwicklung internationaler Normen (ISO-Normen) wird durch die Internationale Organisation für Normung gesteuert.

Begriff der Norm

Entwicklung der DIN EN ISO 9000er Normenreihe

Zunehmende Anforderungen an die Qualität von Produkten und Leistungen führten zur Entwicklung qualitätsbezogener Normen (vgl. Benes & Groh, 2017, S. 290). Die DIN EN ISO 9000 ff. Normenreihe oder -gruppe wurde 1987 im Bereich der Industrie eingeführt und hat sich heute branchenübergreifend etabliert. Die 9000er Normenreihe beinhaltet grundlegende Elemente von und Anforderungen an Qualitätsmanagementsysteme und umfasst vier verschiedene Einzelnormen (vgl. Pfitzinger, 2016, S. 15; vgl. Benes & Groh, 2017, S. 304 f.). Die erste Zahl bezeichnet die Norm, die zweite den Revisionsstand:

- **DIN EN ISO 9000:2015 – Qualitätsmanagementsysteme – Grundlagen und Begriffe**: In dieser Norm werden die Grundlagen von Qualitätsmanagementsystemen erklärt sowie relevante Begriffe definiert (vgl. DIN, 2015a).

- **DIN EN ISO 9001:2015 – Qualitätsmanagementsysteme – Anforderungen**: Diese Norm beschreibt die Anforderungen an Qualitätsmanagementsysteme und stellt die Grundlage für Zertifizierungen dar (vgl. DIN, 2015b).

- **DIN EN ISO 9004:2009 – Leiten und Lenken für den nachhaltigen Erfolg einer Organisation – Ein Qualitätsmanagementansatz**: Diese Norm ist direkt zur DIN EN ISO 9001:2015 anschlussfähig. Sie stellt einen Leitfaden zur Implementierung und Verbesserung eines bestehenden Qualitätsmanagementsystems nach 9001:2015 dar. Eine Zertifizierung nach dieser Norm ist nicht möglich (vgl. DIN, 2009).

- **DIN EN ISO 19011:2011 – Leitfaden zur Auditierung von Managementsystemen**: In dieser Norm wird die Durchführung und Auswertung externer und interner Auditierungen jeder Art von Managementsystemen beschrieben (vgl. DIN, 2011).

Gemeinsame Systematik: High Level Structure

Im aktuellen Revisionsstand der DIN EN ISO 9000 und 9001 wurden nochmals formale und sprachliche Vereinheitlichungen vorgenommen, um die Kompatibilität der Normenreihe mit anderen Managementsystemen beziehungsweise Systemnormen zu verbessern. Diese gemeinsame Systematik wird High Level Structure genannt. Durch diese Angleichung sollen Mehrfachzertifizierungen vereinfacht und die Strukturierung sowie Darstellung des internen Qualitätsmanagementsystems erleichtert werden (vgl. Hinsch, 2014, S. 5). Die in der DIN EN ISO 9001:2015 beschriebenen Anforderungen sind daher sehr allgemein gehalten. Es werden grundsätzlich keine inhaltlichen Aussagen gemacht. „Ziel der Norm ist also nicht die Normierung der einzelnen Qualitätsmanagementsysteme, sondern das Schaffen eines Katalogs von Anforderungen, mit dem die Qualitätsmanagementsysteme unterschiedlicher Unternehmen gemessen und verglichen werden können" (Brugger-Gebhardt, 2016, S. 4).

9.1.2 Managementgrundsätze der DIN EN ISO 9000 ff.

Die Philosophie der DIN EN ISO 9000er Normenreihe beruht auf sieben Grundsätzen des Qualitätsmanagements. Diese Grundsätze werden in der DIN EN ISO 9000:2015 (DIN, 2015a, S. 13 ff.) ausführlich erläutert, in der DIN EN ISO 9001:2015 (DIN, 2015b, S. 10) nur benannt und in der DIN EN ISO 9004:2011 (DIN, 2009, S. 113ff.) um einen Grundsatz erweitert und leicht modifiziert beschrieben.

Die sieben Grundsätze des Qualitätsmanagements der DIN EN ISO 9000 ff. können wie folgt interpretiert werden (vgl. Reimann, 2016, S. 14 ff.):

Grundsätze des Qualitätsmanagement nach DIN

1. **Kundenorientierung:** Für die Bestimmung beziehungsweise die Bewertung von Qualität sind in erster Linie die Forderungen der Anspruchsgruppen beziehungsweise Kunden maßgebend. Die Zufriedenheit der Anspruchsgruppen soll nicht nur getroffen, sondern gesteigert werden. Dabei sind nicht nur vertraglich definierte Qualitätsforderungen, sondern auch nicht ausdrücklich dokumentierte Erwartungen zu ermitteln.

2. **Führung:** Die Führung eines Unternehmens hat die Gesamtverantwortung für die Qualität der angebotenen Leistungen. Diese Verantwortung muss glaubhaft vermittelt werden und bedeutet insbesondere, notwendige Ressourcen bereitzustellen und Voraussetzungen zu schaffen, um Qualitätserwartungen relevanter Anspruchsgruppen im Gesamtunternehmen umsetzen zu können. Diese operativen Führungsaktivitäten müssen an der grundlegenden Unternehmenspolitik, den zentralen Zielen und den eingeschlagenen Strategien ausgerichtet werden.

3. **Einbeziehung von Personen:** Mit Blick auf Mitwirkungsbereitschaft und Motivation sollen Mitarbeitende grundsätzlich Möglichkeiten der Partizipation haben. Dieser Grundsatz realisiert sich in der Kompetenzentwicklung der Mitarbeitenden im Kontext von Personalförderung und -entwicklung und der zielgerichteten Zuteilung von Befugnissen und Verantwortung. Mitarbeiter sollten auch bei der Einführung eines Qualitätsmanagementsystems rechtzeitig und systematisch einbezogen werden.

4. **Prozessorientierter Ansatz:** Qualitätsforderungen sind effizient und wirksam umzusetzen, wenn die notwendigen Abläufe und beteiligten Stellen als gemeinsamer und zu koordinierender Wertschöpfungsprozess verstanden werden. Das bedeutet, Prozesse systematisch zu erfassen, hinsichtlich der Schnittstellen und Wechselwirkungen zu beschreiben, zu erfassen, zu messen und kontinuierlich zu steuern.

5. **Verbesserung:** Prozesse werden entlang des PDCA-Zyklus gesteuert. Voraussetzung dafür sind geeignete Indikatoren und Messverfahren. Ziel ist nicht nur die Verbesserung einzelner Prozesse, sondern letztlich die erfolgreiche Anpassung des Unternehmens an externe Anforderungen.

6. **Faktenbasierte Entscheidungen:** Entscheidungen werden auf der Basis nachprüfbarer, aussagekräftiger Informationen getroffen. Das bedeutet einerseits, Prozessergebnisse und Kennzahlen beziehungsweise Indikatoren gestützt zu erfassen und einer Bewertung zugänglich zu machen. Hier muss Qualitätsmanagement eine strukturelle Schnittstelle zum Controlling herstellen. Andererseits sollen auch schwer quantifizierbare Entscheidungssituationen, wie strategische Risikoeinschätzungen oder Problemstellungen im Kontext von Fallplanungen abgesichert werden. Neben Nachweisen können in diesem Zusammenhang auch Kompetenz, Erfahrung und Intuition eine Rolle spielen.

7. **Beziehungsmanagement:** Der letzte Managementgrundsatz bezieht sich auf die systematische Gestaltung der Beziehung zu allen externen wie internen interessierten Anspruchsgruppen beziehungsweise Stakeholdern.

9.1.3 Prozessmodell der DIN EN ISO 9001:2015

Der DIN EN ISO 9001:2015 ist ein Prozessmodell zugrunde gelegt. Es verdeutlicht die zentrale Idee der Norm.

Prozessmodell der DIN EN ISO 9001

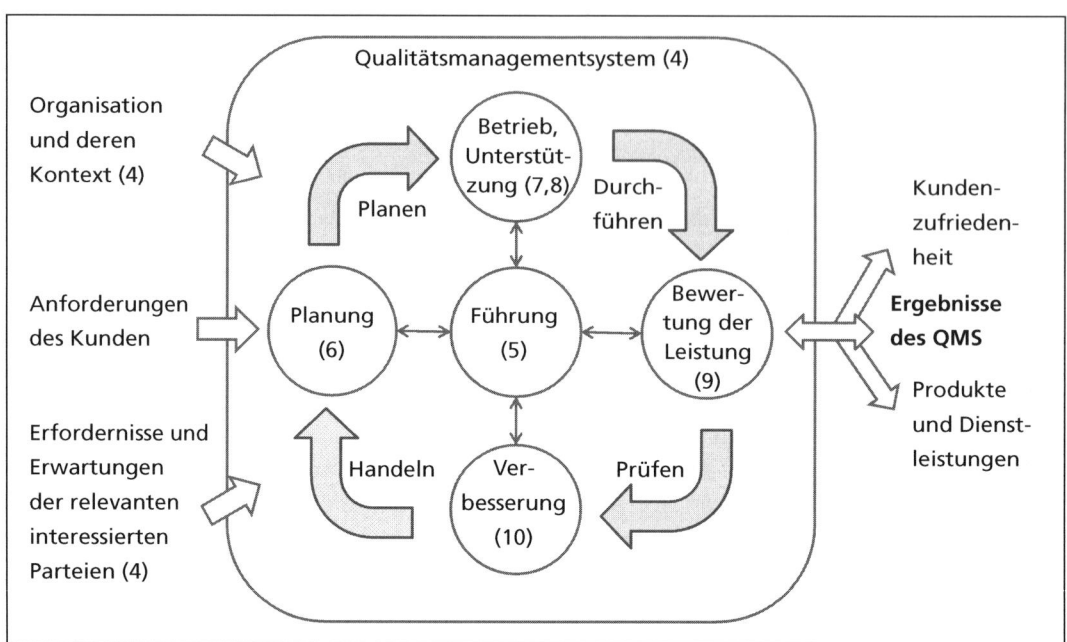

Abb. 49: Prozessmodell der DIN EN ISO 9001 im PDCA-Zyklus (Reimann, 2016, S. 6).

Darstellung von Regelkreisen

Das Prozessmodell zeigt einen inneren und äußeren Regelkreis. Der **äußere** Regelkreis markiert die Qualitätsanforderungen der Kunden beziehungsweise relevanten Anspruchsgruppen (4). Die Qualität der Leistungsprozesse beziehungsweise Produkte bestimmt im Wesentlichen die Zufriedenheit der Anspruchsgruppen. Die Kundenzufriedenheit wiederum wird systematisch erfasst und die Ergebnisse dem Management zugänglich gemacht (9). Hier beginnt der **innere** Regelkreis. Das Management (5) stellt alle notwendigen Ressourcen zur Verfügung (8), um die Leistungsprozesse zu planen (6) und anforderungsgemäß umzusetzen (7). Die Prozesse werden systematisch überwacht, bewertet (9) und notwendige Verbesserungen umgesetzt (10).

Logik des PDCA-Zyklus

Das Prozessmodell der DIN EN ISO 9001 folgt damit der Logik des PDCA-Zyklus (siehe 5.1 „Kontinuierlicher Verbesserungsprozess"). Die in diesem Prozessmodell genannten Zahlen entsprechen der Kapitelstruktur der Norm beziehungsweise der sog. High Level Structure (siehe 9.1.5 „Kapitelstruktur DIN EN ISO 9001:2015).

9.1.4 Änderungen der DIN EN ISO 9001:2015 im Vergleich zur DIN EN ISO 9001:2008

Grundlegende Änderungen 2015

Die DIN EN ISO 9001 wurde 2015 einer großen Revision unterzogen. Neben sprachlichen Angleichungen und einer Vereinfachung der Struktur im Sinne der High Level Structure sind vor allem grundlegende inhaltliche Änderungen vollzogen worden. Die Änderungen der Revision 2015 zum alten Normenstand 2008 sind grundlegend (vgl. Reimann, 2016, S. 17; vgl. Hinsch, 2014, S. 5).

Die wichtigsten Änderungen sind (vgl. Graebig, 2016; vgl. Reimann, 2016; vgl. Hinsch, 2014):

- Die neue DIN EN ISO 9001:2015 zeigt Ansätze einer **Strategie- und Stakeholderorientierung**. Die Unternehmen sind in Kapitel 4 der Norm aufgefordert, den Kontext der Organisation zu beschreiben. Dabei sind strategisch bedeutsame interne und externe Handlungsfelder zu definieren. Reimann (2016, S. 20) fasst die zentralen Felder anschaulich zusammen:

Organisationskontext festlegen

Abb. 50: Einflussfelder des Organisationskontextes (mod. n. Reimann, 2016, S. 20)

- Die neue DIN EN ISO 9001:2015 fokussiert in Kapitel 5 in verstärkter Weise die **Führungsverantwortung**. Die Verantwortung des Managements wird im Revisionsstand 2015 ausführlicher und konkreter beschrieben. Das Management beziehungsweise die oberste Leitung hat die Gesamtverantwortung für die Umsetzung des Qualitätsmanagementsystems. Die Verpflichtung zur Einsetzung eines Qualitätsmanagementbeauftragten wurde hingegen aufgehoben. Die oberste Leitung bestimmt die maßgebende Qualitätspolitik sowie die zentralen Qualitätsziele. Die Qualitätsforderungen relevanter Anspruchsgruppen müssen dabei berücksichtigt werden. Die neue Norm betont, dass das Qualitätsmanagementsystem nicht nur strategisch, sondern auch operativ zu integrieren ist.

Oberste Leitung: Gesamtverantwortung für die QM-Umsetzung

Damit kommt der Führungskompetenz eine besondere Bedeutung zu:

> „Ihr Vorbild [der Führungskraft; der Verf.] und ihre Überzeugungskraft, Mitarbeiter zu motivieren, wird von entscheidender Bedeutung sein, wenn es um die Wirksamkeit des Qualitätsmanagements und dessen ständige Verbesserung geht" (Reimann, 2016, S. 42).

- Erstmals sind Unternehmen nach der DIN EN ISO 9001 verpflichtet, die Vorgehensweise zum **Umgang mit betrieblichen Risiken und Chancen** zu beschreiben. Während in der DIN EN ISO 9001:2008 noch von Vorbeugemaßnahmen die Rede war, wird in Kapitel 6 der neuen Norm gefordert, Maßnahmen zu planen und umzusetzen, um betriebliche Risiken und Chancen zu behandeln. Die Risiken und Chancen ergeben sich im Wesentlichen aus dem Verstehen der Organisation, also der Einschätzung strategischer Optionen und zentraler Erwartungen wichtiger Anspruchsgruppen.

Risiko-Chancen-Analyse

Sonstige Neuerungen Neben diesen besonders zu berücksichtigenden Veränderungen sind viele weitere Aspekte zu beachten, wie u. a.:

- Dienstleistungen werden gleichwertig neben Produktion genannt.
- Qualitätsdokumentation wird nicht mehr differenziert, sondern im Begriff „dokumentierte Information" zusammengefasst. Es müssen keine bestimmten Verfahren mehr dokumentiert werden. Die Verpflichtung zur Erstellung eines Qualitätsmanagementhandbuchs ist entfallen.
- Das Wissen im Unternehmen wird als Ressource betrachtet und muss im Managementsystem berücksichtigt werden.
- Ausgelagerte Leistungen müssen kontrolliert werden.

9.1.5 Kapitelstruktur der DIN EN ISO 9001:2015

Die Kapitel 1 bis 3 beschreiben den Anwendungsbereich (1), die normativen Verweisungen (2) sowie die zentralen Begriffe (3). Für das Qualitätsmanagementsystem im engeren Sinne sind die Kapitel 4 bis 10 maßgebend. Die Kapitel sind in den Normen inhaltlich näher ausgeführt.

In diesem Kontext werden lediglich exemplarisch und zusammengefasst diese inhaltlichen Konkretisierungen vorgestellt. Nachfolgend wird die Kapitelstruktur der sog. High Level Structure und dann der DIN EN ISO 9001:2015 dargestellt.

High Level Structure

Normabschnitt
1   Anwendungsbereich
2   Normative Verweisungen
3   Begriffe
4   Kontext der Organisation 4.1 Verstehen der Organisation und ihres Kontextes 4.2 Verstehen der Erfordernisse und Erwartungen interessierter Parteien 4.3 Festlegen des Anwendungsbereichs des Qualitätsmanagementsystems 4.4 XXXmanagementsystem
5   Führung 5.1 Führung und Verpflichtung 5.2 Politik 5.3 Rollen, Verantwortlichkeiten und Befugnisse in der Organisation
6   Planung 6.1 Maßnahmen zum Umgang mit Risiken und Chancen 6.2 XXXziele und Planung zu deren Erreichung 6.3 Planung von Änderungen
7   Unterstützung 7.1 Ressourcen 7.2 Kompetenz 7.3 Bewusstsein 7.4 Kommunikation 7.5 Dokumentierte Information

8	Betrieb
8.1	Betriebliche Planung und Steuerung
9	Bewertung der Leistung
9.1	Überwachung, Messung, Analyse und Bewertung
9.2	Interne Audits
9.3	Managementbewertung
9	Verbesserung
9.1	Nichtkonformitäten und Korrekturmaßnahmen
9.2	Fortlaufende Verbesserung

Abb. 51: High Level Structure

Kapitelstruktur der DIN EN ISO 9001:2015

Normabschnitt		
1	Anwendungsbereich	
2	Normative Verweisungen	
3	Begriffe	
4	Kontext der Organisation	Normabschnitt 4.1
4.1	Verstehen der Organisation und ihres Kontextes	Die Organisation muss externe und interne Themen bestimmen, die für ihren Zweck und ihre strategische Ausrichtung relevant sind und sich auf ihre Fähigkeit auswirken, die beabsichtigten Ergebnisse ihres Qualitätsmanagementsystems zu erreichen.
4.2	Verstehen der Erfordernisse und Erwartungen interessierter Parteien	
4.3	Festlegen des Anwendungsbereichs des Qualitätsmanagementsystems	
4.4	Qualitätsmanagementsystem und seine Prozesse	Die Organisation muss Informationen über externe und interne Themen überwachen und überprüfen.
5	Führung	Normabschnitt 5.1
5.1	Führung und Verpflichtung	Die oberste Leitung muss in Bezug auf das Qualitätsmanagementsystem Führung und Verpflichtung zeigen, indem sie:
5.2	Politik	
5.3	Rollen, Verantwortlichkeiten und Befugnisse in der Organisation	a) die Rechenschaftspflicht für die Wirksamkeit des Qualitätsmanagementsystems übernimmt;
		b) sicherstellt, dass die Qualitätspolitik und die Qualitätsziele für das Qualitätsmanagementsystem festgelegt und mit dem Kontext und der strategischen Ausrichtung der Organisation vereinbar sind
		c) sicherstellt, dass die Anforderungen des Qualitätsmanagementsystems in die Geschäftsprozesse der Organisation integriert werden
		d) ...

6	Planung
6.1	Maßnahmen zum Umgang mit Risiken und Chancen
6.2	Qualitätsziele und Planung zu deren Erreichung
6.3	Planung von Änderungen
7	Unterstützung
7.1	Ressourcen
7.2	Kompetenz
7.3	Bewusstsein
7.4	Kommunikation
7.5	Dokumentierte Information
8	Betrieb
8.1	Betriebliche Planung und Steuerung
8.2	Anforderungen an Produkte und Dienstleistungen
8.3	Entwicklung von Produkten und Dienstleistungen
8.4	Steuerung von extern bereitgestellten Produkten und Dienstleistungen
8.5	Produktion und Dienstleistungserbringung
8.6	Freigabe von Produktion und Dienstleistungen
8.7	Steuerung nicht konformer Ergebnisse
9	Bewertung der Leistung
9.1	Überwachung, Messung, Analyse und Bewertung
9.2	Interne Audits
9.3	Managementbewertung
10	Verbesserung
10.1	Nichtkonformitäten und Korrekturmaßnahmen
10.2	Fortlaufende Verbesserung

Abb. 52: Kapitelstruktur der DIN EN ISO 9001:2015

9.1.6 Auditierung, Akkreditierung und Zertifizierung

Qualitätsaudits Die DIN EN ISO 9001:2015 beschreibt Anforderungen an ein Qualitätsmanagementsystem. Qualitätsaudits stellen einen methodischen Weg dar, um die Einhaltung der Forderungen zu überprüfen. „Ein Audit ist ein systematischer, unabhängiger und dokumentierter Prozess zum Erlangen von objektiven Nachweisen und zu deren objektiver Auswertung, um zu bestimmen, inwieweit Auditkriterien erfüllt sind" (DIN, 2015a, S. 59). Die das Audit durchführende Person wird Auditor genannt (vgl. ebd., S. 63).

Es können drei Auditarten unterschieden werden (vgl. Benes & Groh, 2017, S. 309; vgl. *Auditarten*
Herrmann & Fritz, 2011, S. 225):

```
                          ┌──────────────────┐
                          │  Qualitätsaudits │
                          └──────────────────┘
```

Systemaudits	Prozessaudits	Produktaudits
Beurteilung der Elemente eines Managementsystems bezüglich ihrer Existenz und Effizienz	Überprüfen einzelner Verfahren und Prozesse auf Einhaltung und Zweckmäßigkeit	Untersuchung von Produkten auf Übereinstimmung mit den geforderten Qualitätsmerkmalen
Ziel: Feststellen, ob das System dem geforderten Zustand entspricht	**Ziel:** Feststellen, inwieweit der Prozess das geforderte Ergebnis zuverlässig liefert	**Ziel:** Bewertung der Produktqualität
Grundlagen: dem System zugrunde liegende Normen Systemdokumentation Aufzeichnungen	**Grundlagen:** Fertigungs- und Prüfpläne Qualifikation des Personals Wartungsnachweise für die Infrastruktur	**Grundlagen:** Zeichnungen Tabellen Produktspezifikationen

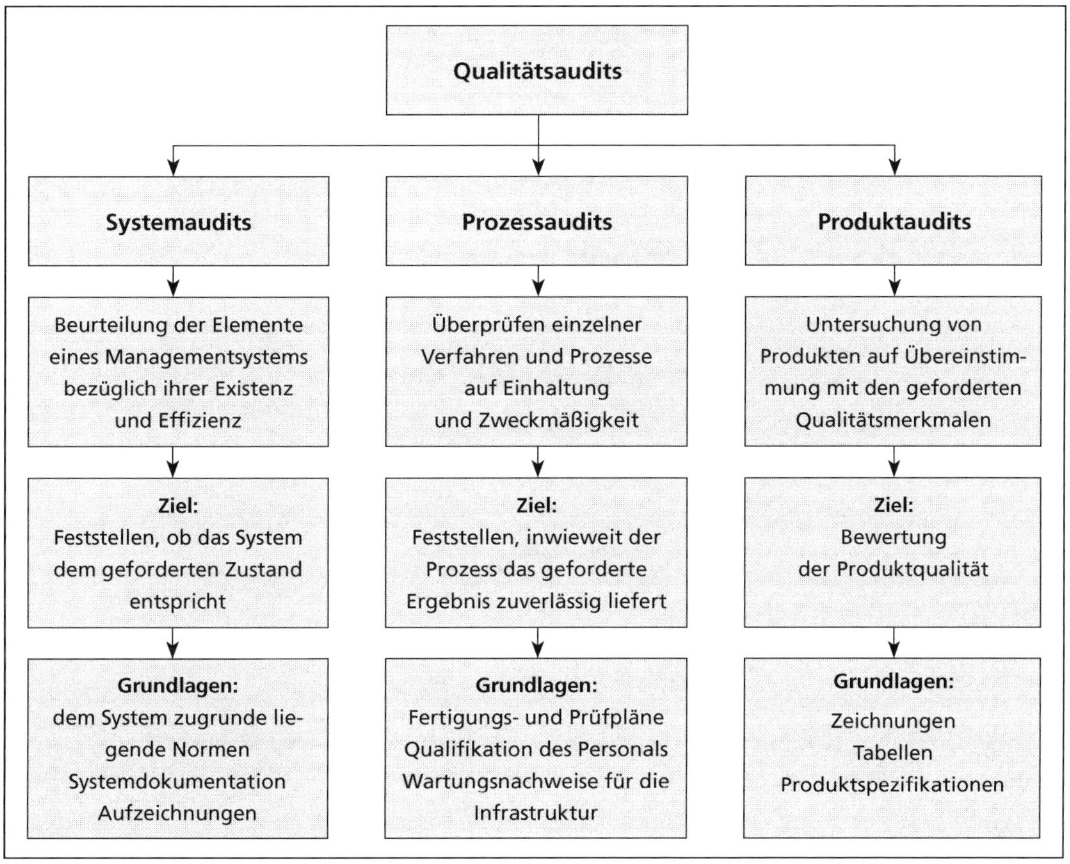

Abb. 53: Auditarten (Herrmann & Fritz, 2011, S. 225)

Herrmann und Fritz weisen darauf hin, dass Systeme, Prozesse und Produkte sehr unterschiedlichen Forderungen unterliegen und die Verfahren der Überprüfung daher ebenfalls divergieren.

Eine weitere Unterscheidung besteht zwischen internen und externen Audits:

- **Interne Audits,** auch als **first party audits** bezeichnet, werden von unternehmenseigenen Auditoren durchgeführt. Im Normabschnitt 9.2 der DIN EN ISO 9001:2015 sind hierzu Regelungen zu finden. Die Auditoren prüfen dabei Unternehmensbereiche, denen sie selbst nicht angehören. *Interne, externe Audits*

- **Externe Audits** können zum einen in einer Anbieterorganisation durchgeführt werden. Diese werden Lieferantenaudits oder **second party audits** genannt. Zum anderen kann es sich auch um Audits handeln, die durch eine Zertifizierungsstelle durchgeführt werden mit dem Ziel Zertifizierung. Diese Audits werden als **third party audits** bezeichnet.

Ablauf eines Audits Der Ablauf eines Systemaudits ist nach dem Leitfaden zur Auditierung in der DIN EN ISO 19011:2011 wie folgt strukturiert:

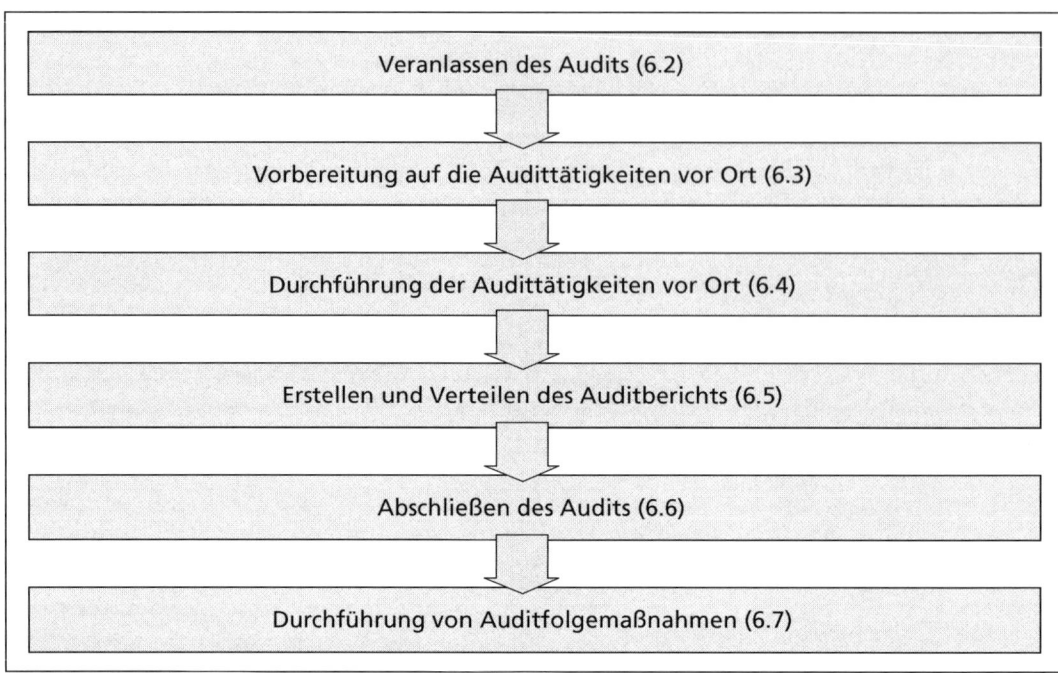

Abb. 54: Ablauf eines Audits (mod. n. DIN EN ISO 19011, 2011, S. 30)

Zertifizierung: formale Konformitäts- bewertung Nach der Einführung eines Qualitätsmanagementsystems nach der DIN EN ISO 9001:2015 besteht die Möglichkeit einer externen Zertifizierung. Unter einer Zertifizierung ist grundsätzlich die Bestätigung der Normkonformität des Qualitätsmanagementsystems durch eine dafür zugelassene Stelle zu verstehen.

Akkreditierte Zertifizierungs- gesellschaften Zertifizierungsgesellschaften müssen selbst akkreditiert sein, um Konformitätsbewer-tungen durchführen zu dürfen. Die Anforderungen hierfür sind in der DIN EN ISO 17021:2015 (Konformitätsbewertung – Anforderungen an Stellen, die Managementsys-teme auditieren und zertifizieren) geregelt.

Ablauf einer Zertifizierung Der Ablauf eines Zertifizierungsverfahrens aus dem Blickwinkel einer Zertifizierungsstelle ist in der DIN EN ISO 17021:2015 beschrieben (vgl. DIN, 2015c). Die nachfolgenden Erläu-terungen berücksichtigen zusätzlich Angaben der Zertifizierungspraxis aus Sicht von Kon-formitätsbewertungsstellen (vgl. Drechsel, 2014; Herrmann & Fritz, 2011, S. 239 ff.).

Vor einer vertraglichen Vereinbarung und vor Beginn des eigentlichen Zertifizierungs-verfahrens sind grundlegende Fragen zu klären, insbesondere die Art der Zertifizie-rung, der Geltungsbereich und die zentralen Ziele, die mit der Zertifizierung verbunden werden. Für den Vertragsabschluss entwickelt die Zertifizierungsstelle ein Angebot, das den inhaltlichen Umfang und den zeitlichen Ablauf des Verfahrens umfasst.

Tätigkeiten vor dem Zertifizierungs- verfahren Nach Vertragsabschluss ist wahlweise ein Voraudit möglich. Dabei werden ausgewählte Bereiche oder Prozesse bewertet, erste erkennbare Handlungsbedarfe und mögliche Verbesserungspotenziale aufgezeigt und grundsätzlich die Zertifizierungsreife des Unternehmens eingeschätzt.

Erstzertifizierung Bei einer Erstzertifizierung sieht das Verfahren nach der DIN EN ISO 17021:2015 zwei Stufen vor:

In der ersten Stufe, die auch als Systemanalyse bezeichnet wird, ist die Prüfung der Dokumentation des Qualitätsmanagementsystems vorgesehen. Gegenstand einer Beurteilung sind zudem die standortbezogenen Bedingungen des Unternehmens und das Grundverständnis des Unternehmens für die Anforderungen des Qualitätsmanagementsystems, insbesondere hinsichtlich der Schlüsselleistungen. Beurteilt werden ferner die Ergebnisse der Managementbewertungen und der internen Audits, die Rückschlüsse zulassen, inwieweit eine weitergehende Beurteilung auf Stufe 2 sinnvoll erscheint. In der ersten Stufe wird schließlich auch der Geltungsbereich des Qualitätsmanagementsystems geklärt und eine zeitliche und inhaltliche Planung der nächsten Bewertungsstufe vorgenommen.

1. Stufe:
Systemanalyse

Die zweite Stufe bezeichnet das eigentliche Zertifizierungsaudit, manchmal auch Systembewertung genannt. Hier wird das Qualitätsmanagementsystem umfassend in Bezug auf Normkonformität geprüft und bewertet. Beurteilt werden die Überwachung der Leistungen sowie die Messung und Berichterstattung hinsichtlich der Schlüsselprozesse. Bewertet werden schließlich auch die operative Prozesssteuerung, das Vorgehen bei intern Audits und Managementbewertungen sowie die Führungsverantwortung und die Kundenorientierung.

2. Stufe:
Zertifizierungsaudit,
Systembewertung

Nach einem Einführungsgespräch werden schrittweise die Unternehmensleitung und alle Funktionsbereiche auditiert. Maßgebend sind Begehungen, Interviews und Einsichtnahme in relevante Nachweisdokumente. In einem abschließenden Gespräch werden die Ergebnisse, insbesondere festgestellte Schwachstellen und Verbesserungspotentiale vorgestellt. War die Begutachtung erfolgreich, empfiehlt das Auditorenteam die Zertifikatserteilung. Gegebenenfalls ist die Zertifizierung mit Auflagen und einer Nachauditierung verknüpft. Das Zertifikat wird abschließend durch einen Zertifizierungsausschuss erteilt.

Ablauf der
Zertifizierung

Tätigkeiten vor der Zertifizierung
- Klärung Art, Geltungsbereich und Ziele der Zertifizierung
- Angebotsentwicklung
- Vertragsabschluss

Voraudit (optional)
- Bewertung ausgewählter Bereiche/Prozesse
- Identifizierung von Handlungsbedarfen/Verbesserungspotentialen

Stufe 1 (Systemanalyse)
- Prüfung der QM-Dokumentation
- Prüfung Standortbedingungen
- Prüfung Grundverständnis hinsichtlich Anforderungen des Qualitätsmanagementsystems
- Beurteilung Ergebnisse Managementbewertungen und interne Audits

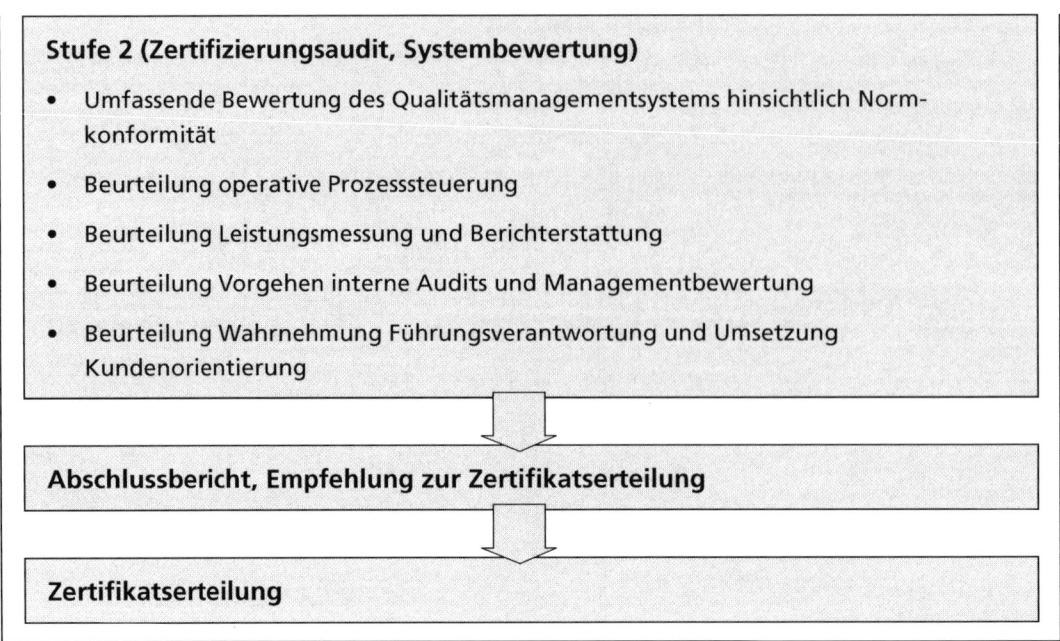

Abb. 55 Prinzipieller Ablauf eines Zertifizierungsverfahrens

Das Zertifikat hat eine Laufzeit von drei Jahren. Während der Laufzeit sind jährliche externe Überwachungsaudits vorgesehen. Zudem können interne Audits in ähnlicher zeitlicher Folge sinnvoll sein. Eine Rezertifizierung ist vor Ablauf der dreijährigen Gültigkeit vorgesehen.

9.1.7 Struktur und Excellenceorientierung der DIN EN ISO 9004:2009

Nachhaltiger Erfolg auf der Basis von QM-Systemen

Die DIN EN ISO 9004:2009 („Leiten und Lenken für den nachhaltigen Erfolg einer Organisation") geht über die DIN EN ISO 9001 (Revisionsstand 2009) hinaus, sie „betrachtet Qualitätsmanagement in einem weiter gefassten Rahmen als ISO 9001; sie behandelt die Erfordernisse und Erwartungen aller relevanten interessierten Parteien und bietet eine Anleitung für die systematische und ständige Verbesserung der Gesamtleistung der Organisation" (2009, S. 6).

Die DIN EN ISO 9001 hat sich mit dem Revisionsstand 2015 erheblich weiter entwickelt im Vergleich zum Revisionsstand 2009, insbesondere hinsichtlich Kunden-, Strategie- und Prozessorientierung. Die Unterschiede zur DIN EN ISO 9004:2009 sind daher insgesamt kleiner geworden.

Normabschnitt	
1	Anwendungsbereich
2	Normative Verweisungen
3	Begriffe
4	Leiten und Lenken für den nachhaltigen Erfolg einer Organisation
4.1	Allgemeines
4.2	nachhaltiger Erfolg
4.3	Das Umfeld der Organisation
4.4	Interessierte Parteien, Erfordernisse und Erwartungen
5	Strategie und Politik
5.1	Allgemeines
5.2	Konzeption von Strategie und Politik
5.3	Umsetzung von Strategie und Politik
5.4	Kommunikation von Strategie und Politik
6	Management von Ressourcen
6.1	Allgemeines
6.2	Finanzielle Ressourcen
6.3	Mitarbeiter der Organisation
6.4	Lieferanten und Partner
6.5	Infrastruktur
6.6	Arbeitsumgebung
6.7	Wissen, Information und Technologie
6.8	Nützliche Ressourcen
7	Prozessmanagement
7.1	Allgemeines
7.2	Prozessplanung und -lenkung
7.3	Prozessverantwortung und -befugnis
8	Überwachung, Messung und Analyse
8.1	Allgemeines
8.2	Überwachung
8.3	Messung
8.4	Analyse
8.5	Bewertung der durch Überwachung, Messung und Analyse erhaltenen Informationen

Inhaltsübersicht der
DIN EN ISO 9004:2009

9	Verbesserung, Innovation und Lernen
9.1	Allgemeines
9.2	Verbesserung
9.3	Innovation
9.4	Lernen

Excellence-orientierung

Ein grundlegender Unterschied zur DIN EN ISO 9001 besteht jedoch nach wie vor in der zumindest im Ansatz erkennbaren Excellenceorientierung der DIN EN ISO 9004. Die Norm bezeichnet sich selbst „als eine umfassende und systematische Bewertung der Tätigkeiten der Organisation und ihrer Leistungen in Bezug auf ihren Reifegrad" (DIN EN ISO 9004:2009, Kap. 8.3.4). Im Anhang werden Schlüsselelemente und jeder Abschnitt der Norm in fünf Reifegrade übersetzt. Das Verfahren der Selbstbewertung wird in der DIN EN ISO 9004:2009 jedoch nicht näher ausgeführt.

Schlüsselelemente

Abgebildet sind hier exemplarisch ausgewählte Schlüsselelemente und Normabschnitte.

Schlüsselelement					
	Grad 1	**Grad 2**	**Grad 3**	**Grad 4**	**Grad 5**
Was ist der Ansatz der Führung? (Leiten und Lenken)	Der Ansatz ist reaktiv und beruht auf Entscheidungen von oben nach unten.	Der Ansatz ist reaktiv und beruht auf Entscheidungen von Führungskräften auf unterschiedlichen Ebenen.	Der Ansatz ist proaktiv und die Zuständigkeit, Entscheidungen zu treffen, wird delegiert.	Der Ansatz ist proaktiv mit starker Einbeziehung der Mitarbeiter der Organisation beim Treffen von Entscheidungen.	Der Ansatz ist proaktiv und auf das Lernen ausgerichtet, mit Ermächtigung der Mitarbeiter auf allen Ebenen.
Wie wird darüber entschieden, was wichtig ist? (Strategie und Politik)	Entscheidungen beruhen auf formlosen Eingangsgrößen des Marktes und anderer Quellen.	Entscheidungen beruhen auf Erfordernissen und Erwartungen der Kunden.	Entscheidungen beruhen auf der Strategie und sind mit den Erfordernissen und Erwartungen der interessierten Parteien verbunden.	Entscheidungen beruhen auf der Umsetzung der Strategie in operative Erfordernisse und Prozesse.	Entscheidungen beruhen auf der Notwendigkeit für Flexibilität, Beweglichkeit und nachhaltiger Leistung.

Abb. 56: Selbstbewertung von Schlüsselelementen – Korrelation zwischen Schlüsselelementen und Reifegraden (DIN EN ISO 9004:2009, Anhang A.1)

Abschnitt					
	Grad 1	Grad 2	Grad 3	Grad 4	Grad 5
4.3 Das Umfeld der Organisation	Die Organisation reagiert auf die auf sie einwirkenden Veränderungen.	Es bestehen Pläne, um das Wiederkehren früherer Probleme abzuschwächen.	Risikobewertungen werden regelmäßig durchgeführt, um potenzielle Auswirkungen auf die Organisation zu berücksichtigen.	Notfallpläne bestehen, um alle erkannten Risiken für die Organisation abzumildern.	Risikobewertung und Planung sind ständige Prozesse innerhalb der Organisation, um Risiken abzumildern.
4.4 Interessierte Parteien, Erfordernisse und Erwartungen	Der Hauptzweck der Organisation besteht darin, einen jährlichen Gewinn zu erzielen.	Die Organisation wird von den Erfordernissen und Erwartungen der Kunden angetrieben.	Sofern machbar, werden die Erfordernisse und Erwartungen der interessierten Parteien erfüllt.	Die Erfordernisse und Erwartungen der interessierten Parteien sind die Haupteingabegröße für Entscheidungen der obersten Leitung.	Die Erfordernisse und Erwartungen aller relevanten interessierten Parteien wurden in den letzten (z. B. drei) Jahren erfüllt.

Abb. 57: Selbstbewertung einzelner Elemente (DIN EN ISO 9004:2009, Anhang A.2)

Exkurs: Im Mai 2017 wurde ein Entwurf der DIN EN ISO 9004:2017 (Titel des Entwurfs: „Qualitätsmanagement – Qualität einer Organisation – Anleitung zum Erreichen nachhaltigen Erfolgs") veröffentlicht. In der Einleitung des Entwurfs heißt es: **Neue DIN in Arbeit**

„Dieses Dokument bietet Managern aller Ebenen eine Anleitung zur Steigerung der Fähigkeit einer Organisation, nachhaltigen Erfolg zu erzielen. Diese Anleitung ist mit den Qualitätsmanagementgrundsätzen nach ISO 9000:2015 konsistent. Dieses Dokument bietet ein Werkzeug zur Selbstbewertung, um zu überprüfen, in welchem Maß die Organisation die in diesem Dokument enthaltenen Konzepte eingeführt hat. Es gilt für jede Organisation ungeachtet ihrer Größe, Art und Tätigkeit." (DIN, 2017, S. 6)

Es bleibt abzuwarten, wie die neue Fassung letztlich beschlossen werden wird.

9.2 EFQM

9.2.1 Entwicklung und Ansatz von EFQM

European Foundation for Quality Management

Das Akronym „EFQM" steht für European Foundation for Quality Management. Die EFQM ist eine gemeinnützige Organisation, die 1988 als Antwort auf die Tradition des Deming-Qualitätspreises in Japan und die Etablierung des Malcom Baldridge National Quality Award in den USA gegründet wurde. EFQM entwickelte einen eigenen Qualitätspreis, der unter Bezeichnung European Quality Award (EQA) erstmals 1992 vergeben wurde. Mit der Weiterentwicklung zu einem Modell mehrerer Excellence-Stufen wurde der Preis 2009 in EFQM Excellence Award (EEA) umbenannt. Die deutsche Variante des EEA ist der Ludwig Erhard-Preis (vgl. Zollondz, 2011, S. 343).

Grundidee des EFQM

Die Grundidee bzw. der Ansatz des EFQM-Modells besteht darin, Unternehmen eine umfassende Methodik der Selbstbewertung an die Hand zu geben, den Entwicklungsstand extern bewerten zu lassen und Perspektiven der Weiterentwicklung zu nutzen.

Excellence-Begriff

Der Excellence-Begriff betont zunächst einen maximalen Qualitätsanspruch. Der Begriff ist dabei im Zusammenhang mit einer strategischen und wettbewerbsbezogenen Ausrichtung zu sehen. „Exzellente Organisationen werden an ihrer Fähigkeit gemessen, überragende Ergebnisse für ihre Interessengruppen zu erwirtschaften und aufrechtzuerhalten. Überragende Ergebnisse zu erwirtschaften, ist schon schwierig genug. Noch schwieriger ist es, Excellence in einer Welt des immer stärker werdenden globalen Wettbewerbs … aufrechtzuerhalten" (Benes & Groh, 2017, S. 316).

Bausteine des EFQM

Das EFQM-Modell besteht aus drei Bausteinen (European Foundation of Quality Management, 2017):

- **Grundkonzepte der Excellence**: Acht grundlegende Konzepte umschreiben die Führungs- beziehungsweise Managementphilosophie des EFQM-Modells.

- **Kriterien**: Ein Kriterienmodell bildet den Rahmen für eine umfassende Bewertung.

- **RADAR-Bewertungslogik**: Die sog. RADAR-Bewertungslogik (siehe 9.2.4) stellt den methodischen Ansatz des EFQM-Modells dar.

9.2.2 Grundkonzepte

Grundkonzepte der Excellence

Das EFQM-Modell basiert auf acht grundlegenden Konzepten (vgl. Moll, 2013b, S. 40 ff.; vgl. European Foundation of Quality Management, 2017):

- **Nutzen für Kunden schaffen** (Adding Values for Customers): Die Organisation kennt ihre Kunden und ist in der Lage, die unterschiedlichen Erwartungen und Anforderungen zu erfassen und in der Produkt- und Leistungserstellung zu berücksichtigen.

- **Nachhaltig die Zukunft gestalten** (Creating a Sustainable Future): Excellence bedeutet, auf die Unternehmensumwelt positiven Einfluss zu entwickeln, insbesondere durch Berücksichtigung nachhaltiger Strategien und die Förderung gesellschaftlichen Engagements.

- **Die Fähigkeit der Organisation entwickeln** (Developing Organisational Capability): Die Verbesserungsfähigkeit und damit Wettbewerbsfähigkeit der Organisation hängt entscheidend von den Fähigkeiten der Organisation ab, ihre Leistungen effektiv und effizient zu gestalten, Ressourcen und Technologien sinnvoll einzusetzen und mit externen Partnern sinnvoll zusammenzuarbeiten.

- **Innovation und Kreativität fördern** (Harnessing Creativity & Innovation): Wettbewerbsfähigkeit und Wertschöpfung bedingen einander. Wertschöpfung wird durch Innovation und Kreativität gesteigert. Der Innovationsanspruch gilt für alle Leistungsbereiche der Organisation.

- **Mit Vision, Inspiration und Integrität führen** (Leading with Vision, Inspiration & Integrity): Dieser Grundsatz beschreibt einen zentralen Führungsanspruch. Führungshandeln muss ethisch verankert sein, Werte glaubhaft vermitteln und Orientierung wie Innovation gleichermaßen ermöglichen.

- **Veränderungen aktiv managen** (Managing with Agility): Excellente Organisationen zeichnen sich dadurch aus, dass sie Chancen und Risiken im Blick haben und auf umfeldbedingte Veränderungen aktiv und im Idealfall antizipativ reagieren.

- **Durch Mitarbeiterinnen und Mitarbeiter erfolgreich sein** (Succeeding through the Talent of People): Excellence bedeutet nach diesem Grundsatz, eine Balance zwischen den Unternehmenszielen und den Interessen der Mitarbeiter herzustellen.

- **Dauerhaft herausragende Ergebnisse erzielen** (Sustaining Outstanding Results): Organisationen streben danach, ihre Ziele nachhaltig zu erreichen. Dafür ist Voraussetzung, dass Ziele an Visionen ausgerichtet, mit Strategien verbunden und durch systematisches Controlling gesteuert werden.

9.2.3 Kriterienmodell

Das Kriterienmodell bildet eine Systematik, um die Funktionalität eines Unternehmens im Kontext von Qualitätsmanagement umfassend zu verstehen. Das Modell zeigt zunächst neun Bereiche, die als Hauptkriterien bezeichnet werden. Fünf sog. Befähigerkriterien stellen die wesentlichen Einflussgrößen dar, die auf der Ergebnisseite letztlich Wirkungen entfalten.

EFQM-Kriterienmodell

In Anlehnung an das Qualitätsmodell von Donabedian (3.1 Qualitätsdimensionen nach Donabedian) entsprechen

- die Befähigerkriterien im Wesentlichen den Dimensionen Struktur- und Prozessqualität,

- die Ergebniskriterien der Dimension Ergebnisqualität.

Zwischen den Hauptkriterien bestehen Verbindungen und Wechselwirkungen. Die Ergebnisse stellen den Ausgangspunkt für stetige, weitere Innovationsprozesse dar.

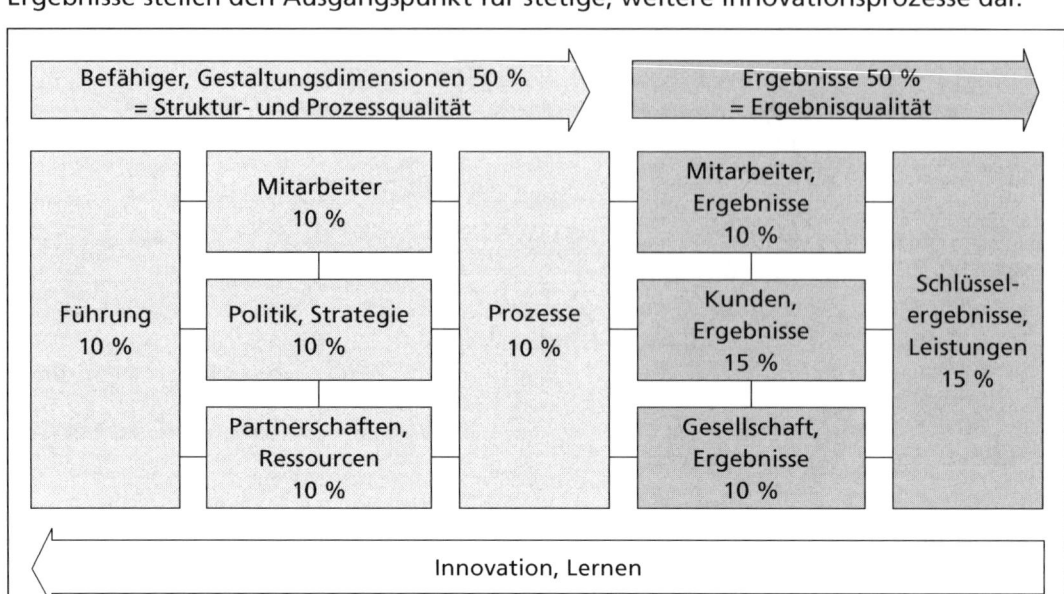

Abb. 58: EFQM-Kriterienmodell (mod. n. Moll & Kohler, 2013, S. 48)

Die Hauptkriterien werden durch eine Definition jeweils näher bestimmt und sind zudem in 32 Teilkriterien unterteilt. Die Teilkriterien wiederum werden durch sog. Ansatzpunkte operationalisiert. Die Ansatzpunkte sind in der nachfolgenden Abbildung exemplarisch für das erste Teilkriterium „Führung" ausgeführt. Die Kriterien weisen zahlreiche Verknüpfungen auf, die im Modell durch Verbindungslinien angedeutet sind.

Beispiel: Teilkriterium Führung

Befähigerkriterien	Teilkriterien	Ansatzpunkte
Führung	1a. Leitbild, Grundsätze, Führungsverhalten	Wie erarbeitet die Führung der Organisation strukturiert die Grundlagen der Geschäftstätigkeit?
		Wie wird ein abgestimmter Satz von Aussagen im Sinne eines Leitbildes festgeschrieben?
		Wie wird dieses Vorgehen hinterfragt oder mit dem anderer Organisationen verglichen?
		In welchen Intervallen wird dieses Vorgehen angewendet?
	1b. Systemgestaltung und operative Leistungsfäigkeit der Organisation	
	1c. externe Kontakte der Führungskräfte	
	1d. Kultur der Excellence	
	1e. Change Management	

Befähigerkriterien	Teilkriterien	Ansatzpunkte
Strategie	2a. Externe Erwartungen und Umfeldanalyse 2b. Interne Leistungsfähigkeit 2c. Strategieprozess 2d. Strategieumsetzung	
Mitarbeiter und Mitarbeiterinnen	3a. Personalplanung 3b. Kompetenzmanagement und Mitarbeiterbindung 3c. Mitarbeiterpartizipation 3d. Organisationsinterne Kommunikation 3e. Anerkennung von und Fürsorge für Mitarbeiter	
Partnerschaften, Ressourcen	4a. Partner- und Lieferantenmanagement 4b. Finanzmanagement 4c. Immobilien und Material 4d. Technologiemanagement 4e. Wissen und Erfahrung managen	
Prozesse, Produkte, Dienstleistungen	5a. Prozessmanagement 5b. Produkt-, Dienstleistungsentwicklung 5c. Marketing 5d. Leistungserbringung für 5e. Kundenmanagement	

Ergebniskriterien	Teilkriterien
Kundenbezogene Ergebnisse	6a. Wahrnehmungen 6b. Leistungsindikatoren
Mitarbeiter-bezogene Ergebnisse	7a. Wahrnehmungen 7b. Leistungsindikatoren
Gesellschafts-bezogene Ergebnisse	8a. Wahrnehmungen 8b. Leistungsindikatoren
Schlüsselergebnisse	9a. Erfolgsmessgrößen 9b. Schlüsselleistungsindikatoren

Abb. 59: Kriteriensystematik mit Definition der Hauptkriterien (Definitionen EFQM, 2012, S. 4 ff.)

9.2.4 RADAR-Bewertungslogik

Bestandteile von RADAR

Die RADAR-Bewertung dient der Ergebnisanalyse und ermöglicht, den Wirkungsgrad des Vorgehens und die Umsetzung zu beurteilen sowie basierend darauf Verbesserungen zu planen.

Der Begriff RADAR setzt sich zusammen aus:

- **R**esults (Ergebnisse): Ergebnisse planen, die mit der Unternehmensstrategie erzielt werden sollen

- **A**pproach (Vorgehen): Planung und Erarbeitung von Vorgehensweisen, um die Ergebnisse zu erzielen

- **D**eployment (Umsetzung): Systematische Umsetzung der Vorgehensweisen, um deren vollständige Einführung zu gewährleisten

- **A**ssessment and **R**efinement (Bewertung und Verbesserung): Bewertung und Überprüfung der Vorgehensweisen

Mit der RADAR-Bewertungslogik sind verschiedene Bewertungsoptionen denkbar (vgl. Slawik & Moll, 2014, S. 44 ff.):

Selbst- oder Fremdbewertung

So ist prinzipiell eine Selbst- oder Fremdbewertung möglich. Bei einer Selbstbewertung wendet das Unternehmen die Bewertungsmethodik selbst an. Bei einer Fremdbewertung wird die Bewertung von externen Gutachtern, den sog. Assessoren vorgenommen.

Bewertung von Teilbereichen

Ebenso kann das ganze Unternehmen oder Teilbereiche bewertet werden. Auch der Detaillierungsgrad der Bewertung ist ein Kriterium. Hier ist zu entscheiden, ob eine Bewertung entlang der Kriterien oder Teilkriterien vollzogen wird. Die Wahl der Bewertungsmethode hängt von der Größe des Unternehmens ab, der Erfahrung mit dem EFQM-Modell und vom Entwicklungsstand in Bezug auf Qualitätsmanagement. Die Bewertung mit der RADAR-Bewertungslogik ist grundsätzlich für Unternehmen gedacht, die mit dem EFQM-Modell bereits eingehende Erfahrung gemacht haben und sich um eine der erreichbaren Excellence-Stufen bewerben wollen.

Varianten der Selbstbewertung

Für die Selbstbewertungsmethode sind verschiedene Varianten möglich (vgl. Slawik & Moll, 2014, S. 50 ff.). Die Bewertungsvarianten orientieren sich zum einen am Grad der Intensität der Bewertung und zum anderen an der Notwendigkeit, Einschätzungen durch Nachweise zu belegen.

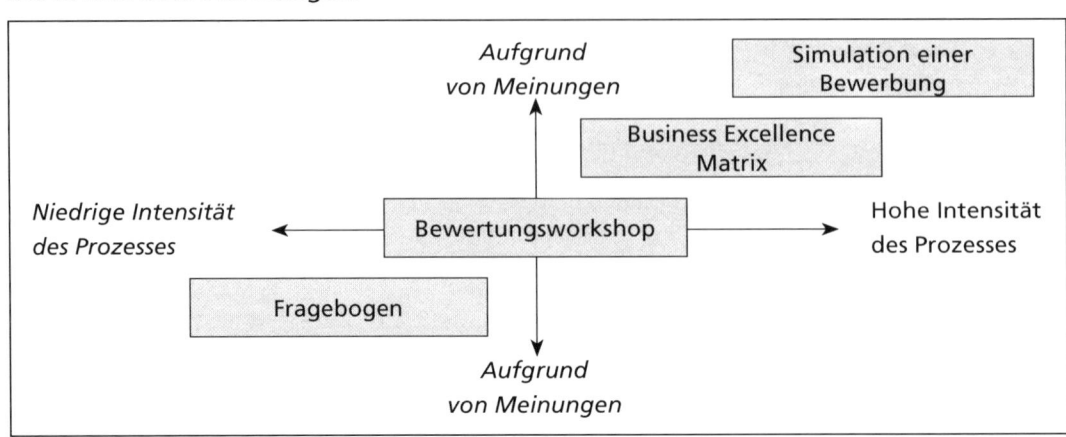

Abb. 60: Auswahlkriterien für die Selbstbewertungsmethode (Slawik & Moll, 2013, S. 51)

Für Unternehmen, die erstmals mit dem EFQM-Modell arbeiten, wird der Einsatz eines Fragebogens empfohlen (vgl. Slawik & Moll, 2014, S. 52). Meist wird die Einschätzung durch Führungskräfte vorgenommen. Der Fragebogen ist einfach aufgebaut und ermöglicht eine auf persönliche Einschätzung beruhende Selbstbewertung der zentralen Themenbereiche des EFQM-Modells hinsichtlich der Bedeutung für die Themenbereiche für das Unternehmen und den Grad der Umsetzung. Auf der Basis dieser Standortbestimmung ist es möglich, bereits Handlungsbedarfe und Ansätze für Verbesserungen zu ermitteln. Weitere Varianten einer auf Fragebogen gestützten Selbstbewertung sind in der Praxis möglich.

Einsatz eines Fragebogens

Führung		Bedeutung, Wichtigkeit					Zustimmung, Erfüllungsgrad				
		1	2	3	4	5	1	2	3	4	5
1	Mission und Werte des Unternehmens werden durch die Führungskräfte vorgelebt und unterstützen eine leistungsförderliche Kultur im Unternehmen.										
2	Die Wirksamkeit des eigenen Führungsverhaltens wird regelmäßig überprüft (Führungsfeedback) und verbessert.										
3	…………										
4	Lernprozesse und die Umsetzung der daraus gewonnenen Erkenntnisse werden durch die Führungskräfte unterstützt.										
5	…………										

Beispiel: Kriterium Führung

Legende:
1: *keine Bedeutung für das Unternehmen; kein Erfüllungsgrad*
2: *geringe Bedeutung; geringer Erfüllungsgrad*
3: *mittlere Bedeutung; mittlerer Erfüllungsgrad*
4: *hohe Bedeutung; hoher Erfüllungsgrad*
5: *sehr hohe Bedeutung; sehr hoher Erfüllungsgrad*

Abb. 61: Fragebogen zur Unternehmensbewertung, Auszug Kriterium Führung (Slawik, Moll, 2014, S. 52)

Die RADAR-Systematik weist eine dem PDCA-Zyklus vergleichbare Logik auf. Ausgangspunkt ist das geplante Vorgehen in Bezug auf definierte Ziele. Planungen werden umgesetzt, haben Ergebnisse zur Folge, die einer Bewertung unterzogen werden und schlussendlich zu Verbesserungen führen.

Logik ähnlich dem PDCA-Zyklus

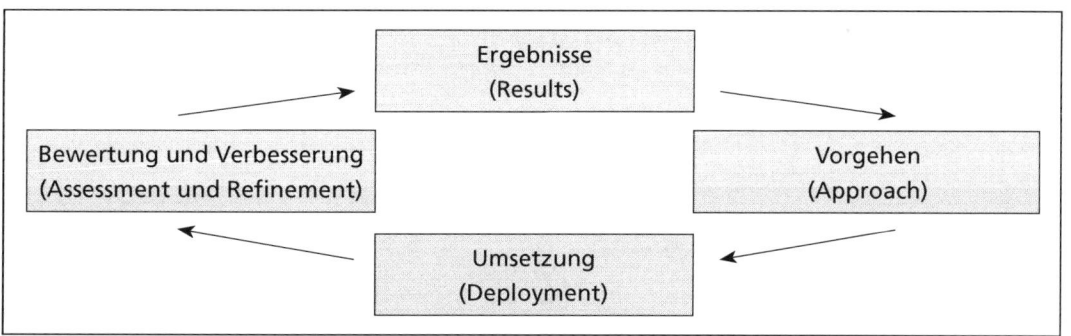

Abb. 62: RADAR-Bewertungslogik (vgl. Moll, 2013c, S. 94)

Gliederung in Elemente und Attribute

Die RADAR-Systematik gliedert sich in Elemente und Attribute. Die Elemente „Vorgehen", „Umsetzung" und „Bewertung und Verbesserung" werden der Seite der Befähigerkriterien, die Elemente „Relevanz und Nutzen" sowie „Leistungen" der Seite der Ergebniskriterien zugeordnet. Jedes Element ist in verschiedene Attribute gegliedert, jedes Attribut mit einer kurzen Beschreibung versehen.

Elemente	Attribute	Beschreibung der Attribute
Vorgehen	Fundiert	Das Vorgehen ist klar begründet und basiert auf den Bedürfnissen der relevanten Interessengruppen und auf Prozessen.
	Integriert	Das Vorgehen unterstützt die Strategie und ist mit anderen relevanten Vorgehensweisen verzahnt.
Umsetzung	Eingeführt	Das Vorgehen wird zügig in den relevanten Bereichen eingeführt.
	Angemessen	Die Ausführung ist sinnvoll und eröffnet die Möglichkeit zu Anpassung und organisatorischer Veränderung.
Bewertung, Verbesserung	Messung	Effizienz und Effektivität des Vorgehens und dessen Umsetzung werden in geeigneter Weise gemessen.
	Lernen, Kreativität	Lernen und Kreativität werden genutzt, um Verbesserungs- oder Innovationsmöglichkeiten zu erschließen.
	Verbesserung, Innovation	Ergebnisse aus Messung, Lernen und Kreativität werden genutzt, um Verbesserungen und Innovationen zu beurteilen, zu priorisieren und einzuführen.
Relevanz, Nutzen	Umfang, Relevanz	Ein stimmiges Set von Ergebnissen, einschließlich Schlüsselergebnissen, ist identifiziert um die Leistung der Organisation hinsichtlich ihrer Strategie, Ziele sowie der Bedürfnisse und Erwartungen der relevanten Interessenpartner zu zeigen.
	Integrität	Ergebnisse werden zeitgerecht erhoben, sind aussagekräftig und genau.
	Segmentierung	Ergebnisse sind angemessen segmentiert, um für die Steuerung bedeutsame Erkenntnisse zu erzielen.
Leistungen	Trends	Es liegen positive Trends oder nachhaltig gute Leistungen über mindestens drei Jahre vor.
	Ziele	Für die Schlüsselergebnisse sind angemessene, im Einklang mit der Strategie stehende Ziele gesetzt und werden durchgängig erreicht.
	Vergleiche	Für die Schlüsselergebnisse werden relevante, günstig ausfallende und im Einklang mit der Strategie stehende, externe Vergleiche angestellt.
	Tragfähigkeit	Basierend auf dem dargelegten Verständnis von Ursache und Wirkung gibt es Grund zu der Annahme, dass das Leistungsniveau auch künftig gehalten werden kann.

Abb. 63: Elemente und Attribute der RADAR-Bewertungslogik (vgl. Moll, 2013c, S. 95 f.)

Jedes Teilkriterium wird entlang der Elemente und Attribute eingeschätzt und bewertet.

Die Befähigerkriterien werden entlang der zugehörigen Bewertungsmatrix (Abb. 64) zunächst hinsichtlich des Vorgehens eingestuft. Dabei wird eingeschätzt, ob das Vorgehen bei einem Teilkriterium klar begründet ist, prozessbezogen und orientiert an den Bedürfnissen der relevanten Interessengruppen. Anschließend ist die Umsetzung des betreffenden Teilkriteriums einzustufen. Es wird beurteilt, ob das betreffende Teilkriterium in allen Bereichen eingeführt wurde, die Ausführung sinnvoll ist und Möglichkeiten der Anpassung und organisatorischen Veränderung eröffnet. Schließlich gilt es einzuschätzen, inwieweit das Vorgehen und die Umsetzung des jeweiligen Teilkriteriums effizient und effektiv sind, sinnvoll zu messen und ob letztlich Ansätze für Innovationen und Verbesserungen angestoßen und realisiert werden konnten.

Befähigerkriterien

Die Teilkriterien der Ergebnisseite werden nach gleichem Muster eingeschätzt. Dazu dient wiederum eine passende Bewertungsmatrix (Abb. 65). Beginnend werden Relevanz und Nutzen der Ergebnisse eines Teilkriteriums bewertet. Es wird eingeschätzt, ob geeignete Ergebnisse vorliegen, welche die Zielausrichtung und Strategie des Unternehmens auf der einen Seite und die Bedürfnisse und Erwartungen relevanter Anspruchsgruppen auf der anderen Seite abbilden. Die erzielten Ergebnisse sollen ferner integriert sein, also zeitgerecht erhoben, aussagefähig und genau. Zudem wird bewertet, inwieweit die Ergebnisse eine Aufteilung zeigen, die eine systematische Steuerung ermöglichen. Abschließend sind die Leistungen einzuschätzen. Hier interessiert zunächst die Beurteilung, ob und inwieweit die Ergebnisse über einen längeren Zeitraum nachweisbar sind und sich daher eine positive Entwicklung im Sinne eines Trends nachweisen lässt.

Einschätzung von Teilkriterien

Schlüsselergebnisse werden hinsichtlich ihrer Anschlussfähigkeit zu zentralen Zielen und Strategien des Unternehmens und den Grad ihrer Umsetzung eingeschätzt. Schließlich werden die Schlüsselergebnisse einem externen Vergleich unterzogen und es ist zu bewerten, ob die Leistungen nachhaltig realisierbar sind.

Die Bewertung jedes Teilkriteriums wird auf einem eigenen Formular dokumentiert. Die Ausprägung der Teilkriterien in Bezug auf die betreffenden Attribute wird jeweils prozentual eingeschätzt. Maßgebend ist dabei jeweils der Grad der Nachweisbarkeit. Aus den Werten der Attribute wird die Bewertung der jeweiligen Elemente ermittelt (vgl. Moll, 2013c, S. 102). In die Bewertung fließen auch die Gewichtungen der Elemente gemäß des Kriterienmodells mit ein. Für alle Befähiger- und Ergebniskriterien können jeweils 500 und insgesamt 1000 Punkte vergeben werden.

Dokumentation jedes Teilkriteriums

RADAR-Bewertungs-
matrix: Befähiger

Vorgehen	Attribute	Keine Nach-weise	Einzelne Nach-weise	Nach-weise	Klare Nach-weise	Durch-gängig verbind-lich
fundiert	Das Vorgehen ist klar begründet und basiert auf den Bedürfnissen der relevanten Interessengruppen und auf Prozessen.					
integriert	Das Vorgehen unter-stützt die Strategie und ist mit anderen relevanten Vorgehen verzahnt.					
Umsetzung		**Keine Nach-weise**	**Einzelne Nach-weise**	**Nach-weise**	**Klare Nach-weise**	**Durch-gängig verbind-lich**
	Das Vorgehen wird zügig in den relevanten Bereichen eingeführt.					
	Die Ausführung ist sinnvoll und eröffnet die Möglichkeit zur Anpassung und organisatorischer Veränderung.					
Bewertung & Verbesse-rung		**Keine Nach-weise**	**Einzelne Nach-weise**	**Nach-weise**	**Klare Nach-weise**	**Durch-gängig verbind-lich**
Messung	Effizienz und Effekti-vität des Vorgehens und dessen Umsetzung werden in geeigneter Weise gemessen.					
Lernen & Kreativität	Lernen und Kreativität werden genutzt, um Verbesserungs- oder Innovationsmöglich-keiten zu erschließen.					
Verbesse-rung & Innovation	Ergebnisse aus Messung, Lernen & Kreativität werden genutzt um Verbesse-rungen & Innovatio-nen zu beurteilen, zu priorisieren und einzuführen.					
Maßstab		0 %	25 %	50 %	75 %	100 %
Gesamt-wertung						

Abb. 64: RADAR-Bewertungsmatrix 2013 – Befähiger (Moll, 2013c, S. 111)

Relevanz & Nutzen	Attribute	Keine Nachweise	Einzelne Nachweise	Nachweise	Klare Nachweise	Durchgängig verbindlich
Umfang & Relevanz	Ein stimmiges Set von Ergebnissen, einschließlich Schlüsselergebnissen, ist identifiziert, um die Leistung der Organisation hinsichtlich ihrer Strategie, Ziele sowie den Bedürfnissen und Erwartungen der relevanten Interessengruppen zu zeigen.					
Integrität	Ergebnisse werden zeitgerecht erhoben, sind aussagekräftig und genau.					
Segmentierung	Ergebnisse sind angemessen segmentiert, um für die Steuerung bedeutsame Erkenntnisse zu erzielen.					
Leistung		Keine Nachweise	Einzelne Nachweise	Nachweise	Klare Nachweise	Durchgängig verbindlich
Trends	Es liegen positive Trends oder nachhaltig gute Leistungen über mindestens drei Jahre vor.					
Ziele	Für die Schlüsselergebnisse sind angemessene, im Einklang mit der Strategie stehende Ziele gesetzt, diese werden durchgängig erreicht.					
Vergleiche	Für die Schlüsselergebnisse werden relevante, günstig ausfallende und im Einklang mit der Strategie stehende, externe Vergleiche angestellt.					
Tragfähigkeit	Basierend auf dem dargelegten Verständnis von Ursache und Wirkung gibt es Grund zu der Annahme, dass das Leistungsniveau auch künftig gehalten werden kann.					
Maßstab		0 %	25 %	50 %	75 %	100 %
Gesamtwertung						

RADAR-Bewertungsmatrix: Ergebnisse

Abb. 65: RADAR-Bewertungsmatrix – Ergebnisse (Moll, 2013c, S. 112)

9.2.5 Excellence-Stufen

Das EFQM-Modell sieht verschiedene Excellence-Stufen vor. Voraussetzung ist jeweils eine Selbstbewertung des Unternehmens und eine darauffolgende externe Fremdbewertung. Die Fremdbewertung wird Validation genannt und durch Assessoren durchgeführt. Unternehmen können sich leitfadengestützt für jede Excellence-Stufe bewerben. Im Rahmen der Bewerbungen müssen Unternehmen vor allem Verbesserungsprojekte erfolgreich durchführen und nachweisen.

1. Stufe: Committed to Excellence

Für die erste Stufe „Committed to Excellence" müssen Unternehmen eine Selbstbewertung vornehmen und daraus Verbesserungsprojekte ableiten. Für das Bewertungsverfahren sind mindestens drei ausgewählte Projekte nachweislich umzusetzen. Der gesamte Prozess wird nach Abschluss extern durch einen Validator begutachtet. Für die Projekte werden Punkte vergeben. Mit einem bestimmten Mindestpunktwert erhält das Unternehmen eine Anerkennung für den ersten Level „Verpflichtung zu Excellence" mit einer Laufzeit von zwei Jahren.

2. Stufe: Recognised to Excellence

Die zweite Stufe „Recognised to Excellence" beginnt ebenfalls mit einem Selbstbewertungsverfahren nach der RADAR-Bewertungssystematik. Weist die Bewertung bereits einen hohen Reifegrad auf, kann die Fremdbewertung von Verbesserungsprojekten durch eine Validierung durch EFQM-Assessoren ersetzt werden. Diese Form der Fremdbewertung wird C2E-Assessment genannt. Das Unternehmen muss deutlich machen, dass eine mehrjährige, intensive Auseinandersetzung mit dem EFQM-Modell stattgefunden hat. Auf dieser Basis ist ein Bewerbungsdokument einzureichen. Es folgt eine vollständige RADAR-Validierung durch ein Assessoren-Team. Je nach erreichter Punktzahl werden drei, vier oder fünf Sterne verliehen. Die Anerkennung gilt für zwei Jahre.

3. Stufe: EFQM Excellence Award

Die dritte Stufe wird „EFQM Excellence Award" genannt. Im Rahmen von Wettbewerben können nationale Preise gewonnen werden.

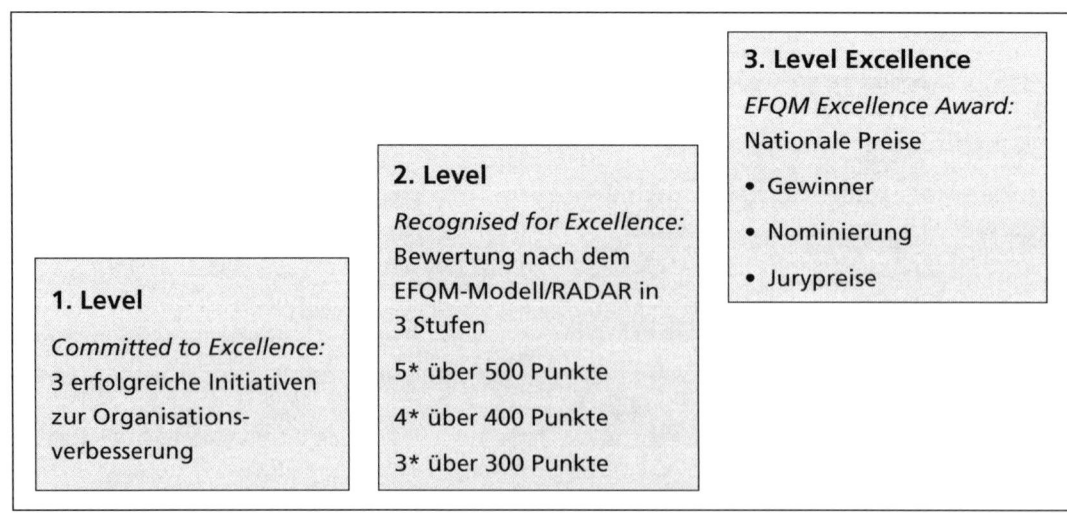

Abb. 66: Excellence-Stufen (Ertl-Wagner et al., 2013, S. 47)

9.3 Aachener Qualitätsmanagementmodell

9.3.1 Entwicklung und Ansatz des Aachener Qualitätsmanagementmodells

Das Aachener Qualitätsmanagementmodell wurde in Kooperation des Lehrstuhls für Fertigungsmesstechnik und Qualitätsmanagement des Werkzeugmaschinenlabors (WZL) der Rheinisch-Westfälischen Technischen Hochschule Aachen (RWTH) und des Fraunhofer Instituts unter der Federführung von Prof. Dr. Schmitt entwickelt. Es wurde im technischen Bereich konzipiert, versteht und zeigt sich jedoch als umfassender Qualitätsmanagementansatz im Sinne von TQM (vgl. Schmitt & Pfeifer, 2015, S. 126). Eine Übertragung des Modells in Sozialunternehmen ist daher grundsätzlich denkbar.

Umfassender QM-Ansatz

Die Autoren des Aachener Modells betonen die Anschlussfähigkeit ihres Ansatzes: „Das Modell greift dabei bewusst etablierte und erfolgreiche Aspekte und Elemente bestehender (Qualitäts-)Managementmodelle auf, insbesondere den Gedanken der kontinuierlichen Verbesserung des Deming-Zyklus, die Erfordernisse einer prozessorientierten Betrachtungsweise der ISO 9000er-Reihe und die perspektivische Berücksichtigung interner und externer Einflussfaktoren des St. Gallener Managementsmodells" (Schmitt & Pfeifer, 2015, S. 117).

Das Aachener Qualitätsmanagementmodell stellt ein unternehmerisches Qualitätsverständnis in den Mittelpunkt (vgl. Schmitt, Lenkewitz & Behrens, 2007, S. 16). Nach klassischer Lesart ist Qualität in der Passung zwischen Qualitätsforderungen und tatsächlichen Leistungen zu verorten. Vereinfacht entspricht dies einer normativen Qualitätsdefinition.

Mittelpunkt: Unternehmerisches Qualitätsverständnis

Die Autoren stellen die Frage, wie Unternehmen in diesem Spannungsfeld aktiv steuern können. Nach dem Aachener Qualitätsmanagementmodell realisieren sich Leistungen zwischen der marktorientierten strategischen Ausrichtung des Unternehmens und der operativen Umsetzung. „Jede Unternehmung ist darauf gegründet, bestimmte Ziele zu erreichen, die sich an den Anforderungen des spezifischen Marktes orientieren. Diese Ziele sollen durch den ökonomischen Einsatz von entsprechenden Mitteln und Ressourcen erreicht werden. Die Ergebnisse dieser Aktivitäten werden … als Unternehmensleistung bezeichnet" (Schmitt & Pfeifer, 2015, S. 110).

In anderen Worten: Marktforderungen, wie vorwiegend Kundenforderungen, aber auch gesetzliche Vorgaben oder Erwartungen anderer Anspruchsgruppen, können nicht unmittelbar und erfolgversprechend in Leistungen übersetzt werden. Vielmehr realisieren sich Unternehmensleistungen zwischen der grundlegenden normativen und strategischen Ausrichtung des Unternehmens und den Fähigkeiten der operativen Umsetzung und Steuerung.

Das Aachener Qualitätsmanagementmodell zeichnet also ein mehrachsiges Spannungs- oder auch Gestaltungsfeld zwischen Markt-, und Kundenforderungen[9], Unternehmensausrichtung sowie Unternehmensfähigkeiten. Der Grad der Überschneidung markiert den Bereich unternehmerischer Qualität.

Mehrachsiges Spannungs- und Gestaltungsfeld

---

[9] Schmitt, Lenkewitz & Behrends sprechen 2007 noch von Kundenperspektive und differenzieren zwischen internen und externen Kunden. 2015 führt Schmitt nur noch den Begriff Marktperspektive respektive Marktforderungen. Hier wurden beide Begriffe zusammengeführt.

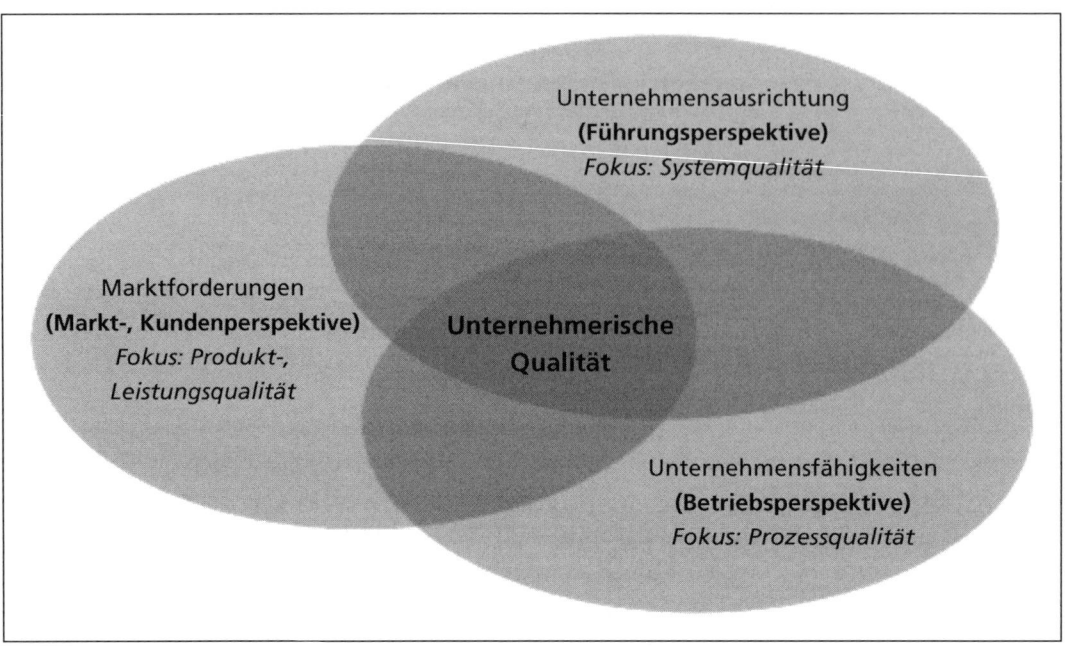

Abb. 67: Das unternehmerische Qualitätsverständnis (in Anlehnung an Schmitt, Lenkewitz & Behrens, 2007, S. 16 und Zollondz, 2011, 364)

In Wechselwirkung stehende Perspektiven

In Bezug auf die Pole dieses Gestaltungsfeldes unterscheidet das Aachener Qualitätsmanagementmodell drei in kontinuierlicher Wechselwirkung stehende Betrachtungsperspektiven (vgl. v. a. Schmitt & Pfeifer, 2015, S. 117 ff.; vgl. Schmitt, Lenkewitz & Behrens, 2007, S. 17; Zollondz, 2011, S. 364):

- **Markt-, Kundenperspektive**: Im Zentrum der Betrachtung stehen Markt-, insbesondere Kundenforderungen in Bezug auf Produkt- oder Leistungsqualität. Der Grad der Transformation ist systematisch zu erfassen und kontinuierlich zu verbessern.

- **Führungsperspektive**: Der Fokus richtet sich auf die Systemqualität des Unternehmens. Zentrale Aufgabe des Managements besteht darin, die zentralen Unternehmensziele und -strategien mit den betrieblichen Leistungsprozessen zu verbinden. Das bedeutet auch, die organisationalen Fähigkeiten zu entwickeln.

- **Betriebsperspektive**: Die Betriebsperspektive fokussiert „die Umsetzung der von der Führungsperspektive vorgegebenen Ziele und die dazu erforderlichen Prozesse" (Schmitt & Pfeifer, 2015, S. 120). „Dabei", so die Autoren weiter, „sind die Unternehmensfähigkeiten entsprechend der Unternehmensausrichtung so zu entwickeln, dass die erforderlichen Ressourcen und Dienste mit den operativen Erfordernissen, die aus der Führungs- und Kundenperspektive abgeleitet werden, in Einklang zu bingen" (ebd.).

9.3.2 Kernelemente

Kernelemente: Ableitung unternehmerischer Gestaltungsoptionen

Das Aachener Qualitätsmanagementmodell konfiguriert sich aus vier Kernelementen, aus denen sich unternehmerische Gestaltungsoptionen ableiten lassen: Markt, Management, Quality Stream und Ressourcen und Dienste. Die Kernelemente korrespondieren mit den drei skizzierten Betrachtungsperspektiven. Sie erklären sich wie folgt (Schmitt & Pfeifer, 2015, S. 117 ff.):

- Der **Markt** ist das Kernelement, das den „Forderungs- und Bestimmungsort von Leistungen" darstellt (Schmitt & Pfeifer, 2015, S. 124).

- Das zentrale Kernelement ist der **Quality Stream**. Der Quality Stream umfasst alle „qualitätsschöpfenden Prozesse" des Unternehmens entlang der Produktions- oder Leistungsprozesse. Orientierungsmaßstab des Quality Stream sind die Erwartungen beziehungsweise die Zufriedenheit externer sowie interner Kunden. Dabei entspricht der Quality Stream dem Konzept des Produktlebenszyklus und nicht der reinen innerbetrieblichen Leistungserstellung. Der Quality Stream gliedert sich in einen Quality Forward und einen Quality Backward Chain. Der **Quality Forward Chain** bezieht sich auf alle Tätigkeiten, Techniken und Methoden zur Erreichung und Sicherung der Qualität von Produkten und Leistungen. Der **Quality Backward Chain** umfasst alle internen und externen Daten zur Bewertung der Produktions- und Leistungsprozesse, deren systematische Einbindung und Nutzung sowie sämtliche daraus abzuleitenden korrektiven Aktivitäten.

- Das Kernelement **Management** beinhaltet alle thematischen Aspekte, die für die Gestaltung und Steuerung des Quality Stream erforderlich sind. Identität und Werte stellen die normative Basis dar. Ziele und Strategien orientieren sich daran und sind gleichzeitig mit Blick auf Veränderungen des Marktes und von Kundenforderungen einer Dynamik unterworfen. Diese Dynamik muss in der Gestaltung des Quality Stream aufgenommen und übersetzt werden.

- Das letzte Kernelement umfasst – analog der Betriebsebene – **Ressourcen und Dienste**. Der Einsatz betrieblicher Ressourcen, insbesondere Personal, aber auch Betriebsmittel und Infrastruktur sowie Technologien und Methoden, sind für die Erreichung der Unternehmensziele zwingend erforderlich. Zur Koordination und Steuerung der einzusetzenden Ressourcen und Dienste bedarf es systematischer Information und Kommunikation ebenso wie laufender Prozesse der Bewertung und Anpassung.

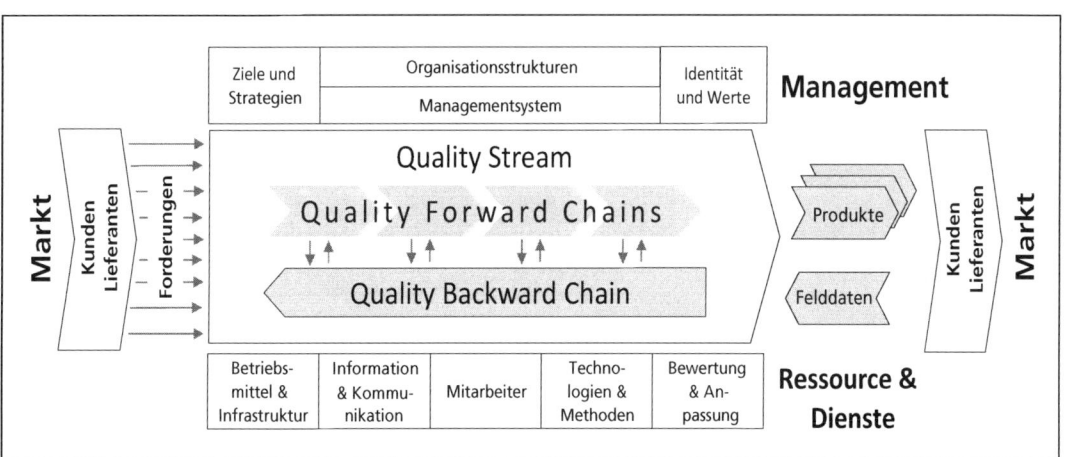

Abb. 68: Das Aachener Qualitätsmanagementmodell (Schmitt & Pfeifer, 2015, S. 125)

10. Branchenspezifische Qualitätsmanagementkonzepte

Im Folgenden werden zwei branchenspezifische Qualitätsmanagementkonzepte vorgestellt:

- das KTQ für das Gesundheitswesen

- das GAB-Verfahren für die Soziale Arbeit

Beiden Qualitätsmanagementkonzepten ist gemein, dass sie einerseits ausdrücklich fachliche Aussagen treffen und andererseits einen unternehmensweiten Steuerungsanspruch haben.

10.1 KTQ

10.1.1 Entwicklung und Ansatz von KTQ

Gründung als gemeinnützige GmbH

KTQ steht für „Kooperation für Transparenz und Qualität im Gesundheitswesen". Die KTQ ist eine gemeinnützige GmbH, die 2001 gegründet wurde, um für Krankenhäuser ein eigenes Zertifizierungsverfahren zu entwickeln. Gesellschafter sind die Gesellschaft der Spitzenverbände der Kranken- und Pflegekassen, die Bundesärztekammer, die deutschen Krankenhausgesellschaft e. V. sowie der Deutsche Pflegerat. Nach einer Pressemitteilung von KTQ im März 2017 werden die Spitzenverbände der gesetzlichen Krankenkassen bis Ende 2017 aus dem Gesellschafterkreis austreten. Bis 2011 wurde das Zertifizierungsverfahren auch für Rehabilitationskliniken, für stationäre und teilstationäre Pflegeeinrichtungen, für ambulante Pflegedienste, Hospize, alternative Wohnformen sowie für Rettungsdienste erweitert. KTQ wurde 1997 bis 1999 in einer Machbarkeitsstudie untersucht. Es folgte eine Pilotstudie bis zur Gründung der Gesellschaft.

Ziel von KTQ

Das Ziel von KTQ ist die „Optimierung von Prozessen innerhalb der Patientenversorgung" (KTQ, KTQ-Verfahren, 2017). Der zentrale Ansatz besteht in einem auf Punktevergabe basierendem Zertifizierungsverfahren.

10.1.2 KTQ-Modell und Kategorien

Fokus: optimale Patientenversorgung

Das KTQ-Modell fokussiert den Patienten. „Um seine Versorgung optimal sicherzustellen, müssen die einrichtungsinternen Prozesse in mehreren Bereichen in den Blick genommen werden." Die Bereiche sind:

Patientenorientierung – Mitarbeiterorientierung – Sicherheit/Risikomanagement – Informations- und Kommunikationswesen – Unternehmensführung – Qualitätsmanagement.

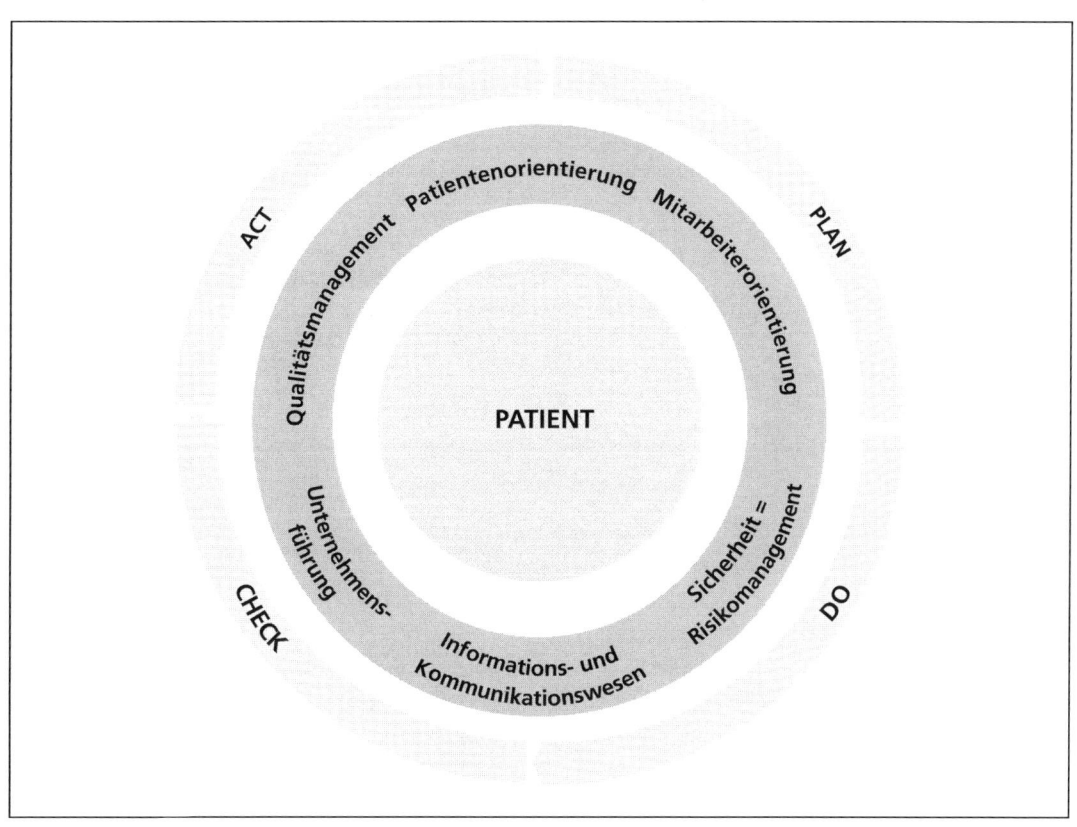

Abb. 69: Das KTQ-Modell (KTQ, 2015, S. 13)

Das Zentrum einer Zertifizierung nach dem KTQ-Modell bilden 55 Kriterien, die sechs Kategorien und Subkategorien zugeordnet sind.

Zertifizierungskriterien

Kategorie	Subkategorie		Kriterium	
1 Patienten-versorgung	1.1	Rahmen-bedingungen der Patienten-versorgung	1.1.1	Erreichbarkeit und Aufnahme-planung
			1.1.2	Leitlinien und Standards
			1.1.3	Information und Beteiligung der Patienten
			1.1.4	Ernährung und Service
	1.2	Akut-/Notfall-versorgung	1.2.1	Erstdiagnostik und Erstversorgung
	1.3	Elektive ambulante Versorgung	1.3.1	Elektive ambulante Diagnostik und Behandlung
			1.3.2	Ambulante Operationen
	1.4	Stationäre Versorgung	1.4.1	Stationäre Diagnostik, Interdiszipli-narität und Behandlung
			1.4.2	Therapeutische Prozesse
			1.4.3	Operative Prozesse
			1.4.4	Visite

Kategorie	Subkategorie		Kriterium	
1 Patienten-versorgung	1.5	Weiterbetreuung/ Übergang in andere Bereiche	1.5.1	Entlassungsprozess
	1.6	Sterben und Tod	1.6.1	Umgang mit sterbenden Patienten, palliative Versorgung
			1.6.2	Umgang mit Verstorbenen
2 Mitarbei-terorientie-rung	2.1	Personal-planung/ Personal-entwicklung	2.1.1	Personalbedarf
			2.1.2	Personalentwicklung
			2.1.3	Einarbeitung
			2.1.4	Ausbildung, Fort- und Weiter-bildung
			2.1.5	Arbeitszeiten/Work Life Balance
			2.1.6	Ideenmanagement
3 Sicher-heit – Risi-komanage-ment	3.1	Patienten-bezogene Risiken	3.1.1	Methoden des klinischen Risikoma-nagements
			3.1.2	Eigen- und Fremdgefährdung
			3.1.3	Medizinisches Notfallmanagement
			3.1.4	Organisation der Hygiene
			3.1.5	Hygienerelevante Daten, Infektions-management
			3.1.6	Arzneimittel
			3.1.7	Labor- und Transfusionsmedizin
			3.1.8	Medizinprodukte
	3.2	Schutz- und Sicherheits-konzepte	3.2.1	Arbeitsschutz
			3.2.2	Brandschutz
			3.2.3	Datenschutz
			3.2.4	Umweltschutz
			3.2.5	Katastrophenschutz
			3.2.6	Ausfall von Systemen
4 Informa-tions- und Kommuni-kations-wesen	4.1	Informations- und Kommunikations-technologie	4.1.1	Netzwerkstruktur und Datensys-teme
	4.2	Patientendaten	4.2.1	Information der Unternehmenslei-tung
			4.2.2	Informationsweitergabe, Telefon-zentrale und Empfang

Kategorie	Subkategorie		Kriterium	
5 Unternehmensführung	5.1	Unternehmensphilosophie	5.1.1	Philosophie/Leitbild
			5.1.2	Führungskompetenz, vertrauensbildende Maßnahmen
			5.1.3	Ethische, kulturelle und religiöse Verantwortung
			5.1.4	Marketing, Kommunikation, Krisenmanagement
	5.2	Strategie und Zielplanung	5.2.1	Entwicklung, Vermittlung und Umsetzung der Strategie und Zielplanung
			5.2.2	Wirtschaftliches Handeln, kaufmännisches Risikomanagement
			5.2.3	Gesellschaftliche Verantwortung, Partnerschaften und Kooperationen
	5.3	Unternehmensentwicklung	5.3.1	Organisationsstruktur und Arbeitsweise der Führungsgremien
			5.3.2	Innovation und Wissensmanagement
6 Qualitätsmanagement	6.1	Struktur und Ablauf	6.1.1	Organisation, Aufgabenprofil des Qualitätsmanagements
			6.1.2	Vernetzung, Prozessgestaltung und -optimierung
	6.2	Befragungen	6.2.1	Patientenbefragung
			6.2.2	Befragung von Zuweisern und externen Einrichtungen
			6.2.3	Mitarbeiterbefragung
	6.3	Meinungsmanagement	6.3.1	Beschwerdemanagement: Lob und Beschwerden von Mitarbeitern, Patienten und weiteren Externen
	6.4	Qualitätsrelevante Daten	6.4.1	Qualitätsrelevante Daten interner/ externer Verfahren

Abb. 70: KTQ-Katalog Krankenhaus 2015 im Überblick: Kategorien, Subkategorien, Kriterien (KTQ, 2015, S. 46 ff.)

Die Kriterien werden durch Themen/Anforderungen weiter erläutert.

Beispiel:
Patienteninformation,
-beteiligung

Das Kriterium 1.1.3 „Information und Beteiligung des Patienten" wird mit folgenden Themen/Anforderungen konkretisiert:

1.1.3 Information und Beteiligung des Patienten
1   Patientenrechte, Berücksichtigung von Patientenverfügungen, Vollmachten, Betreuungsstatus
2   Patientenaufklärung unter Berücksichtigung rechtlicher Vorgaben
3   Informationsmaterial und -medien während der Behandlung
4   Einbeziehung des Patienten zur Krankheitsbewältigung
5   Einbeziehung des Angehörigen, Bezugs- und Begleitpersonen
6   Umgang mit Fremdsprachlichkeit
7   Respektierung der Privat- und Intimsphäre
…

Abb. 71: Beispiel Themen/Anforderungen (KTQ, 2015, S. 55)

10.1.3 Bewertungsverfahren

Selbstbewertung

Das Verfahren der Selbstbewertung sieht eine möglichst breite Beteiligung der Mitarbeiter vor. Betont wird zudem die Verantwortung der Einrichtungsleitung. Darüber hinaus wird auf bewährte Vorgehensweisen des Projektmanagements verwiesen (vgl. KTQ, 2015, S. 19).

Prozessbeschreibungen notwendig

Im Rahmen der Selbstbewertung müssen zu jedem Kriterium die zugehörigen Prozesse beschrieben werden. Alle genannten Themen/Anforderungen sind zu berücksichtigen. Die Beschreibung orientiert sich dabei am PDCA-Zyklus.

Im KTQ-Manual Krankenhaus lautet die Beschreibung im Wortlaut:

PLAN	Beschreiben Sie bitte die Planung der Prozesse, den Soll-Zustand mit Zielen und Kennzahlen sowie die geregelten Verantwortlichkeiten.
DO	Beschreiben Sie bitte den Ist-Zustand, beziehungsweise die Umsetzung der Prozesse
CHECK	Beschreiben Sie bitte, wie die regelmäßige, nachvollziehbare Überprüfung und Bewertung der im PLAN und DO dargestellten Vorgaben, Maßnahmen und Prozesse erfolgt: Welche Kennzahlen und/oder Messgrößen und/oder Methoden werden verwendet?
ACT	Beschreiben Sie bitte die Verbesserungsmaßnahmen, die Sie *in den vergangenen Jahren/seit der letzten Zertifizierung* aus den Ergebnissen des CHECK abgeleitet haben, und *deren Umsetzung.*

Abb. 72: Prozessbeschreibung nach dem PDCA-Zyklus im KTQ-Modell (KTQ, 2015, S. 22)

Jedes Kriterium wird anschließend gemäß einer spezifischen Systematik bewertet. Für jedes Kriterium können maximal 18 Punkte vergeben werden. Der Punktwert ergibt sich aus den Einzelwertungen der vier Schritte im PDCA-Zyklus. Der Schritt „Do" erhält dabei eine höhere Gewichtung.

Bewertung der Kriterien

		Anforderungen sind ...	Anforderungen sind ...	Anforderungen sind ...	Anforderungen sind ...	arithm. Mittel der Summe Erreichungs- und Durchdringungs-grades (Beispiel)	Er-gebnis
	Erreichungsgrad	... nicht erfüllt	... ansatz-weise erfüllt	... teilweise erfüllt	... umfassend erfüllt		
	Durchdringungsgrad	... in keinem Bereich umgesetzt	... in wenigen Bereichen umgesetzt	... in mehreren Bereichen umgesetzt	... in allen Bereichen umgesetzt		
PLAN	Erreichungsgrad	0	1	2	3	2	1,5
	Durchdringungsgrad	0	1	2	3	1	
DO	Erreichungsgrad	0	1 2 3	4 5 6	7 8 9	6	5
	Durchdringungsgrad	0	1 2 3	4 5 6	7 8 9	4	
CHECK	Erreichungsgrad	0	1	2	3	2	2
	Durchdringungsgrad	0	1	2	3	2	
ACT	Erreichungsgrad	0	1	2	3	1	1
	Durchdringungsgrad	0	1	2	3	1	
						Summe	9,5
						ggf. Aufrundung, immer zum höheren Punktwert	
						Summe:	10

Abb. 73: Beispiel für die Bewertung eines Kriteriums (KTQ, 2015, S. 24)

Bei 55 Kriterien mit einer maximal möglichen Punktzahl von 18, können bis zu 990 Gesamtpunkte erzielt werden.

Beispiel:
Selbstbewertung
„stationäre Pflege-
einrichtung"

Folgendes Beispiel zeigt eine exemplarische Prozessbeschreibung nach dem PDCA-Zyklus:

Plan				Do									
0	1	2	3	0	1	2	3	4	5	6	7	8	9

Beispielantwort	Beispielantwort
1. Mit dem neuen Mitarbeiter werden für den ersten Tag Ort und Zeit für den Dienstbeginn vereinbart. Als erstes erfolgt ein Gespräch mit der Heimleitung/Pflegedienstleitung, Schweigepflichtserklärung, Laufzettel usw. werden ausgehändigt und erläutert. Die Heimleitung/Pflegedienstleitung und die Personalabteilung klären mit dem Mitarbeiter alle organisatorischen und rechtlichen Belange. Weitere Schritte sind in dem Organisationsstandard „Einarbeitung neuer Mitarbeiter" beschrieben. Neben einer Zielsetzung und einer Ablaufbeschreibung ist dem Standard eine Checkliste angefügt, in dem die Tätigkeiten nach Erledigung von dem Mitarbeiter und dem Mentor abgezeichnet werden. Weiterhin beinhaltet der Standard eine Checkliste für drei Reflektionsgespräche.	1. Die Zuständigkeiten (Personalabteilung, Heimleitung, Pflegedienstleitung, Wohngruppenleitungen, Mentoren) sind in dem Standard „Einarbeitung neuer Mitarbeiter" geregelt. Anhand der Checkliste, die der Mentor mit dem neuen Mitarbeiter bearbeitet, erfolgt die Kontrolle über eine vollständige Information. Zusätzlich steht jedem Mitarbeiter ein „Info-Ordner" mit allen organisatorischen Informationen zur Verfügung.
2. Für alle Mitarbeiter ist eine Stellenbeschreibung vorhanden. In dieser sind eine ausführliche Tätigkeitsbeschreibung und ein Anforderungsprofil integriert.	2. Der Mitarbeiter erhält über einen Zeitraum von vier Wochen einen Mentor, der die Integration ins Team unterstützt. Zusätzlich erfolgen halbjährige Einführungsveranstaltungen, in denen den neuen Mitarbeitern weitere Informationen und Unterstützung angeboten werden.
	3. Die Regelungen sind in dem Standard „Einarbeitung neuer Mitarbeiter" beschrieben. In der Regel begleitet die Pflegedienstleitung den Mitarbeiter in die Wohngruppe und stellt ihn vor. Die weitere Vorstellung bezüglich der Mitarbeiter und Bewohner übernimmt die Wohngruppenleitung beziehungsweise der Mentor.

Check				Act			
0	1	2	3	0	1	2	3
Beispielantwort 1. Der Einarbeitungsstandard wird von dem AG-Qualitätsmanagement bei Bedarf und einmal jährlich aktualisiert. Innerhalb des ersten Halbjahres erfolgen drei Reflektionsgespräche. Teilnehmer sind der Mitarbeiter, die Wohngruppenleitung, der Mentor und die Pflegedienstleitung. Zur Überprüfung der Zielsetzung dienen die Protokolle der Reflektionsgespräche sowie die bearbeitete Checkliste des Einarbeitungsstandards. 2. Die Stellenbeschreibungen werden bei Bedarf von der Heimleitung/Pflegedienstleitung in Zusammenarbeit mit dem Personalrat überarbeitet.				Beispielantwort 1. Durch die Reflektionsgespräche sind notwendige Veränderungen erkannt worden. Diese werden umgehend in den Standard eingearbeitet. So ist im letzten Jahr die Checkliste wiederholt aktualisiert worden. 2. Die Stellenbeschreibungen sind den organisatorischen Veränderungen angepasst worden.			

Abb. 74: Beispielhafte Selbstbewertung des Kriteriums 2.2.2, stationäre Pflegeeinrichtung (KTQ, 2006, S. 38 f.)

10.1.4 Zertifizierungsverfahren

Das KTQ-Zertifizierungsverfahren kann in vier Schritten beschrieben werden (vgl. KTQ, 2015, S. 14):

- Der erste Schritt im Zertifizierungsverfahren ist die Selbstbewertung nach dem KTQ-Kriterienmodell. Das Unternehmen erstellt einen KTQ-Selbstbewertungsbericht und als Kurzform einen KTQ-Qualitätsbericht für die Öffentlichkeit.

4 Schritte zur Zertifizierung

- Im zweiten Schritt wird eine zugelassene Zertifizierungsstelle mit der Fremdbewertung beauftragt. Beide Berichte werden eingereicht. Die Zertifizierungsstelle prüft die Antragsunterlagen, stellt den sog. Visitationsbegleiter und schlägt ein Visitorenteam vor.

- Der dritte Schritt stellt die Fremdbewertung dar. Das Visitorenteam prüft die eingereichten Berichte. Es folgt ein Besuch des Unternehmens mit Begehungen, Dokumentenanalyse und Gesprächen. Das Visitorenteam verfasst schließlich einen Visitationsbericht.

- Das Zertifizierungsverfahren endet im vierten Schritt mit der Verleihung eines drei Jahre gültigen KTQ-Zertifikats. Das Unternehmen erhält den Visitationsbericht. Der Qualitätsbericht wird veröffentlicht.

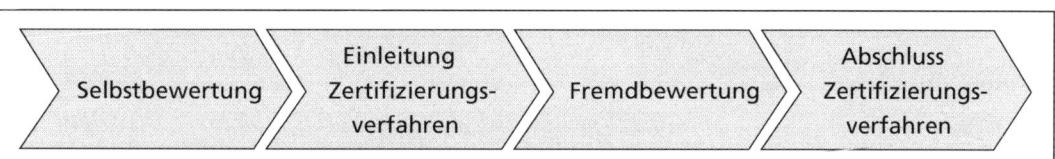

Abb. 75: Ablauf des KTQ-Zertifizierungsverfahrens (vgl. KTQ, 2015, S. 14)

Varianten der Zertifizierung

Das KTQ-Modell sieht verschiedene Zertifizierungsvarianten vor (vgl. Ertl-Wagner, Stein-brucker & Wagner, 2013, S. 39 f.):

- **Verbundzertifizierung**: Zertifizierung verschiedener Standorte gleicher Versorgungs-form mit den Optionen unabhängige oder gemeinsame Zertifizierung

- **Vernetzte Zertifzierung**: Zertifizierung verschiedener Standorte unterschiedlicher Versorgungsform

- **Gesamtzertifizierung**: Zertifizierung des gesamten Unternehmens

- **Zertifizierung einer Organisationseinheit**: Zertifizierung einer abgeschlossenen Ein-heit, z. B. Abteilungen, Teilkliniken

10.2 GAB-Verfahren

10.2.1 Entwicklung und Ansatz des GAB-Verfahrens

Das GAB-Verfahren wurde 1996 von der Münchner Gesellschaft für Ausbildungsfor-schung und Berufsentwicklung konzipiert. Die Bezeichnung GAB steht für eben diese Gesellschaft.

Zentrale Merkmale

Das Verfahren, so die Autoren, wird durch eine Reihe zentraler Merkmale charakteri-siert (vgl. GAB, 2016, S. 11 ff.):

- Das GAB Verfahren formuliert keine inhaltlichen Aussagen beziehungsweise Vorga-ben über Qualität, sondern setzt voraus, dass Qualität durch die beteiligten Akteure jeweils zu entwickeln ist.

- Das GAB-Verfahren versteht sich grundsätzlich als Ansatz der Organisationsentwick-lung. Qualität personenbezogener Dienstleistung wird nicht durch Vorgaben und Standardisierungen gesichert. „Vielmehr kann sie nur von den Mitarbeitenden selbst – und zwar in Kooperation mit den Empfänger*innen ihrer Dienstleistung hervorgebracht, aufrechterhalten und weiterentwickelt werden" (GAB, 2016, S. 11). Voraussetzung hierfür sind Fachlichkeit, Bereitschaft und eine Kultur „von Verständ-nis, Transparenz und Beteiligung" (ebd.).

- Aus der konsequenten Berücksichtigung der Eigenheiten personenenbezogener Dienstleistung folgt, dass Qualität grundsätzlich jeweils situativ neu auszuhandeln ist. „Deshalb setzt das GAB-Verfahren auch auf die Befähigung der Mitwirkenden, soziale Beziehungen zueinander aufzunehmen" (ebd.).

- Das GAB-Verfahren ermöglicht eine Zertifizierung nach der DIN EN ISO 9001 oder nach AZAV sowie eine entsprechend notwendige Systematisierung der bestehenden „oft ‚intuitiven' Formen der bereits bestehenden Qualitätssicherung und -entwick-lung" (ebd.).

10.2.2 Modell des GAB-Verfahrens

Entwicklung im Dialog

Das GAB-Verfahren wird als Leitfaden zur Einführung von Qualitätsmanagement ver-standen (vgl. GAB, 2016, S. 29). Das Modell beschreibt sechs Instrumente, die jeweils zwei Seiten zugeordnet sind. Die Instrumente Leitbild, Konzepte und Handlungsleitlinien bilden die linke Seite „Was wollen wir erreichen?". Die rechte Seite steht unter der Frage „Was haben wir erreicht?" und beinhaltet die Instrumente Praxisüberprüfung, Kollegiales Lernen und Systematische Evaluation. Damit wird im Sinne des PDCA-Zyklus ein kontinuierlicher Entwicklungskreislauf intendiert. Im Zentrum des Entwicklungsmodells steht die Überzeugung, dass Qualität personenbezogener Dienstleistungen nur im Dialog bestimmt, überprüft und entwickelt werden kann.

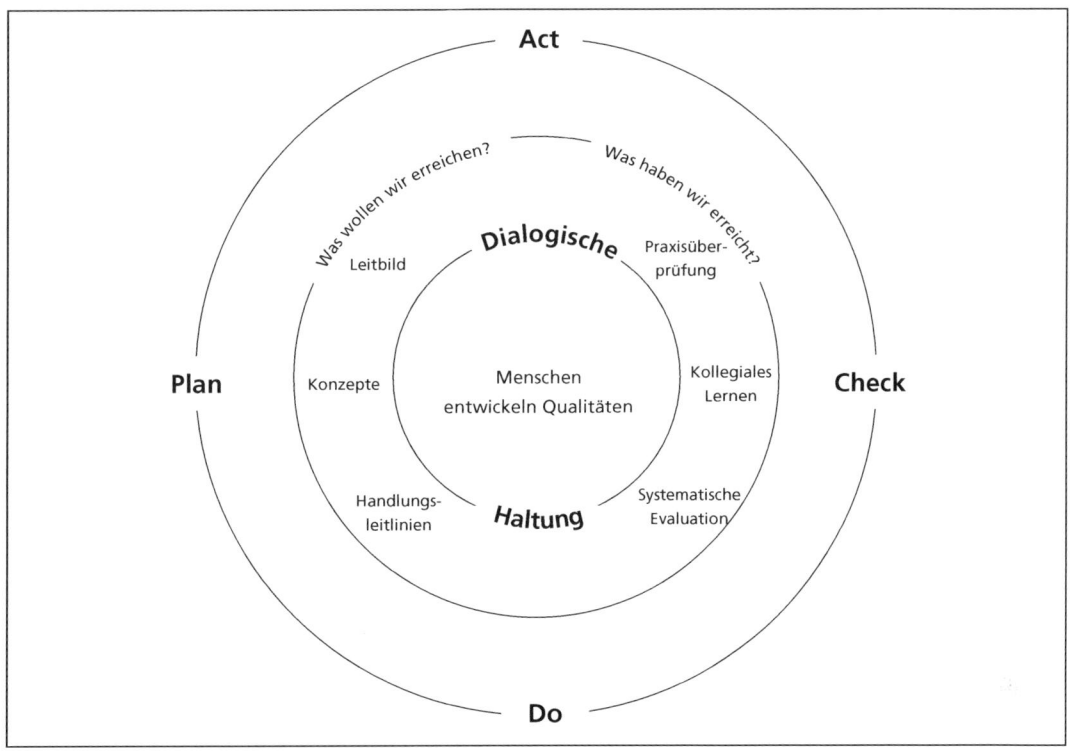

Abb. 76: Das Modell des GAB-Verfahrens (mod. n. GAB, 2016, S. 29)

Der Schlüsselsatz „Menschen entwickeln Qualitäten" wird auf dreifache Weise interpretiert (vgl. GAB, 2016, S. 18): *Menschen entwickeln Qualitäten*

- **Menschen** entwickeln Qualitäten: Die Qualität personenbezogener Dienstleistungen wird ausschließlich durch die beteiligten Akteure gestaltet.

- Menschen **entwickeln** Qualitäten: Qualität muss von den Beteiligten situativ stets neu gestaltet und ist systematisch und kontinuierlich zu reflektieren.

- Menschen entwickeln **Qualitäten**: Es wird betont, „dass mit und durch ein Qualitätsmanagement nicht die Qualität, sondern verschiedene Qualitäten entwickelt werden" (GAB, 2016, S. 18). Das bedeutet, dass Fach- und Führungskräfte Qualität im Sinne der Kompetenzentwicklung und persönlicher Entwicklung entfalten. Es bedeutet darüber hinaus, dass auch Rahmenbedingungen des Qualitätsmanagements überprüft und weiter entwickelt werden.

GAB unterscheidet vier Qualitätsdimensionen: Struktur-, Prozess- und Ergebnisqualität; mit dieser Einteilung wird auf Donabedian Bezug genommen (siehe 3.1 „Qualitäts- *Vier Qualitätsdimensionen*

Neu:
Beziehungsqualität

dimensionen nach Donabedian. Das GAB-Modell führt mit Beziehungsqualität darüber hinausgehend noch eine weitere Qualitätsdimension ein. Mit Beziehungsqualität ist als „Kerntätigkeit" die „professionelle Beziehungsgestaltung" gemeint (GAB, 2016, S. 26 und 27).

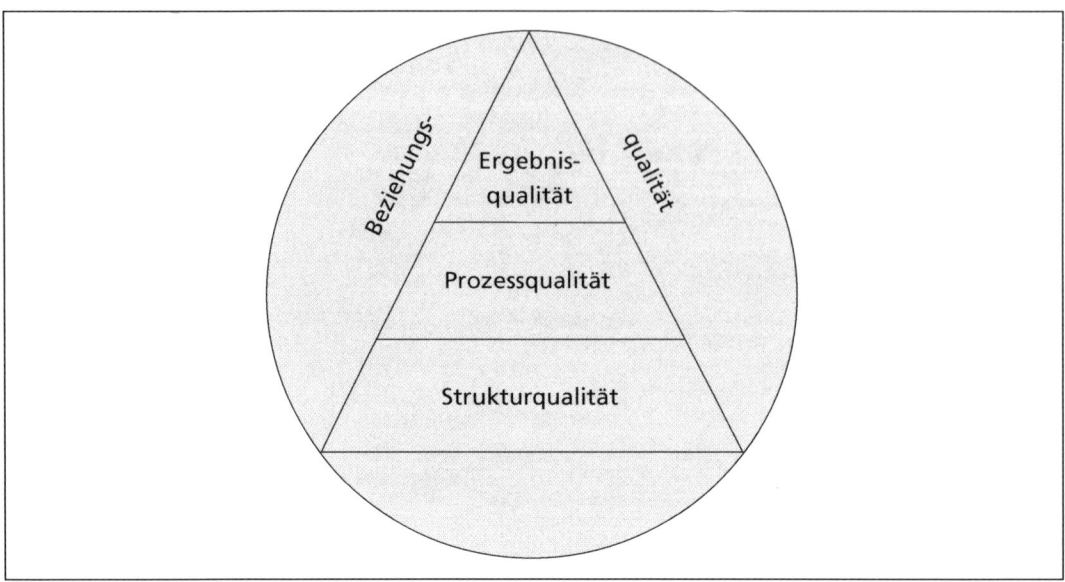

Abb. 77: Die vier Qualitätsdimensionen (GAB, 2016, S. 26)

Humanistisches
Menschenbild

Das GAB-Modell gründet auf einem humanistischen Menschenbild, das von einem grundlegenden Bedürfnis Selbstentfaltung ausgeht. Organisationen sind in der Lage, dieses fundamentale Motiv durch aktive Gestaltung der dafür notwendigen Rahmenbedingungen zu fördern. Das impliziert insbesondere eine breite und individuelle Beteiligung in der inhaltlichen und methodischen Ausgestaltung des Qualitätsmanagements.

Konstruktivistische
und systemische
Haltung

Dem GAB-Modell liegt ferner eine systemische und konstruktivistische Haltung zugrunde. Konstruktivistisch bedeutet nach diesem Verständnis, dass Qualität nicht von außen objektiv abgeleitet werden kann, „sondern eine Frage des Verständnisses, der Sinndeutung einer Handlung, einer Aufgabe oder einer Leistung" ist (vgl. GAB, 2016, S. 42). Demzufolge hat Kommunikation eine elementare Bedeutung im Qualitätsmanagement des GAB-Modells. Die systemische Haltung im GAB-Modell bedeutet, dass sich Organisationen als soziale Systeme einer direkten und linearen Steuerung – etwa durch ein Qualitätsmanagementsystem – grundsätzlich entziehen. Soziale Systeme sind durch wechselseitig verbundene Kommunikations- und Handlungsmuster geprägt. Daher sind Steuerungsimpulse in ihren Wirkungen nur begrenzt prognostizierbar und müssen von gemeinsamen Reflexionsprozessen begleitet werden.

Anthroposophie

Schließlich beruft sich das GAB-Verfahren auf die Anthroposophie Steiners. Dabei wird im Besonderen auf die Überlegungen zur Freiheit des Menschen verwiesen und Bezug genommen auf die Grundannahme, dass Qualität auch Bezüge jenseits objektiv wahrnehmbarer Realität hat.

10.2.3 Instrumente und Organisation des GAB-Verfahrens

Das GAB-Verfahren beschreibt mit Blick auf das soeben vorgestellte Modell folgende Instrumente:

Instrumente

- **Leitbild**: Das Leitbild „beschreibt … das Selbstverständnis der Organisation und formuliert damit Ansprüche an das Handeln der Mitarbeitenden und Führungskräfte. … In den Aussagen des Leitbilds enthalten sind zudem erste allgemeine Qualitätsziele, die eine Organisation anstrebt" (GAB, 2016, S. 30). GAB empfiehlt, das Leitbild schriftlich zu verfassen und in regelmäßigen, langfristigen Abständen anzupassen. Das Leitbild ist intern und extern zu kommunizieren. Es stellt die normative Basis für Konzepte und Handlungsleitlinien dar.

- **Konzepte**: GAB versteht unter Konzept „einen detaillierten, ausgearbeiteten Handlungsplan für ein Vorhaben oder ein Angebot". Konzepte konkretisieren Ziele und Planungen durch konkrete Aussagen hinsichtlich Vorgehensweisen, einzusetzender Ressourcen, notwendiger Qualifikationen usw. GAB betont, dass Konzepte partizipativ entwickelt werden, einen intensiven Reflexionsprozess ermöglichen und damit „identitätsstiftend" wirken (vgl. GAB, 2016, S. 31).

- **Handlungsleitlinien**: GAB definiert Handlungsleitlinien als spezifische, situationsbezogene „Vereinbarungen, wie Mitarbeitende und Führungskräfte bestimme Aufgaben und Abläufe handhaben wollen" (GAB, 2016, S. 32). Handlungsleitlinien sollen, so GAB, einen Orientierung gebenden Rahmen bilden. Innerhalb dieses Rahmens werden je nach fachlichen und sachlichen Anforderungen weitere Durchführungshinweise und Regelungen vorgenommen (vgl. GAB, 2016, S. 33).

1 Name der Handlung, der Maßnahme: Um welche Handlung, Arbeitsaufgabe oder Maßnahme geht es?
2 Sinn der Handlung: Was ist für uns der Sinn oder das Ziel dieser Handlung? Warum oder wozu machen wir das eigentlich?
3 Grundsätze, Werte und Prinzipien: Welche Grundsätze, Werte, Prinzipien sind uns für die Durchführung wichtig, wenn wir den Sinn der Handlung erreichen wollen? Worauf wollen wir bei der Durchführung achten?
4 Durchführungshinweise: Wie wollen wir die Handlung/die Aufgabe ausführen? Welche verbindlichen Vereinbarungen oder Regelungen wollen wir dazu treffen? Welche Anregungen und Empfehlungen geben wir?
5 Rückblicksfragen und Prüfhinweise: Woran können wir erkennen, dass wir dem Sinn und den Grundsätzen entsprechen, wir so vorgehen, wie wir vorgehen möchten?
6 Dokumentationshinweise: Muss etwas zu diesem Thema regelmäßig dokumentiert werden und wo soll das dokumentiert werden?
7 Schlussbestimmungen: Wer hat die Handlungsleitlinie erarbeitet? Für wen gilt sie? Ab wann gilt sie? Wer hat sie freigegeben? Wann wird sie überprüft?

Aufbau einer Handlungsleitlinie

Abb. 78: Der Aufbau einer Handlungsleitlinie im Überblick (GAP, 2016, S. 101)

- **Praxisüberprüfung:** Praxisüberprüfung bedeutet, dass in Teams oder kollegialen Gruppen die tatsächliche fachliche Praxis reflektiert und Möglichkeiten beziehungsweise Notwendigkeiten der Veränderung und Verbesserung erarbeitet werden. Die Ergebnisse einer Praxisüberprüfung werden verschriftlicht (vgl. GAB, 2016, S. 34).

- **Kollegiales Lernen:** Unter der Bezeichnung „Kollegiales Lernen" sind unterschiedliche Instrumente zusammengefasst, wie z. B. Intervison, Hospitation, Fallsupervision oder Fallbesprechung (vgl. GAB, 2016, S. 35). Die Instrumente des kollegialen Lernens dienen der Förderung der Offenheit und des Zusammenhalts im Team. Sie dienen insbesondere auch der persönlichen Weiterentwicklung der Mitarbeiter. Voraussetzung ist daher Vertraulichkeit innerhalb der Teams. Die Ergebnisse des Kollegialen Lernens werden daher nicht dokumentiert.

- **Systematische Evaluation:** Systematische Evaluation bezeichnet eine planvolle, zielgerichtete Auswertung der Praxis. Zum Einsatz kommen dabei Instrumente wie einfache schriftliche Befragungen, mündliche Befragungen im Rahmen von Interviews oder Gruppendiskussion sowie Datenerhebung durch Beobachtung (vgl. GAB, 2016, S. 36). Die systematische Evaluation eignet sich zur Auswertung etwa der Wirkungsweise einzelnener Programm- oder Konzeptbestandteile, des Ablaufs spezifischer Prozesse oder der Zufriedenheit von Mitarbeitern in ihrem Arbeitsfeld (vgl. ebd.).

Das GAB-Verfahren beschreibt weitere Instrumente: Qualitätsmanagement-Handbuch, Internes Audit beziehungsweise Management-Review und Qualitätspolitik, -ziele und strategische Qualitätsplanung.

- **Qualitätsmanagement-Handbuch:** Im Qualitätsmanagement-Handbuch wird das Qualitätsmanagement der Organisation beschrieben. Es umfasst das Leitbild und eine Beschreibung des Aufbaus der Organisation des Qualitätsmanagements. Weitere Teile des Qualitätsmanagement-Handbuchs sind Konzepte, Handlungsleitlinien und weitere Handlungsanleitungen (vgl. GAB, 2016, S. 37 f.).

- **Internes Audit und Management-Review:** Das Qualitätsmanagementsystem wird jährlich im Rahmen eines internen Audits einer Prüfung unterzogen. Alle drei Jahre wird das gesamte Qualitätsmanagementsystem überprüft. Schließlich werden die Ergebnisse des Audits mit der Leitung im Kontext eines Management Review ausgewertet (vgl. GAB, 2016, S. 39).

Organisation des QM-Systems

Das GAB-Verfahren macht grundlegende, allgemeine Aussagen zur Organisation des Qualitätsmanagementsystems (vgl. GAB, 2016, S. 40 f.). Die Gesamtverantwortung für die Implementierung und Steuerung des Qualitätsmanagements liegt bei der Leitung beziehungsweise dem Führungskreis. Gleichzeitig wird die aktive Mitwirkung der Mitarbeiter betont. Eine besondere Funktion übernehmen die sog. Qualitätskoordinatoren und Qualitätsmoderatoren. Die Qualitätskoordinatoren wirken beratend, vor allem hinsichtlich der methodischen Arbeit. Die Qualitätsmoderatoren unterstützen die Teams in der Qualitätsarbeit. Qualitätsarbeit wird entweder in bestehende Arbeits- und Besprechungsstrukturen integriert oder im Rahmen von Qualitätszirkelarbeiten integriert.

Teil 3: Implementierung und Steuerung von Qualitätsmanagement

In den ersten beiden Teilen wurden die theoretischen und methodischen Grundlagen von Qualitätsmanagement dargestellt sowie zentrale Qualitätsmanagementsysteme und -konzepte erläutert.

In der Praxis des Qualitätsmanagements zeigen sich jedoch vielfach Umsetzungsprobleme – trotz des Wissens um Grundlagen und Systeme: Qualitätsmanagement wird formal eingeführt, qualitative Veränderungen oder Verbesserungen zentraler Leistungsprozesse stellen sich jedoch nicht ein.

Die Ursachen können vielfältig sein: Möglicherweise wurden notwendige Ressourcen nicht zur Verfügung gestellt, Abläufe und Verfahren noch nicht verstanden, Aufgaben unzureichend verteilt oder Schnittstellen nicht geklärt. Oftmals haben Probleme jedoch auch nur einen indirekten Bezug zum Qualitätsmanagement oder sind auf anderer Ebene zu verorten: widersprüchliche Interessen und Erwartungen, nicht erkannte Widerstände, fehlende Akzeptanz, Motivationsverluste oder Kommunikationsprobleme im Team.

Die Einführung von Qualitätsmanagement hat Auswirkungen auf das gesamte Unternehmen. Es sind nicht nur Strukturen und technische Abläufe, sondern ganz grundlegend auch die normative und strategische Dimension betroffen. Die Einführung von Qualitätsmanagement ist also ein weitreichendes Veränderungsvorhaben, das die gesamte Organisation auch als soziales System betrifft. Im Folgenden werden daher maßgebende Aspekte aufgezeigt, die zum einen die Implementierung von Qualitätsmanagement als Change Projekt und zum anderen die kontinuierliche Steuerung von Qualitätsmanagement betreffen.

11. Qualitätsmanagement als Change Projekt

Der Begriff „Change Management" ist bis heute theoretisch und konzeptionell nicht eindeutig geklärt. In Anlehnung an Wöhrle soll Change Management im Folgenden als Oberbegriff fungieren (vgl. Wöhrle, 2013, S. 205). Danach steht der Begriff „Change" für grundlegende organisationale Veränderungen im Gegensatz zum operativen betrieblichen Alltag. Change Management bezeichnet daher die systematische und ganzheitliche Gestaltung weitreichender organisationaler Veränderungen und umfasst den gesamten Steuerungsprozess, von der Analyse über die Planung, Durchführung bis zur Überprüfung (vgl. Vahs, 2015, S. 279). Ganzheitlichkeit bedeutet in diesem Zusammenhang die Integration verschiedener steuerungsrelevanter Faktoren.

Grundlegende Organisationsveränderung

Die Implementierung eines Qualitätsmanagementsystems ist aufgrund der Reichweite und Komplexität auch als Change Projekt einzuordnen. Die Vielschichtigkeit resultiert insbesondere aus dem Steuerungsanspruch von Qualitätsmanagement. Qualitätsmanagement als unternehmensweiter Steuerungsansatz muss in die Aufbau- und Ablauforganisation integriert werden. Dabei tangiert Qualitätsmanagement nicht nur die methodisch-technische Ebene, sondern in besonderem Maße auch die sozialen und

Integration in die Organisation notwendig

normativen Bezüge. In der Fachliteratur wird – in der Unterscheidung unterschiedlicher Arten organisationaler Veränderungsprozesse – auch Qualitätsmanagement als konzeptioneller Ansatz genannt. Dabei wird von einem evolutionären, sozialorientierten Modell gesprochen (vgl. Vahs, 2015, S. 276; vgl. Kraus, Becker-Kolle & Fischer, 2004, S. 21).

Change Management als Themenfeld kann in diesem Kontext nicht umfassend diskutiert werden. Im Folgenden werden aber ausgewählte Aspekte erläutert, die bei der Implementierung von Qualitätsmanagement im Sinne eines organisationalen Wandels von zentraler Bedeutung sind.

11.1 Handlungsfelder des Change Managements

Mehrdimensionalität Qualitätsmanagement als Change-Vorhaben tangiert grundsätzlich verschiedene Bereiche im Unternehmen.

Vier Handlungsfelder Vahs hat vier Handlungsfelder des Change Managements beschrieben und damit die Mehrdimensionalität von Veränderungsvorhaben verdeutlicht (vgl. 2015, S. 316 ff.).

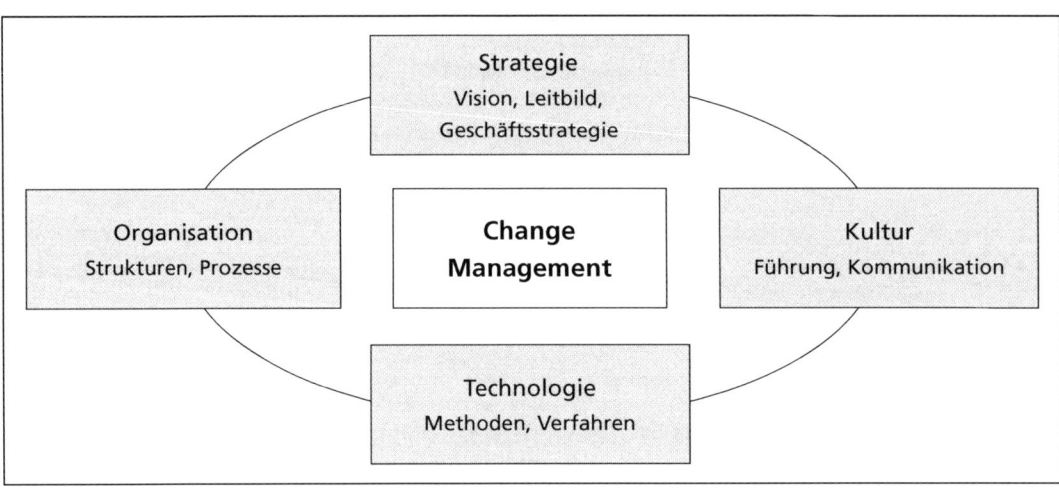

Abb. 79: Handlungsfelder des Veränderungsmanagements (Vahs, 2015, S. 317)

- Das erste Handlungsfeld betrifft die **Strategie**: Qualitätsmanagement als strategischer Managementansatz orientiert sich an der Unternehmensstrategie. Aus der Unternehmensstrategie werden Geschäftsfeldstrategien und Funktionsbereichsstrategien abgeleitet. Qualitätsmanagement als Funktionsbereich verfolgt grundlegend eigene Ziele, klassischer Weise die Weiterentwicklung und Verbesserung der Dienstleistungsprozesse (vgl. Bruhn, 2013, S. 215). Die Wahl des Qualitätsmanagementsystems, dessen Planung und Entwicklung und letztlich die zu implementierenden Strukturen und Prozesse müssen mit der Unternehmensstrategie in Einklang stehen.

- Das zweite Handlungsfeld bezieht sich auf die **Unternehmenskultur**: Die Unternehmenskultur gilt als weiches Handlungsfeld, denn es sind insbesondere Werte und Normen einer Organisation betroffen. Die Einführung von Qualitätsmanagement berührt in elementarer Weise auch das Führungsverständnis eines Unternehmens.

- Das dritte Handlungsfeld fokussiert die **Technologie** des Unternehmens: Unter dem Begriff Technologie sind Methoden und Verfahren zusammengefasst. Im Bereich von Sozialunternehmen ist damit insbesondere die Informations- und Kommunikationstechnologie gemeint. Daraus folgt, dass Qualitätsmanagement in diesem Sinne in erheblichem Maß die Entwicklung und Steuerung von Technologie beeinflusst.

- Das vierte Handlungsfeld wird mit **Organisation** bezeichnet: Es bezieht sich im Wesentlichen auf die Aufbau- und Ablauforganisation eines Unternehmens. Im Qualitätsmanagement bedeutet in diesem Zusammenhang die Betonung einer prozessorientierten versus einer funktionsorientierten Unternehmensstruktur eine besondere Herausforderung.

Zwischen diesen vier Handlungsfeldern bestehen vielfache Wechselwirkungen. So hat etwa die Entwicklung einer prozessorientierten Organisation in stark funktional geprägten Unternehmen Auswirkungen auf die etablierten Kommunikationsbeziehungen und berührt damit auch normative Einstellungen. Die Einführung neuer Methoden und Verfahren wiederum beeinflusst organisationale Strukturen und Prozesse. Und eine Strategie, die in einer Vision oder einem Leitbild ihren Ausdruck findet, muss von der Kultur des Unternehmens getragen sein. *Wechselwirkungen*

Für die Planung und Steuerung von Change Projekten ist es notwendig, alle Handlungsfelder im Blick zu behalten.

11.2 Bezugsrahmen für Change Management

Neben diesen Handlungsfeldern und den vielseitigen Verknüpfungen ist ein weiterer Bezugsrahmen aufschlussreich. Krüger und Bach beschreiben in ihrem 3W-Modell einen Bezugsrahmen für Wandlungsvorhaben (Krüger & Bach, 2014). Die Autoren verstehen unter Wandlungsvorhaben dabei grundlegende strategische Transformationsprozesse in Unternehmen. Die Einführung von Qualitätsmanagement im Sinne eines im gesamten Unternehmen zu integrierenden Managementansatzes ist mit tiefgreifenden und dauerhaften Veränderungen verbunden. *Wandlungsvorhaben, Transformationsprozesse*

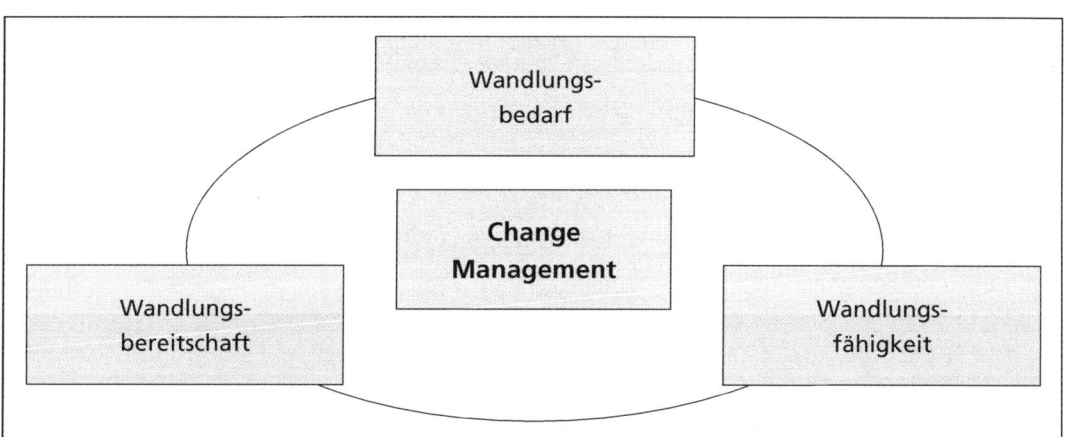

Abb. 80: Bezugsrahme für Change Management (in Anlehnung an Krüger & Bach, 2014, S. 6)

- Der **Wandlungsbedarf** bezeichnet nach Krüger und Bach „das Ausmaß der sachlich notwendigen Veränderungen des Unternehmens, seiner Teilbereiche und Mitglieder sowie seiner externen Kopplungen mit marktlichen und außermarktlichen Anspruchsgruppen" (Krüger & Bach, 2014, S. 14). Dabei muss, so die Autoren weiter, „das ‚sachlich Notwendige' auch subjektiv wahrgenommen werden". Der Veränderungsimpuls beziehungsweise der Wandlungsbedarf ist bei der Implementierung von Qualitätsmanagement in Sozialunternehmen vielfach extern initiiert, sei es durch gesetzliche Auflagen oder durch Forderungen auf Seiten der Kostenträger. Gleichzeitig kann die Einführung von Qualitätsmanagement auch auf strategischen Entscheidungen der Unternehmensführung beruhen, vornehmlich auf der Zielsetzung, die Leistungsprozesse zu verbessern und systematischer qualitätsorientiert zu steuern. Oft werden entscheidende Veränderungsprozesse in Unternehmen auch durch Krisen ausgelöst. Die Folge sind dann gewissermaßen revolutionäre Veränderungen. Qualitätsmanagement im Sinne eines unternehmensweiten Managementansatzes ist hingegen als „evolutionäres und sozialorientiertes Modell" zu verstehen (Vahs, 2015, S. 276).

- Die **Wandlungsbereitschaft** „umfasst die auf inneren Einstellungen wie auf Nutzenkalkülen beruhende Haltung gegenüber den Zielen und Maßnahmen des Wandels (Einstellungs-akzeptanz) sowie die Neigung, aktiv am Wandel mitzuwirken (Verhaltensakzeptanz)" (vgl. Krüger & Bach, 2014, S. 19). Mangelnde Veränderungsbereitschaft ist eine, wenn auch nicht die entscheidener Barriere bei Veränderungsvorhaben. Der innere Widerstand kann umgekehrt vor allem durch emotionale und weniger durch sachrationale Faktoren gelöst werden (vgl. Capgemini Consulting, 2012, S. 19). Eine zentrale Aufgabe des Change Managements besteht daher im konstruktiven Umgang mit Barrieren und Widerständen.

- **Wandlungsfähigkeit** schließlich „bezeichnet die auf geeigneten Befähigern beruhende Möglichkeit eines Einzelnen beziehungsweise einer Organisationseinheit oder des Unternehmens insgesamt, Wandlungsprozesse erfolgreich durchzuführen" (Krüger & Bach, 2014, S. 20). Die Einflussfaktoren umfassen damit ein breites Spektrum: Sowohl die Führungskompetenz wie auch die Entwicklungsfähigkeit des Unternehmens sind zu beachten.

Zum weiteren Verständnis der vorangegangenen Ausführungen folgen Überlegungen zur Entwicklungsfähigkeit von Unternehmen und zur Bedeutung der Unternehmenskultur im Zusammenhang mit der Implementierung von Qualitätsmanagement.

11.3 Zentrale Aspekte der Entwicklungsfähigkeit von Unternehmen

Ein differenzierteres Verständnis der Entwicklungsfähigkeit einer Organisation ist wichtig, um die Möglichkeiten und Grenzen der Einführung von Qualitätsmanagement besser einschätzen und eine Planung entsprechend gezielter gestalten zu können. Einige Modelle befassen sich dabei einmal mit der Frage der Entwicklungsdynamik von Organisationen. Andere Modelle beschreiben organisationale Muster des Lernens und der damit einhergehenden Entwicklung.

Das **Learning-and-Performance-Modell** von Hurst (1995) beschreibt die Entwicklungs-dynamik von Unternehmen anhand von drei Phasen.

Entwicklungsdynamik von Unternehmen

- **Phase 1: Birth**: Die erste Phase bezieht sich auf die Gründung eines Unternehmens. In dieser zeitlichen Spanne ist die Organisation primär durch informelle Strukturen und Abläufe geprägt: „…in their small-scale, informal beginnings, many modern organizations have social dynamics rather like those of hunters. The emphasis in such organizations is on learning of all kinds" (Hurst, 1995, S. 32).

- **Phase 2: Growth**: Aus den informellen Strukturen entwickeln sich allmählich Routi-nen. Es kommt zu verstärkter Aufgabenverteilung nach formalen, sachrationalen Kriterien. Strategien sind zunehmend handlungsbestimmend. Die zweite Phase stellt einen Übergang dar: „The social dynamics of the hunters start to shift into those of the herders" (Hurst, 1995, S. 42).

- **Phase 3: Maturity**: Routinen verfestigen sich zunehmend. Planungs- und Leistungs-prozesse werden perfektioniert und standardisiert. Es entsteht ein Höchstmaß an Expertise. Ein Unternehmen in dieser Phase entwickelt einen hohen Zufriedenheits-grad.

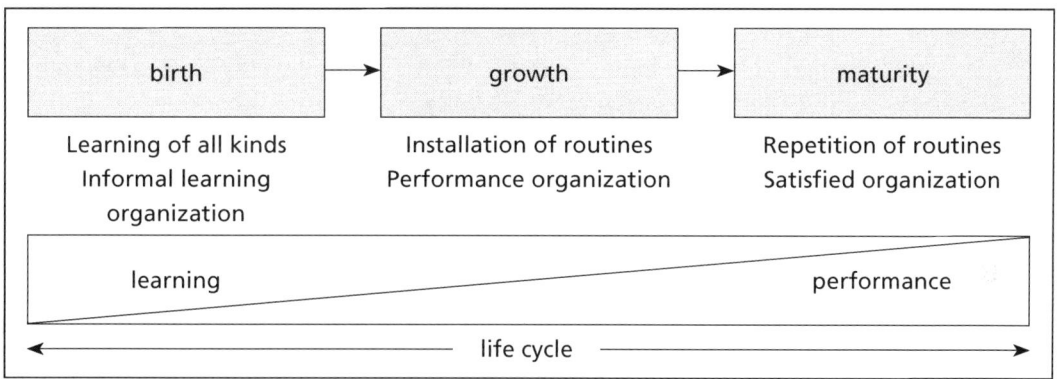

Abb. 81: Learning-and-Performance-Modell von Hurst (Vahs, 2015, S. 314)

Der hier skizzierte Entwicklungsverlauf scheint zunächst nicht mehr umkehrbar zu sein. Die Modi „learning" und „performance" schließen sich, so Hurst, auf den ersten Blick aus (vgl. 1995, S. 49).

Die entscheidende Frage lautet nach Hurst: „A key issue in this challenge is whether it is possible to reverse what appears to be a unidirectional, evolutionary process. Is rene-wal possible?" (ebd., S. 81). Es ist demnach entscheidend, dass Unternehmen in der Lage sind, organisationale Strukturen zu verändern und an neue Anforderungen, die etwa durch Krisen ausgelöst werden, anzupassen. Das Konzept des organisationalen Lernens bietet dazu einen Erklärungs- bzw. Lösungsansatz.

Kernfrage: Ist Erneuerung möglich?

Organisationales Lernen kann sehr weit gefasst werden. Grunwald stellt treffend fest: „Organisationales Lernen – als intensiv diskutierter Ansatz der Dynamisierung der Orga-nisationstheorie – meint einen erfahrungsbezogenen Prozess, in dem vorhandenes Wis-sen (bewusst) genutzt, neues Wissen aufgenommen und in der organisationalen Wis-sensbasis verankert oder bestehendes Wissen paradigmatisch weiterentwickelt wird, um es für zukünftige Problemlösungen zu organisieren" (Grunwald, 2013e, S. 727).

Organisationales Lernen

Lernebenen nach Argyris & Schön

Ein sehr bekanntes Konzept des organisationalen Lernens geht auf Argyris und Schön (1978) zurück. Die Autoren unterscheiden drei Lernebenen: „single-loop-learning", „double-loop-learning" und „deutero-learning".

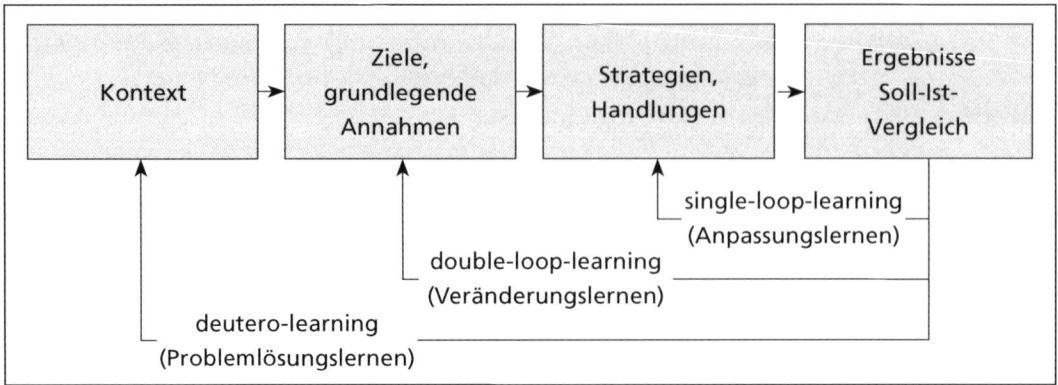

Abb. 82: Lernebenen nach Argyris & Schön

Anpassungslernen

- Die erste Lernebene (**single-loop-learning**) stellt einen einfachen Regelkreis dar (vgl. Argyris & Schön, 1978, S. 18 ff.). Handlungen und Ereignisse werden innerhalb dieses Regelkreises an einem festen Bezugsrahmen, einer „handlungsleitenden Theorie der Organisation (theory-in-use)" gemessen (Schreyögg & Steinmann, 2005, S. 510). Abweichungen von diesem derart definierten Soll-Zustand werden entsprechend korrigiert. Die erste Lernebene zeichnet sich durch lineares „Anpassungslernen" aus (Vahs, 2015, S. 432). Ziel ist die Einhaltung dieses Bezugsrahmens, ohne dass grundlegende Überzeugungen aufgegeben und damit gravierende Veränderungen vorgenommen werden müssen. Im Sinne einer Übertragung auf die Managementpraxis sprechen Schreyögg und Steinmann von „operative[n] (der Verf.) Anpassungen" (Schreyögg & Steinmann, 2005, S. 510).

Veränderungslernen

- Auf der zweiten Lernebene (**double-loop-learning**) wird auch dieser Bezugsrahmen in Frage beziehungsweise zur Diskussion gestellt. Bisher geltende grundlegende Normen und Werte werden reflektiert und überdacht, vielfach auch im Zusammenhang mit innerbetrieblichen Konflikten (vgl. Argyris & Schön, 1978, S. 22). Vahs spricht von „Veränderungslernen" (2015, S. 433). Entscheidend für den Vollzug dieser zweiten Lernebene ist die Etablierung eines neuen Bezugsrahmens beziehungsweise einer neuen Handlungstheorie. Schreyögg und Steinmann bezeichnen diesen Lernprozess auch als „Strategische Kontrolle" (2005, S. 510).

Problemlösungslernen

- Werden schließlich Lernprozesse gleichsam auf einer Metaebene reflektiert, ist eine dritte Lernebene (**deutero-learning**) betroffen. Die Bezeichnung „deutero-learning" geht auf Bateston zurück und bezieht sich auf die Lern- und Entwicklungsfähigkeit der Organisation selbst zum Reflexionsgegenstand (vgl. Argyris & Schön, 1978, S. 26). Daher wird die dritte Lernebene auch als „Problemlösungslernen" oder „Entwicklungslernen" bezeichnet (Vahs, 2015, S. 434).

11.4 Die Bedeutung von Organisationskultur im Change Management

Der Kulturbegriff stammt aus der Ethnologie und bezieht sich vor allem auf „Wert- und Denkmuster einschließlich der sie vermittelnden Symbolsysteme, wie sie im Zuge menschlicher Interaktion entstanden sind" (Schreyögg & Steinmann, 2005, S. 710). Der Terminus „Kultur" wird auf Organisationen übertragen, indem von der Vorstellung ausgegangen wird, dass auch Organisationen jeweils spezifische Kulturen entwickeln, die in gemeinsamen Vorstellungs- und Orientierungsmustern gründen und sich im Verhalten der Organisationsmitglieder nach innen und außen manifestieren (vgl. ebd.). Schein hat ein Modell entwickelt, mit dessen Hilfe die Komplexität des Phänomens Organisationskultur veranschaulicht und erklärt werden kann.

Organisationskultur

Schein definiert Organisationskultur wie folgt: „Organizational culture is the pattern of basic assumptions that a given group has invented, discovered, or developed in learning to cope with its problems of external adaption and internal integration, and that have worked well enough to be considered valid, and, therefore, to be taught to new members as the correct way to perceive, think, and feel in relation to those problems" (1984, S. 3).

Er unterscheidet in seinem Modell der Organisationskultur drei Ebenen (vgl. Schein, 1984, S. 3 ff.):

Verschiedene Ebenen

- **Artefakte, Schöpfungen** (artifacts, creations): Die erste Ebene bilden Artefakte beziehungsweise Schöpfungen. Damit sind Architektur, Technologie, Ausstattung, Kleidung, öffentliche Dokumente und feste Verhaltensmuster gemeint. Artefakte beziehungsweise Schöpfungen sind sichtbar.

- **Werte** (values): Um diese Artefakte beziehungsweise Schöpfungen zu verstehen, sind auf einer zweiten Ebene die dahinter liegenden Werte in den Blick zu nehmen. Dies kann über Gespräche mit Organisationsmitgliedern erfolgen oder über die Analyse zentraler normgebender Dokumente, wie etwa Leitlinien oder Leitbilder.

- **Grundannahmen** (basic assumptions): Um Organisationskultur jedoch tiefergehend zu erfassen, muss ein Zugang zu den Grundannahmen der Organisation ermöglicht werden. Diese Grundannahmen sind meist nicht bewusst und nicht direkt erkennbar, dennoch maßgeblich verantwortlich für die Überzeugungen, das Denken und Fühlen der Organisationsmitglieder.

Organisationskultur stellt gleichsam die normative Basis eines Unternehmens dar. Diese Muster grundlegender Annahmen, wie Schein es formuliert, haben sich in Organisationen im Zusammenhang mit der Lösung externer Anpassungs- und interner Integrationsleistungen als erfolgreich erwiesen und verfestigt. Probleme externer Anpassung sind nach Schein etwa Strategie- und Zielentwicklung sowie Leistungsbewertung (vgl. 1984, S. 9). Probleme interner Integration beziehen sich z. B. auf Grenzen und Kriterien hinsichtlich Gruppenzugehörigkeit, Macht und Status sowie Belohnung beziehungsweise Sanktionsmechanismen.

Normative Basis des Unternehmens

Im Abschnitt 5.5 „Unternehmensweite Integration" wurde bereits erläutert, dass Qualitätsmanagement eine normative Dimension hat. Im Zusammenhang mit Qualitätsmanagement manifestieren sich normative Überzeugungen in der Qualitätspolitik, in Qualitätszielen und der Qualitätskultur. Normative Strukturen und Muster im Sinne des soeben vorgestellten Modells sind nicht direkt steuerbar.

Das Wissen um das Phänomen der Organisationskultur ist in diesem Kontext dennoch von elementarer Bedeutung: Die Implementierung von Qualitätsmanagement als unternehmensweiten Steuerungsansatz tangiert die normative Basis eines Unternehmens als zentrale stabilisierende Komponente. Spannungsfelder und Konflikte sind die Folge, die eine erfolgreiche Implementierung eines Qualitätsmanagementsystems nachhaltig beeinträchtigen können.

Für die Implementierung von Qualitätsmanagement muss also ein Ansatz gewählt werden, der neben organisatorischen und konzeptionellen Aspekten auch Fragen kulturell-normativer Dynamiken und organisationaler Entwicklung integriert.

11.5 Elemente eines integrierten Implementierungsansatzes

Mit Blick auf einen integrierten Implementierungsansatz sind insbesondere zwei Aspekte näher zu diskutieren:

- Zum einen ist zu klären, wie die Implementierung von Qualitätsmanagement als Change Projekt aufgabenorientiert zu bewerkstelligen ist. Dafür hat sich ein projektorientiertes Vorgehen bewährt.

- Zum anderen wird mit dem sog. Drei-Phasen-Modell von Lewin ein Ansatz der klassischen Organisationsentwicklung vorgestellt, der die psychosoziale Dynamik der Beteiligten und Betroffenen aufgreift und in den Implementierungsprozess einbezieht.

Abschließend werden zentrale Erfolgsfaktoren von Change-Projekten skizziert.

11.5.1 Projektphasen

Projekte werden in verschiedene Phasen unterteilt. Die Phasenfolge wird in der Fachliteratur teilweise variiert. So werden etwa Vorbereitung und Initialisierungsphase getrennt. Teilweise wird der Projektstart als eigenständige Phase beschrieben. Gelegentlich schließt sich dem Projektabschluss noch eine Nachprojektphase beziehungsweise eine Phase des Betriebsübergangs an.

Vorgehen in vier Phasen Sinnvoll erscheint die Einteilung in vier Phasen: Initialisierung und Vorbereitung, Planung, Durchführung und Abschluss. Die Phasen werden im Folgenden grob umrissen.

Initialisierung, Vorbereitung	Planung	Durchführung	Abschluss
• Projektziel-definition • Festlegung Projekt-organisation • Aufwands-, Kostenschätzung • Leistungs-definition • Projektauftrag	• Zielorientierte Analyse: Unter-nehmen (Stärken, Schwächen), Um-feld (Chancen, Risiken), Stake-holder • Entwicklung Projektplan (Leistungen, Termine, Kosten) • Ressourcen-planung • Kommunikations- und Informations-struktur	• Projektsteuerung gemäß Plan • Integration von Plan-abweichungen (auch Krisen-management) • Projekt-kommunikation	• Abnahme, Evalution • Abschluss-dokumentation • Auflösung Projekt-organisation

Abb. 83: Projektphasen

- Die **Initialisierungs- und Vorbereitungsphase** umfasst die Zeit von der Problemfindung bis zur Entscheidung und Beauftragung eines Projekts. Oftmals ist der Ursprung eines Projekts eher eine vage Problemwahrnehmung. Das Problem ist daher zunächst einzugrenzen. Das geschieht möglicherweise sukzessive. Eine erste Grobanalyse und -planung ist zu entwickeln, einschließlich einer Aufwands- und Kostenschätzung. Dabei kommt es besonders auf die Vollständigkeit der notwendigen Informationen an. Möglicherweise spielt auch eine interessenspolitisch motivierte Verteilung von Informationen mit Blick auf unterschiedliche Anspruchsgruppen eine Rolle. Mit der Definition des Projektziels muss auch eine klare Leistungsbeschreibung vorliegen. In der ersten Projektphase wird auch die Projektorganisation festgelegt.

- Die zentrale Aufgabe der **Planungsphase** liegt in der Erstellung eines Projektplans. Dem Projektplan müssen projektzielbezogene Analysen vorausgehen. Insbesondere sind eine Unternehmens- und Umfeldanalyse vorzunehmen. Mit Blick auf das Projektziel sind die Stärken und Schwächen des Unternehmens sowie die umfeldbezogenen Chancen und Risiken zu analysieren. Eine weitere Analyse bezieht sich auf relevante Projektstakeholder. Der Projektplan selbst umfasst im Allgemeinen Leistungen, Termine und Kosten sowie den Ressourceneinsatz. Die chronologische und inhaltliche Planung wird durch Meilensteine und Arbeitspakete strukturiert. Wesentlicher Bestandteil der Planung ist darüber hinaus auch eine zielführende Kommunikations- und Informationsstruktur – innerhalb der Projektorganisation sowie zu Projektbeteiligten und -betroffenen.

- In die **Durchführungsphase** fällt die planungs- und zielgemäße Umsetzung und Steuerung des Vorhabens. Dabei kommt dem Umgang mit Planabweichungen und etwaigen Krisen eine besondere Bedeutung zu. Neben der sachlichen, aufgabenbezogenen Planumsetzung ist daher gleichzeitig für eine beständige Kommunikation mit den direkten und indirekten Projektbeteiligten zu sorgen.

- Der **Projektabschluss** markiert zunächst ein zeitlich definiertes Ende des Vorhabens. Projekterfolg und -verlauf müssen abgenommen und evaluiert werden. Darin ist auch eine Projektabschlussdokumentation enthalten. Schließlich gilt es, die Projektorganisation sachlich und teambezogen aufzulösen.

Mehrfacher Phasen-durchlauf

Diese Skizze der einzelnen Projektphasen lässt auf den ersten Blick auf einen reibungslosen, stringenten Ablauf schließen. Dies aber täuscht: In der Projektpraxis verlaufen diese Phasen oft nicht oder nicht vollständig linear. Vielmehr werden die Phasen mehrfach durchlaufen. So ist bei als notwendig erkannten Korrekturen möglicherweise eine erneute Analyse und Planungsphase erforderlich, bei größeren Problemen muss eventuell die Auftragslage neu überdacht werden (vgl. Schneider & Wastian, 2014, S. 24 ff.). In der Umsetzungsphase sind die meisten Abweichungen vom geplanten Verlauf zu verzeichnen; in dieser Zeit stellen Koordination und Logistik die größten Anforderungen dar. Hintergrund sind vielfach Planungsfehler, die im Kontext der Durchführung bis zu einer Neubewertung der ursprünglichen Planungs- und Entscheidungsvoraussetzungen führen können.

Strategische Ansatzpunkte für Verbesserungen

Wastian et al. beschreiben strategische Ansatzpunkte für Verbesserungen, um unnötige Verzögerungen und Schleifen zu zurückliegenden Phasen zu vermeiden (Schneider & Wastian, 2014, S. 32 ff.)[10]. Schneider und Wastian fordern etwa eine systematische Berücksichtigung und Gestaltung bekannter Einflussfaktoren. Dazu zählen sie insbesondere die Notwendigkeit ausgewiesener Projektmanagementkompetenzen und eine systematische Analyse möglicher Schwachstellen und Projektrisiken. Auch ist eine genaue Analyse der Interessen und Erwartungen der relevanten Stakeholder unerlässlich.

Nicht alle Faktoren sind jedoch vorhersehbar. Das betrifft in besonderer Weise externe und zeitliche Aspekte. Um diese Faktoren angemessen berücksichtigen zu können, ist ein laufendes systematisches Controlling und Risikomanagement zwingend.

11.5.2 Drei-Phasen-Modell von Lewin

Berücksichtigung systemisch psycho-sozialer Faktoren

Parallel zu dem phasenbezogenen, sach- und aufgabenorientierten Vorgehen sind ebenso systematisch psychosoziale Faktoren zu berücksichtigen. Dazu eignen sich klassische Ansätze der Organisationsentwicklung. An dieser Stelle wird das Drei-Phasen-Modell Lewins vorgestellt, das einen sehr breiten Erklärungsansatz bietet und eine variable Umsetzung in die Praxis erlaubt.

Ansätze der Organisations-entwicklung

Ausgangspunkt des Modells ist die Feldtheorie Lewins (1963; 1947), die – so Staehle (vgl. 1999, S. 591) – stark in der physikalischen Psychologie verankert war und unter dem Begriff der Kräftefeld-Analyse (force field analysis) auf Gruppen und Organisationen übertragen wurde. Nach Lewin sind Situationen durch zwei gegeneinander wirkende Kräfte beziehungsweise Kraftfelder gekennzeichnet: retardierende und akzelerierende Kräfte (vgl. Staehle, 1999, S. 592). Organisationen streben prinzipiell nach einem Kräftegleichgewicht. Ein auftretendes Ungleichgewicht führt, so das Modell, zunächst zu einem Leistungsabfall. Wirken die akzelerierenden Kräfte positiv und

---

[10] Die Ausführungen von Schneider und Wastian können in diesem Kontext nur ausschnittsweise und zusammengefasst wiedergegeben werden; auf die Publikation im Literaturverzeichnis sei hingewiesen.

kann eine Veränderung erreicht werden, ist eine erneute Stabilisierung möglich (vgl. ebd.). Lewin benannte diesen Wandlungsprozess mit den Begriffen „Auftauen" (unfreezing), „Bewegung" (moving) und „Einfrieren" (freezing).

Dieses Modell wurde wohl erstmals von Schein als Prozess der systematischen Einflussnahme weiter ausdifferenziert (vgl. ebd., S. 593) und wird heute im fachlichen Kontext von Organisationsentwicklung als Drei-Phasen-Modell breit rezipiert (vgl. Vahs, 2015, S. 357 ff.).

Drei-Phasen-Modell von Lewin

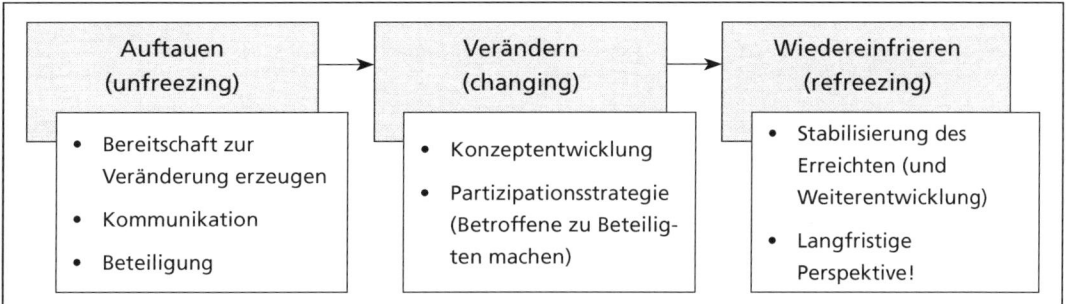

Abb. 84: Drei-Phasen-Modell von Lewin

- In der ersten Phase des **Auftauens** kommt es darauf an, die für das Vorhaben notwendige Veränderungsbereitschaft zu erzeugen. Eine zentrale Bedeutung haben in diesem Zusammenhang offene Kommunikation, transparente Information und aktive Beteiligung der betroffenen Personen beziehungsweise Personengruppen.

- In der zweiten Phase des **Veränderns** steht eine Partizipationsstrategie im Zentrum, die dem in der Organisationsentwicklung proklamierten Grundsatz folgt „Betroffene zu Beteiligten zu machen". Der Grad und die Art der Beteiligung ist dabei von vielen Faktoren abhängig zu machen. So spielen der Anlass der Veränderung und die daraus resultierende zentrale Strategie eine entscheidende Rolle. Eine akute Unternehmenskrise wird andere Implikationen der Partizipation erfordern als ein auf längere Sicht angelegter Veränderungsprozess.

- Die dritte Phase des **Wiedereinfrierens** schließlich zielt im Kern auf eine Stabilisierung der Veränderung ab. Dabei ist der Begriff des „refreezing" insofern missverständlich, als grundsätzlich auch eine erneute Weiterentwicklung intendiert ist. Die letzte Phase ist perspektivisch langfristig angelegt.

12. Steuerung von Qualitätsmanagement

Die Implementierung von Qualitätsmanagement ist ein Vorhaben, das ein strategisches und damit zielorientiertes, systematisches Vorgehen erfordert. Dabei ist ein Ansatz zu wählen, der sach-, aufgabenbezogene ebenso wie normative, psychosoziale Dimensionen integriert. In den vorangegangenen Kapiteln wurden zentrale, strukturbildende Prinzipien im Qualitätsmanagement erläutert, einzelne methodische Bausteine vorgestellt und ausgewählte Qualitätsmanagementsysteme und -konzepte diskutiert.

In diesem abschließenden Kapitel werden nun noch einige ausgewählte Aspekte diskutiert, die für die laufende Steuerung von Qualitätsmanagement von zentraler Bedeutung sind:

- Integration von Qualitätsmanagement in die Aufbau- und Ablauforganisation eines Unternehmens,

- bedeutsame Faktoren im Zusammenhang mit der Qualitätsplanung und schließlich

- entscheidende Strukturelemente des Qualitätscontrollings.

12.1 Organisationsbezogene Integration von Qualitätsmanagement

Bei der „Organisation von Qualitätsmanagement" geht es um die Integration des Qualitätsmanagements in die Aufbau- und Ablauforganisation.

Führungs-verantwortung Es wurde bereits mehrfach betont, dass die Einführung von Qualitätsmanagement zwingend mit der Verantwortung der Führung beziehungsweise der Unternehmensleitung verbunden ist. Daraus folgt, dass dies in der organisationalen Struktur des Qualitätsmanagements abgebildet sein muss. Gleichzeitig bedarf es aufgrund der Besonderheiten der Leistungsprozesse in Sozialunternehmen einer beteiligungsorientierten Ablauforganisation, die eine „schnelle und flexible Qualitätslenkung" ermöglicht (Bruhn, 2013, S. 299).

12.1.1 Aufbauorganisation

Primäre und sekundäre Qualitätsorganisation Der strukturelle Aufbau eines Unternehmens kann nach einer Primär- und Sekundärorganisation unterschieden werden.

Ersteres bezeichnet die dauerhafte „aufbauorganisatorische Grundstruktur", die von temporären „sekundären Strukturierungskonzepten ergänzt beziehungsweise überlagert werden kann" (Staehle, 1999, S. 739). Die primäre Qualitätsorganisation bezieht sich demnach auf die Verteilung der Verantwortung für das Qualitätsmanagement im Liniengefüge des Unternehmens (vgl. 2013, S. 300 ff.).

Sekundäre Qualitätsorganisation bezeichnet die sachlich-inhaltliche Steuerung von Qualität.

Primärorganisation: QM-Verantwortung bei der Führung In den bisherigen Ausführungen wurde stets betont argumentiert, dass die Verantwortung für die Einführung und Steuerung von Qualitätsmanagement bei der Unternehmensführung liegen muss. Dies muss in der Primärorganisation zum Ausdruck kommen. Gleichzeitig ist auch klar, dass die Verantwortung der obersten Leitung ab einer gewissen Größe des Unternehmens „auf das Linienmanagement übertragen werden" muss (ebd., S. 300). Das entspricht dem Grundsatz der „Äquivalenz von Verantwortung und Befugnis", wie es Geiger formuliert (1998, S. 223 f.).

Linienverantwortung

Das bedeutet zweierlei:

• Erstens muss die Funktion delegiert werden.

• Zweitens ist zu gewährleisten, dass die verantwortlichen Führungskräfte auch die Verpflichtung zur Qualität übernehmen und glaubhaft an die Mitarbeiter vermitteln.

Neben der Linienverantwortlichkeit wird die Einrichtung einer zentralen koordinierenden Stelle empfohlen, entweder in Form eines Gremiums oder einer einzelnen Stabsstelle (vgl. Bruhn, 2013, S. 300).

Koordinierende Stelle

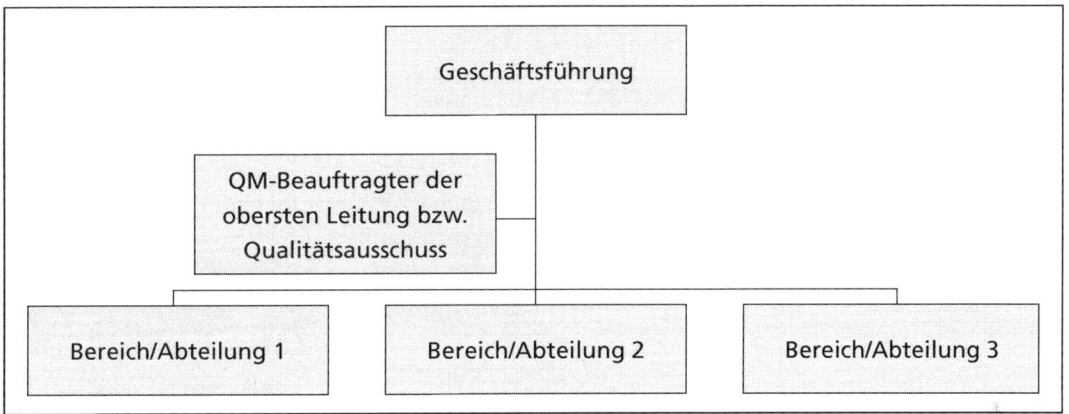

Abb. 85: Beispiel der primären Qualitätsorganisation

Die Sekundärorganisation bezeichnet alle Strukturen, die ergänzend zur organisationalen Grundstruktur geschaffen werden. Für die Steuerung des Qualitätsmanagements ist eine sekundäre Qualitätsorganisation aufzubauen. Dabei ist auf Effizienz zu achten, um Doppel- beziehungsweise Parallelstrukturen zur Primärorganisation zu vermeiden.

Sekundärorganisation:
Steuerung
des Qualitäts-
managements

Zwei Aspekte sind in diesem Kontext zu beachten:

• Erstens sollten „möglichst viele Funktionen des operativen Qualitätsmanagements auf das Linienmanagement (‚Primärorganisation') übertragen werden…" (Hensen P., 2016, S. 105).

• Zweitens können eigenständige sekundäre Organisationsstrukturen auch eine produktive Zusammenführung von Erfahrung und Kompetenz fördern (vgl. ebd.).

Unter die sekundäre Qualitätsorganisation fallen in der Regel Qualitätszirkel und ähnliche Arbeitsgruppen. Die Bedeutung und Arbeitsweise des Qualitätszirkels wurde bereits unter 7.2.1 „Qualitätszirkel" dargestellt.

An dieser Stelle soll die Integration von Qualitätszirkeln in die Aufbauorganisation erläutert werden.

*Integration von
Qualitätszirkeln*

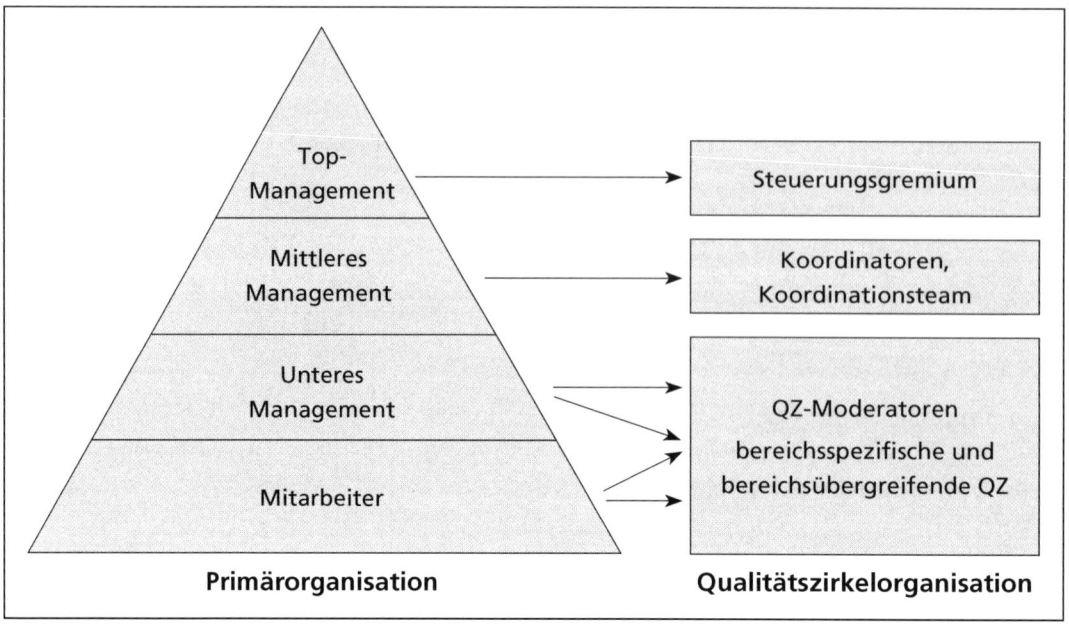

Abb. 86: Qualitätszirkel in der Aufbauorganisation

Die Primärorganisation des Unternehmens ist hier allgemein dargestellt. Den Hierarchieebenen der primären Organisationsstruktur sind die Steuerungsebenen der Qualitätszirkelorganisation zugeordnet.

*Aufgaben, Funktionen
der Qualitätszirkel-
organisation*

Dabei sind Aufgaben und Funktionen folgendermaßen verteilt (vgl. Bruhn, 2013, S. 303 f.):

- Das **Steuerungsgremium** ist aus Mitgliedern der obersten Führungsebene zusammengesetzt und hat primär die Aufgaben, eine übergeordnete Qualitätsstrategie zu entwickeln und für die Bereitstellung notwendiger Ressourcen zu sorgen.

- **Koordinatoren** beziehungsweise **Koordinationsteams** werden mit Führungskräften des Unternehmens besetzt, hier aus der mittleren Führungsebene. Haupt- und nebenamtlich sind deren Aufgaben die Unterstützung der QZ-Moderatoren, die Koordination der Qualitätszirkel und die Auswertung der Ergebnisse der Qualitätszirkel sowie die Berichterstattung an das Steuerungsgremium.

- Die **Qualitätszirkelmoderatoren** leiten die Qualitätszirkel. Sie können direkte Linienvorgesetzte der Qualitätszirkelmitarbeiter sein oder aus dem Qualitätszirkel gewählt werden.

- Die **Qualitätszirkel** haben meist eine wechselnde Zusammensetzung. Die Mitglieder stammen meist aus einem Fachbereich. Beratend können problemspezifisch Experten hinzugezogen werden.

12.1.2 Ablauforganisation

Während die Aufbauorganisation grundsätzlich eine konstante Komponente der Qualitätsmanagementorganisation darstellt, muss die Ablauforganisation den jeweils aktuellen Erfordernissen angepasst werden.

Für die ideale Ablauforganisation gibt es keine allgemeine Empfehlung. Nach Geiger und Kotte sind für die Erreichung eines idealen Organisationsgrads jedoch mindestens drei Grundelemente zueinander auszutarieren (vgl. 2005, S. 225 f.). *Optimaler Organisationsgrad*

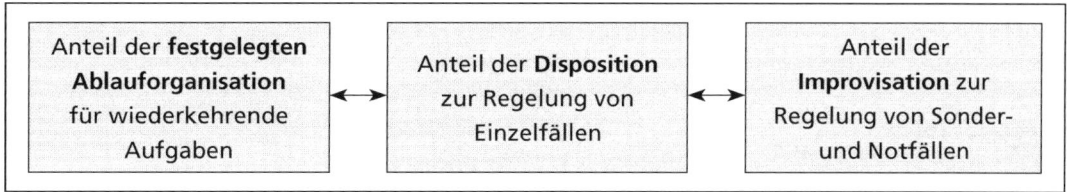

Abb. 87: Optimaler Organisationsgrad im Hinblick auf die drei genannten Anteile bei den spezifischen Aufgaben und Zielsetzungen einer Organisation (Geiger & Kotte, 2005, S. 225)

Feste, wiederkehrende Aufgaben bestimmen den Anteil der festgelegten Ablauforganisation. Variierende Elemente der Ablauforganisation stellen Disposition und Improvisation dar.

Die Disposition entspricht dem Weisungsrecht der Führungskräfte im notwendigen Einzelfall. Improvisation ist unmittelbar in Sonder- und Notfällen erforderlich (vgl. Geiger & Kotte, 2005, S. 225). Je nachdem, ob dispositive Anteile durch mehr Festlegungen minimiert oder situationsbedingt erhöht werden sollten, entsteht eine Situation der Unter- beziehungsweise Überorganisation. Sind zwischen Aufbau- und Ablauforganisation Überschneidungen erkennbar und entstehen Konflikte, kann von Desorganisation gesprochen werden. *Dispositive Anteile*

Gemäß dieser grundlegenden strukturellen Unterscheidung sind feste Abläufe insbesondere im Kontext der primären und sekundären Aufbauorganisation festzulegen. Zwischen den in der Qualitätsmanagementorganisation beteiligten Personen, Stellen und Gremien müssen regelmäßig strategische Planungen vollzogen werden. Dabei ist die Qualitätspolitik zu diskutieren und zu bestimmen, grundlegende Qualitätsziele und -strategien zu entwickeln (siehe auch 12.2 „Strategische Aspekte der Qualitätsplanung"). *Feste Abläufe festlegen*

Im Bereich des operativen Qualitätsmanagements sind alle Prozesse der laufenden Qualitätsmessung, -bewertung und -lenkung betroffen. Im Sinne eines kontinuierlichen Verbesserungskreislaufes sind die operativen Prozesse ebenfalls verbindlich zu regeln, insbesondere notwendige Abläufe im Zusammenhang der Sekundärorganisation des Qualitätsmanagementsystems (siehe 12.1.1 „Aufbauorganisation"). Geiger benennt weitere routinemäßig zu planende Abläufe (vgl. 1998, S. 226 f.), wie die Erstellung der Qualitätsmanagementdokumentation oder interne Auditprozesse. *Operative Prozesse verbindlich regeln*

Der dispositive Anteil der Ablauforganisation wird in Sozialunternehmen eine hervorgehobene Stellung einnehmen. Mit Blick auf die Besonderheiten personenbezogener sozialer Dienstleistungen und muss in besonderem Maße auf die situativen und persönlichen Erfordernisse von Leistungsempfängern eingegangen werden. Es ist nicht nur mit einer größeren Dynamik zu berücksichtigender Qualitätsforderungen zu rechnen. Auch die operative Prozesssteuerung muss sehr flexibel erfolgen. In Bezug auf das in Abschnitt 3.3 „Das Modell der Dienstleistungsqualität nach Parasuraman, Zeithaml und Berry" vorgestellte GAP-Modell müssen die kommunikativen und koordinierenden Abläufe zwischen Fachpersonal und Management durchlässig und dynamisch gestaltet werden. *Besonderheiten bei sozialen Dienstleistungen*

12.2 Strategische Aspekte der Qualitätsplanung

Begriff Qualitätsplanung

Planung ist der Beginn jedes Management- beziehungsweise Steuerungskreislaufes. Der Begriff „Qualitätsplanung" steht analog am Anfang des kontinuierlichen Verbesserungskreislaufes im Qualitätsmanagement.

Qualitätsplanung bezeichnet „das Festlegen der Qualitätsziele und der notwendigen Ausführungsprozesse, sowie der zugehörigen Ressourcen zum Erreichen der Qualitätsziele" (vgl. DIN, 2015a, S. 31). Ausgangspunkt der Qualitätsplanung sind dabei die unterschiedlichen externen und internen Qualitätsforderungen an eine Leistung oder ein Produkt.

Qualitätsplanung umfasst daher die Planung und Weiterentwicklung

- relevanter interner und externer Qualitätsforderungen,

- operationalisierbarer Qualitätsziele sowie

- des Qualitätsmanagementsystems (vgl. Geiger & Kotte, 2005, S. 142; vgl. Benes & Groh, 2017, S. 107; vgl. Bruhn, 2013, S. 255).

Einordnung von Planungsprozessen

Hensen weist darauf hin, dass in der Fachliteratur unterschiedliche Standpunkte vertreten werden, welche der hier nur exemplarisch genannten Elemente der Qualitätsplanung oder bereits der Leistungs- und Prozessgestaltung zuzuordnen sind (vgl. 2016, S. 84). Richtig ist wohl, dass **Planungsprozesse** sowohl **strategisch** und damit in größeren Abständen, wie auch **operativ** im Kontext der täglichen Qualitätslenkung stattfinden.

Es ist dabei entscheidend, eine **unternehmensspezifische Planungssystematik** zu entwickeln, die es ermöglicht, die vielfältigen, unterschiedlichen Qualitätsforderungen, die strategisch wie operativ erhoben werden, zu verknüpfen.

12.2.1 Ermittlung von Qualitätsforderungen

Ermittlungsmethoden

Für die Ermittlung von Qualitätsforderungen eignen sich unterschiedliche Methoden. Ausgewählte Ansätze, Methoden und Werkzeuge wurden im Verlauf bereits erläutert:

- Übersicht über Qualitätsperspektiven und mögliche Erhebungsverfahren (siehe 5.4 „Qualitätsmessung"),

- Qualitätsmethoden und -werkzeuge wie Ursache-Wirkungsdiagramm, Critical to Quality (siehe Kap. 7 „Qualitätsmethoden und -werkzeuge")

- Erkenntnisse aus Fehler-, Risiko- oder Beschwerdemanagement (siehe Kap. 6 „Begleitkonzepte des Qualitätsmanagements").

Strategische Steuerungsanforderung

An dieser Stelle soll die Ermittlung von Qualitätsforderungen als elementare strategische Steuerungsanforderung verdeutlicht werden.

Stakeholderanalyse

Stakeholder sind Interessens- oder Anspruchsgruppen des Unternehmens. Im Rahmen einer Stakeholderanalyse stellen sich (vgl. Kortendieck, 2009, S. 59; vgl. Hensen P., 2016, S. 93) folgende grundsätzliche Fragen:

- **Stakeholdergruppen**: Wer sind interne und externe Stakeholder?

- **Interessen und Erwartungen**: Welche Interessen und Erwartungen haben die Stakeholder?

- **Bewertung**: Welche Bedeutung haben die Interessen und Erwartungen in Bezug auf operationalisierbare Qualitätsforderungen?

Die relevanten Stakeholder sind prinzipiell unternehmensspezifisch zu bestimmen. Nachfolgende Tabelle zeigt exemplarisch mögliche Interessen ausgewählter Anspruchsgruppen.

Interessen, Erwartungen

Anspruchsgruppe	Interessen, Erwartungen
Leistungsempfänger	Autonome, individuelle Lebensgestaltung, Sicherheit
Fachkräfte	Sinnvolle Beschäftigung, Entwicklungsperspektiven, sicherer Arbeitsplatz, Erfüllung fachlich-professioneller Standards
Management	Effizienter und effektiver Ressourceneinsatz, Einhaltung gesetzlicher Vorgaben
Kostenträger	Wirksame Hilfeleistung, transparente Information über eingesetzte Hilfen
Kooperationspartner	Verlässliche Rahmenbedingungen der Zusammenarbeit

Abb. 88: Anspruchsgruppen und mögliche typische Interessen/Erwartungen

Die sehr allgemein formulierten Interessen und Erwartungen fließen auf unterschiedlichen Ebenen und in unterschiedlicher Weise in die Qualitätsplanung ein. Auf normativer Ebene sind grundlegende Qualitätsleitlinien oder auch Qualitätspositionen zu entwickeln. Diese werden auf strategischer Ebene in übergeordnete Qualitätsziele und passende Strategien transferiert. Schließlich werden im Kontext operativer Prozessplanung konkrete Qualitätskriterien, Merkmalsausprägungen und schließlich Qualitätsindikatoren definiert.

Qualitätsforderungen

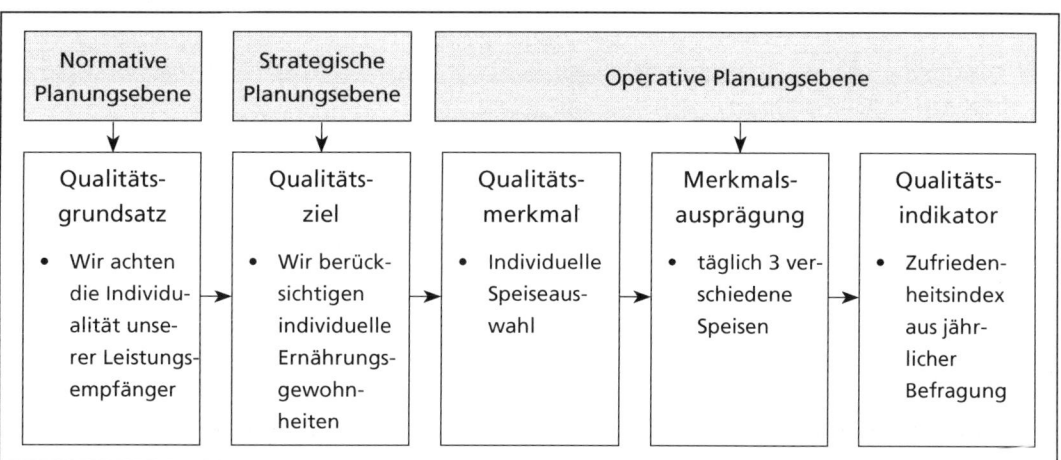

Abb. 89: Qualitätsforderungen auf unterschiedlichen Planungsebenen

Die Ermittlung strategisch relevanter Qualitätsforderungen ist auch auf umgekehrtem Wege möglich und im Qualitätsmanagement üblich. Durch Qualitätstechniken wie Critical to Quality (siehe 7.3.6 „Critical to Quality Analyse") werden Qualitätsforderungen aus originalen Kundenaussagen gewonnen und in grundlegenden normativen Vorgaben verdichtet. Letztlich stellen als strategisch relevant erkannte Qualitätsforderungen eine Planungsgrundlage für die Anwendung der Balanced Scorecard als unternehmensbezogenes Strategiekonzept (siehe 7.1.1 „Balanced Scorecard") dar.

12.2.2 Zielentwicklung

In den vorangegangenen Ausführungen wurde deutlich, dass Qualitätsziele grundsätzlich aus Qualitätsforderungen resultieren. Teilweise ist das jedoch nicht unmittelbar möglich und/oder sinnvoll, da Qualitätsforderungen zu vage oder zu komplex sind.

Konkretisierung durch Ziele

In diesen Fällen ermöglichen Ziele eine schrittweise Konkretisierung. Es gibt etliche Ansätze, Ziele zu systematisieren. Gemäß der bislang vorgenommenen Unterscheidung zwischen verschiedenen Managementebenen ist folgende Unterscheidung naheliegend:

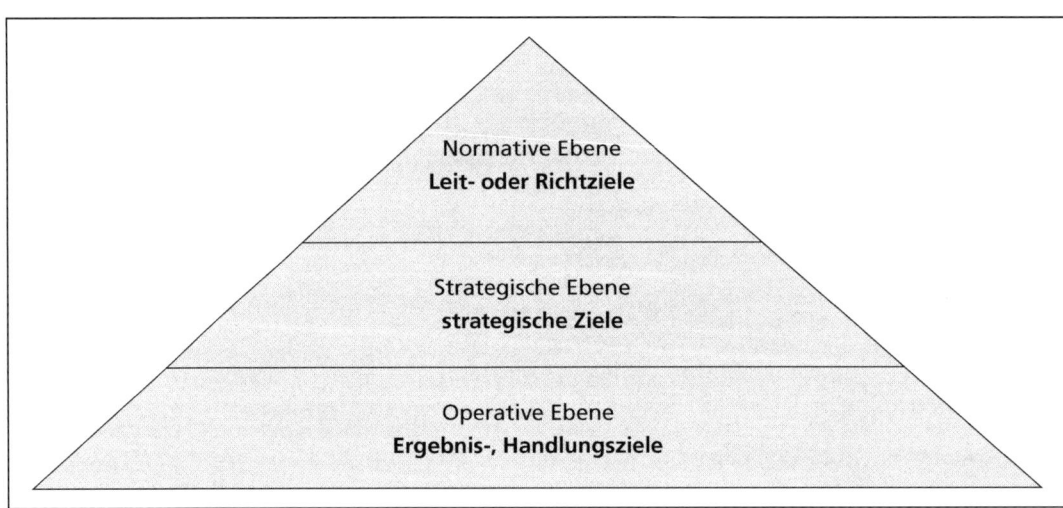

Abb. 90: Zielhierarchie

Orientierung am Leitbild

Auf normativer Ebene werden – orientiert am Unternehmensleitbild – grundlegende Qualitätsforderungen in **Leit- oder Richtziele** transferiert. Aus Leit- beziehungsweise Richtzielen werden strategische Ziele abgeleitet, die schließlich in operativen Ergebnis- beziehungsweise Handlungszielen münden. Möglicherweise werden mehrere strategische Ziele einem Richtziel zugeordnet. Auf operativer Ebene können sich Ergebnis- beziehungsweise Handlungsziele vervielfältigen.

Strategieziele

Weitere Differenzierungen können darüber hinaus hilfreich sein, etwa eine zusätzliche zeitliche Unterscheidung zwischen **lang- und mittelfristigen Strategiezielen**. In Anlehnung an eine übliche Planungssystematik im Projektmanagement kann darüber hinaus zwischen **Sachzielen** (oder auch Qualitätszielen), **Kosten- und Zeitzielen** differenziert werden. Diese Unterscheidung ist im Zusammenspiel sehr wichtig, um Ziele zu präzisieren. Bekannt ist schließlich auch die methodische Konstruktion von Zielen gemäß dem sog. „S.M.A.R.T"-Schema[11] (Doran, 1981). Danach sollen Ziele folgende Kriterien erfüllen:

- **Specific** (spezifisch): Festlegung, was genau zu verbessern ist

- **Measurable** (messbar): Ziel quantifizieren oder mit einem Indikator versehen

- **Assignable** (zuweisbar): Persönliche Zuordnung der Zielsetzung beziehungsweise -erreichung

- **Realistic** (realistisch): Angabe eines realistisch erreichbaren Ziels und der verfügbaren Ressourcen

- **Time-related** (terminiert): Zeitliche Angabe der Zielerreichung

12.2.3 Strategieentwicklung

Der Begriff „Strategie" ist ethymologisch auf das griechische Wort „strategós" zurückzuführen, das einen „Heerführer" bezeichnete. In der Managementlehre tauchte der Begriff erst spät auf, wobei es unterschiedliche zeitliche Einschätzungen darüber gibt. Nach Staehle wurde der Strategiebegriff durch die Harvard Business School in den 1950er Jahren in die Managementlehre eingeführt (vgl. Staehle, 1999, S. 603), nach Bea und Haas erst in den 1970er Jahren (vgl. 2017, S. 55). *Begriff Strategie*

Staehle definiert Unternehmensstrategie wie folgt: „Unternehmensstrategie (corporate strategy) umfaßt … die Festlegung der langfristigen Ziele einer Unternehmung, der Politiken und Richtlinien sowie die Mittel und Wege zur Erreichung der Ziele" (1999, S. 601). Strategische Planung fokussiert im Kern die Erfolgs- und Bestandssicherung des Unternehmens. *Unternehmensstrategie*

Strategieentwicklung ist prozesshaft zu verstehen. Der strategische Planungsprozess umfasst dabei folgende Elemente: *Strategischer Planungsprozess*

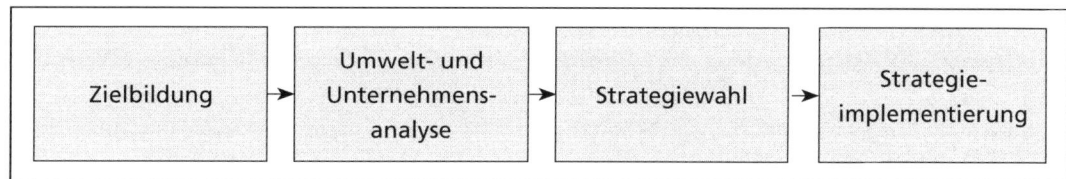

Abb. 91: Komponenten der strategischen Planung (vgl. Bea & Haas, 2017, S. 59)

In der Literatur sind auch andere Planungskomponenten und Reihenfolgen der Planungselemente zu finden. Teilweise wird noch die strategische Kontrolle als Teil des Strategieprozesses mit aufgenommen. Mitunter wird auch die Zielentwicklung der Planung nicht vorangestellt, sondern als Ergebnis der Problemanalyse verstanden. Bea und *Weitere Planungskomponenten*

---

[11] Im Originaltext steht „A" für „assignable". In der Literatur finden sich meist andere Übersetzungen. Meistens sollen Ziele akzeptabel (acceptable), erreichbar (achievable) oder ansprechend (attractive) sein.

Haas weisen daher darauf hin, dass strategische Planungsprozesse beziehungsweise die einzelnen Komponenten mit Vor- und Rückkoppelungsprozessen verbunden sind (vgl. 2017, S. 58).

Qualitätsmanagement ist ein eigenständiger Managementansatz, der aber gleichzeitig ins Unternehmen integriert werden muss. Strategieentwicklung im Qualitätsmanagement ist daher an der Unternehmensstrategie auszurichten. Empfehlenswert ist es etwa, die Strategieentwicklung im Qualitätsmanagement mit der Balanced Scorecard zu verknüpfen (siehe 7.1.1 „Balanced Scorecard"). Ausgangspunkt der Strategieentwicklung ist eine genaue Unternehmens- und Umfeldanalyse.

Strategische Grundausrichtungen

Qualitätsmanagement dient im Sinne einer langfristigen, strategischen Zielausrichtung der Leistungsverbesserung und -entwicklung gemäß definierter Qualitätsforderungen. Daneben können jedoch noch zwei weitere strategische Grundausrichtungen des Qualitätsmanagements genannt werden:

- Die Leistungsqualität hat elementaren Einfluss auf die Konkurrenzfähigkeit und die Marktposition eines Unternehmens.

- Zudem tangiert Qualitätsmanagement die Qualitäts- und damit auch Entwicklungsfähigkeit einer Organisation.

In Anlehnung an Zollondz (vgl. 2016d, S. 1118) und Bruhn (vgl. 2013, S. 215 ff.) lassen sich weitere strategische Grundausrichtungen des Qualitätsmanagements beschreiben:

- **Verbesserung der Leistungsqualität**: Die Verbesserung und Weiterentwicklung der Leistungsqualität ist das Kernanliegen des Qualitätsmanagements. Im weitesten Sinne ist damit die Qualitätsverbesserung aller Prozesse eines Unternehmens gemeint. Maßgebend sind leistungs- beziehungsweise prozessrelevante Qualitätsforderungen. Im engeren Sinne bedeutet Leistungsentwicklung auch die Förderung fachlicher Qualitätsstandards. So gesehen folgt Qualitätsmanagement auch einer Professionalisierungsstrategie.

- **Verbesserung der Wettbewerbsfähigkeit und Marktposition**: Eine weitere strategische Grundsausrichtung des Qualitätsmanagements ist in der Marktentwicklung zu sehen. Damit sind zwei Aspekte gemeint. Einmal zielt Qualitätsmanagement darauf ab, die Qualitätsforderungen aller Stakeholder zu berücksichtigen. Bruhn (vgl. 2013, S. 216 ff.) spricht hier von Erwartungsmanagement und verbindet damit die Ziele der Kundenakquise und -bindung. Für Sozialunternehmen ist Kundenbindung jedoch keine maßgebende Strategie. Qualitätsmanagement ist darüber hinaus aber geeignet, um die Leistungsqualität des Unternehmens nach außen zu kommunizieren und sich damit im Rahmen eines Qualitätswettbewerbs zu positionieren. Insofern fördert Qualitätsmanagement auch eine positive Marktentwicklung.

- **Organisationsentwicklung**: Bereits angesprochen wurde, dass Qualitätsmanagement als Konzept des Change Managements angesehen wird. Das gilt insofern, als die Implementierung von Qualitätsmanagement selbst ein weitreichendes Veränderungsvorhaben darstellt. Gelingt der Implementierungsprozess in Sinne einer ganzheitlichen Integration, dann induziert Qualitätsmanagement perspektivisch eine fortlaufende Dynamik der Veränderung und Anpassung innerhalb des Unternehmens. Tragende Basis dieses Entwicklungsprozesses ist Qualität fördernde Unternehmenskultur.

12.4 Kernaspekte von Qualitätscontrolling

Controlling wurde bereits als wichtiges Begleitkonzept von Qualitätsmanagement vorgestellt (siehe 6.4 „Controlling"). Aufgrund der naheliegenden Verbindungen zwischen beiden Funktionsbereichen wird im Folgenden die konzeptionelle und methodische Verbindung im Sinne von Qualitätscontrolling erläutert. Der Begriff „Qualitätscontrolling" macht bereits deutlich, dass es sich um einen Teilbereich im Gesamtcontrolling handelt. Dabei wird, wie bereits in Abschnitt 6.4 deutlich wurde, ein erweitertes Steuerungsverständnis zugrunde gelegt.

Qualitätscontrolling bezeichnet dabei die systematische Versorgung des Qualitätsmanagements mit Informationen zur Planung und Kontrolle der Einhaltung von Qualitätsforderungen, der Erreichung von Qualitätszielen und der Steuerung wirtschaftlicher Vorgaben und die damit eingehenden koordinierenden Aktivitäten. Es sind also nicht nur die wertschöpfenden Leistungsprozesse im Blickfeld der Steuerung, sondern auch die Effektivität und Effizienz des Qualitätsmanagementsystems selbst. *Systematische Informationsversorgung*

Im Allgemeinen wird zwischen strategischem und operativem Qualitätscontrolling unterschieden (vgl. Schmitt & Pfeifer, 2015, S. 322 ff.; vgl. Bruhn, 2013, S. 432 ff.; vgl. Vomberg, 2010, S. 259). *Formen des Qualitätscontrollings*

- Das **strategische Qualitätscontrolling** hat die Aufgabe, die strategische Zielplanung und Strategieentwicklung im Qualitätsmanagement zu überprüfen. Dies geschieht durch die Identifikation relevanter Einflussgrößen und die Entwicklung geeigneter Qualitätskennzahlen.

- Das **operative Qualitätscontrolling** unterstützt die Realisierung der strategischen Planung im Qualitätsmanagement auf operativer Prozessebene.

Im Abschnitt 6.4 „Controlling" wurden drei steuerungsrelevante Kategorien beschrieben: Kosten, Ziele/Strategien und Wirkungen. Diese Kategorien haben auch hier Auswirkungen:

- Das Qualitätscontrolling wird von seiner Entwicklung her dem Rechnungswesen zugeordnet (vgl. Schmitt & Pfeifer, 2015, S. 325). Aus dieser Perspektive stehen die qualitätsbezogenen Kosten im Zentrum einer operativen qualitätsorientierten Steuerung (siehe Kap. 8 „Qualität und Kosten"). *Kosten*

- Von zunehmender Bedeutung ist gerade in Sozialunternehmen – insbesondere im Kontext von Qualitätsmanagement – die Integration der Erwartungen und Interessen relevanter Anspruchsgruppen (siehe 5.2 „Kunden-, Anspruchsgruppenorientierung" und 6.4 „Controlling"). Daher ist die Überprüfung und Steuerung strategischer Qualitätsziele und -strategien und die Steuerung deren operativer Umsetzung eine immer wichtiger werdende Aufgabe des Qualitätscontrollings. *Ziele, Strategien*

- Wirkungscontrolling ist, wie bereits ausgeführt, eine naheliegende, grundsätzlich sinnvolle und gleichzeitig kritisch zu wertende Steuerungskategorie (siehe 6.4 „Controlling"). *Wirkung*

Abschließend soll die Frage geklärt werden, wie Qualitätsmanagement und Controlling grundsätzlich konzeptionell zusammengeführt werden können. Als gedankliche Vorlage dienen dabei die Überlegungen Bruhns (vgl. 2013, S. 431 f.) sowie Pfeifers und Schmitts (vgl. 2015, S. 98). *Zusammenführung von QM und Controlling*

Grundsätzlich wird dem Qualitätsmanagementsystem ein Qualitätscontrollingsystem gegenübergestellt. Damit ist noch keine Festlegung der organisationalen Integration des Qualitätscontrollings vorgenommen. Die Überlegungen zum Qualitätscontrolling werden in diesem Rahmen prinzipiell auf funktionaler Ebene angestellt. Die Frage der konkreten Verortung des Qualitätscontrollings in der Aufbau- und Ablauforganisation muss unternehmensspezifisch geklärt werden.

Konzeptionelle Verbindung Qualitäts- controlling und QM

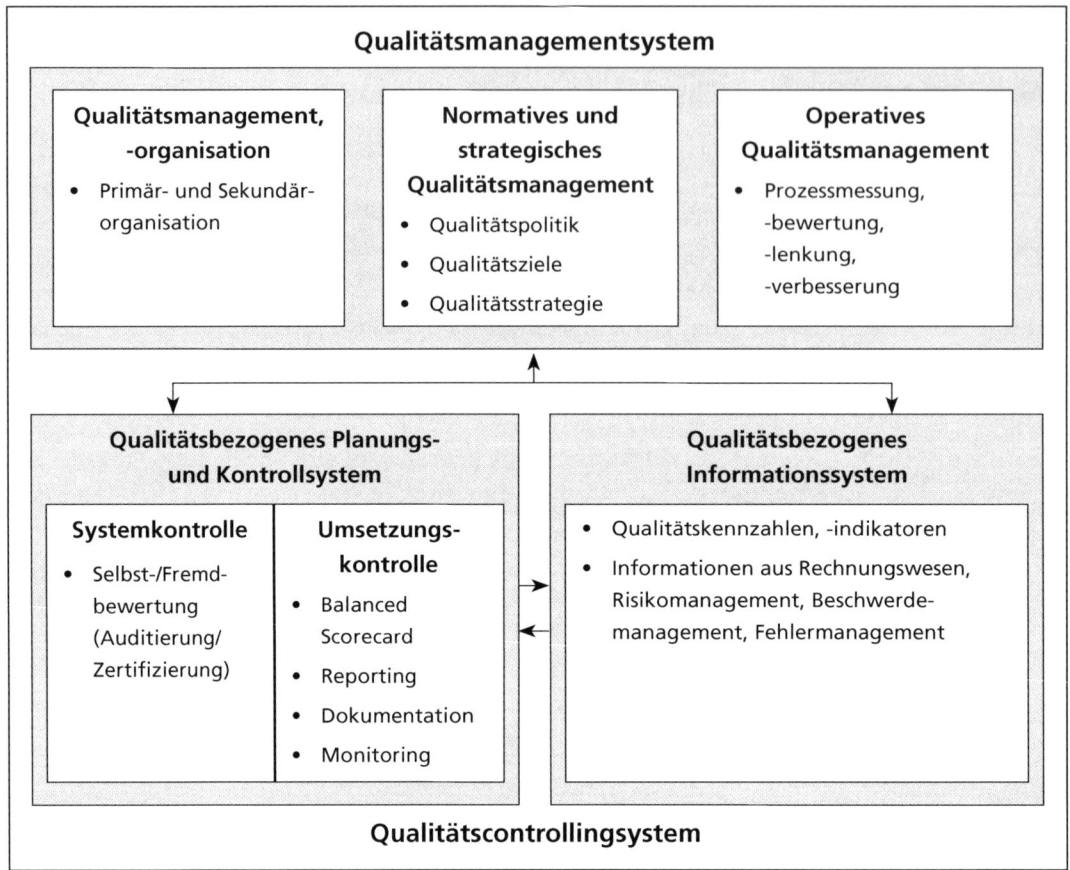

Abb. 92: Konzeptionelle Verbindung Qualitätscontrolling und Qualitätsmanagement (in Anlehnung an Bruhn, 2013, S. 431)

Unterstützungs- funktion durch Informationen

Qualitätscontrolling unterstützt das Qualitätsmanagementsystem durch Bereitstellung von Informationen, im Wesentlichen in Form von Qualitätszahlen beziehungsweise -indikatoren. Die notwendigen Daten werden dabei weitestgehend dem Rechnungswesen entnommen. Darüber hinaus werden relevante Informationen auch aus anderen Managementbereichen eingespeist, insbesondere dem Risiko-, Beschwerde- oder Fehlermanagement. Alle Informationen werden im Rahmen eines qualitätsbezogenen Planungs- und Kontrollsystems aufbereitet und zur Verfügung gestellt.

System-, Umsetzungskontrolle

Planungs- und Kontrollaktivitäten beziehen sich dabei einerseits auf das Qualitäts- managementsystem als solches (Systemkontrolle) und andererseits auf die Umsetzungs- kontrolle aller strategischen wie operativen Qualitätsziele (Umsetzungskontrolle). Das Qualitätsmanagementsystem wird durch Verfahren der Selbst- und Fremdbewertung überprüft (siehe vor allem 9.1.6 „Auditierung, Akkreditierung und Zertifizierung"). Für die Umsetzungskontrolle auf strategischer Ebene stellt die Balanced Scorecard ein geeignetes Planungs- und Kontrollinstrument dar (siehe 7.1.1 „Balanced Scorecard"). Steuerungsrelevante Informationen werden darüber hinaus in Reporting-, Dokumen- tations- und Monitoringprozessen erfasst und für Bewertungs- und Entscheidungs- situationen zur Verfügung gestellt.

Literaturverzeichnis

Argyris, C. & Schön, D. (1978). *Organizational Learning: A Theory of Action Perspective, Reading.* Massachusetts u. a.: Addison-Wesley.

Bachert, R. (2010). *Controlling in Nonprofit-Organisationen.* Freiburg im Breisgau: Lambertus Verlag.

Bachert, R., Eischer, S. & Speckert, M. (2014). *Risikomanagement im gemeinnützigen Bereich. Grundlagen und Praxisbeispiele.* Freiburg i. B.: Lambertus Verlag.

Bachert, R., Peters, A. & Speckert, M. (2008). *Risikomanagement in sozialen Unternehmen. Theorie. Praxis. Verbreitungsgrad.* Baden Baden: Nomos Verlagsgesellschaft.

Bea, F. X. & Haas, J. (2017). *Strategisches Management (9., überarbeitete Aufl.).* Konstanz, München: UKV Verlagsgesellschaft.

Beck, R. (1999). Leitkonzepte für die Gestaltung und Steuerung von Change-Prozessen und erfolgskritische Veränderungsprinzipien mit Blick auf ihre Anschlussfähigkeit und Relevanz für den Sozialbereich. In A. Wöhrle (Hrsg.), *Auf der Suche nach Sozialmanagementkonzepten und Managementkonzepten für und in der Sozialwirtschaft. Eine Bestandsaufnahme zum Stand der Diskussion und Forschung in drei Bänden. Band 3: Entwürfe mit mittlerer Reichweite und Arbeiten an den Nahtstellen* (S. 128–165). Augsburg: Zielverlag (überführt 2016: Walhalla Verlag).

Benes, G. M. & Groh, P. (2017). *Grundlagen des Qualitätsmanagements (4., aktualisierte Aufl.).* München: Carl Hanser Verlag.

Bleicher, K. (2011). *Das Konzept Integriertes Management. Visionen – Missionen – Programme (2., aktualisierte und erweiterte Aufl.).* Frankfurt a. M.: Campus Verlag.

Bobzien, M., Stark, W. & Straus, F. (1996). *Qualitätsmanagement.* Alling: Verlag Sandmann (überführt 2016: Walhalla Verlag).

Bono, M. (2006). *NPO Controlling. Professionelle Steuerung sozialer Dienstleistungen.* Stuttgart: Schäffer-Poeschel.

Bortz, J. & Döring, N. (2003). *Forschungsmethoden und Evaluation für Human- und Sozialwissenschaften: mit 70 Tabellen (3., überarbeitete Aufl.).* Berlin u. a.: Springer Verlag.

Brugger-Gebhardt, S. (2016). *Die DIN EN ISO 9001:2015 verstehen. Die Norm sicher interpretieren (2., aktualisierte und überarbeitete Aufl.).* Wiesbaden: Springer Verlag.

Bruhn, M. (2013). *Qualitätsmanagement für Dienstleistungen. Handbuch für ein erfolgreiches Qualitätsmanagement. Grundlagen – Konzepte – Methoden (9., vollständig überarbeitete und erweiterte Aufl.).* Berlin, Heidelberg: Springer Verlag.

Brühwiler, B. (2016). Risikomanagement. In H.-D. Zollondz, M. Ketting & R. Pfundtner (Hrsg.), *Lexikon Qualitätsmanagement. Handbuch des modernen Managements auf Basis des Qualitätsmanagements (2., komplett überarbeitete und erweiterte Aufl.)* (S. 1025–1030). Odenbourg: De Gruyter Verlag.

Büttgen, M. (2005). Kundenorientiertes Kostenmanagement bei beteiligungsintensiven Dienstleistungen. In M. Bruhn & B. Stauss (Hrsg.), *Dienstleistungcontrolling* (S. 369–393). Wiesbaden: Gabler Verlag.

Capgemini Consulting. (2012). *Digitale Revolution. Ist Change Management mutig genug für die Zukunft?* Abgerufen am 07.11.2017 von https://www.capgemini.com/at-de/wp-content/uploads/sites/25/2017/08/change_management_studie_2012_0.pdf

Crosby, P. B. (1984). *Quality without tears.* New York: McGraw Hill.

Deming, W. E. (1992). *Out of the crisis. Quality, Productivity and competitive Position.* Cambridge, Melbourne, Sidney: Cambridge University Press.

Deming, W. E. (1994). *The new Economics for Industry, Government, Education (2nd. ed.).* Cambridge: MIT Press.

Deutsches Institut für Normung, D. I.-u. (8. August 2016). *Deutsches Institut für Normung.* Abgerufen am 07.11.2017 von
http://www.din.de/blob/64110/084794daa0c32d6c4672cef5b5954c0b/1x1-data.pdf

DIN. (2009). *Leiten und Lenken für den nachhaltigen Erfolg einer Organisation – Ein Qualitätsmanagementansatz (ISO 9004:2009).* Berlin: Beuth Verlag.

DIN. (2011). *Leitfaden zur Auditierung von Managementsystemen (ISO 19011:2011).* Berlin: Beuth Verlag.

DIN. (2015a). *DIN EN ISO 9000:2015 Qualitätsmanagentsysteme: Grundlagen und Begriffe.* Berlin: Beuth Verlag.

DIN. (2015b). *Qualitätsmanagementsysteme – Anforderungen (ISO 9001:2015).* Berlin: Beuth Verlag.

DIN. (2015c). *Konformitätsbewertung – Anforderungen an Stellen, die Managentsysteme auditieren und zertifizieren – Anforderungen: Teil 1 (ISO/IEC 17021:2015I).* Berlin: Beuth Verlag.

DIN. (2017). *Qualitätsmanagement – Qualität einer Organisation – Anleitung zum Erreichen nachhaltigen Erfolgs.* Berlin: Beuth Verlag.

Donabedian, A. (1980). *The Definition of Quality and Approaches to its Assessment and Monitoring.* Ann Arbor: Health Administration Press.

Doran, G. T. (1981). There's a S.M.A.R.T way to write management's goals and objectives. *Management Review, 70*(11), S. 35–36.

Drechsel, M. (2014). Zerfizierung von Qualitätsmanagementsystemen. In T. Pfeifer, & R. Schmitt (Hrsg.), *Masing Handbuch Qualitätsmanagement (6., überarbeitete Aufl.)* (S. 345–359). München, Wien: Hanser Verlag.

Ellringmann, H. (2014). Vom Qualitätsmanagement zum strategischen Geschäftsprozessmanagement. In T. Pfeifer & R. Schmitt (Hrsg.), *Masing. Handbuch Qualitätsmanagement (6., überarbeitete Aufl.)* (S. 69–89). München: Hanser Verlag.

Engelmeier, B. (2015). Taylor, Frederick Winslow. In S. Kühl (Hrsg.), *Schlüsselwerke der Organisationsforschung* (S. 694–698). Wiesbaden.

Erlbeck, E. (1999). *Kundenorientierte Unternehmensführung. Kundenzufriedenheit und -loyalität.* Wiesbaden: Deutscher Universitätsverlag.

Ertl-Wagner, B., Steinbrucker, S. & Wagner, B. (2013). *Qualitätsmanagement und Zertifizierung. Praktische Umsetzung in Krankenhäusern, Reha-Kliniken, stationären Pflegeeinrichtungen (2. Aufl.).* Berlin, Heidelberg: Springer Verlag.

European Foundation of Quality Management. (15. August 2017). *EFQM Webshop.* Abgerufen am 10.11.2017 von http://www.shop.efqm.org/publications/efqm-excellence-model-2013/

Fayol, H. (1916). *Administration Industrielle et Générale.* Paris: o. V.

Feigenbaum, A. V. (1955). *Quality Control.* New York: McGraw-Hill.

Fischer, M. T., Möller, K. & Schultze, W. (2012). *Controlling. Grundlagen, Instrumente und Entwicklungsperspektiven.* Stuttgart: Schäffer-Poeschel Verlag.

GAB (2016). *Menschen entwickeln Qualität. Qualitätsmanagement nach dem GAB-Verfahren. Ein Leitfaden für pädagogische und soziale Arbeitsfelder.* Bielefeld: Bertelsmann Verlag.

Garvin, D. (1984). What does product quality really mean? *Sloan Management Review, 25,* S. 25–43.

Geiger, W. (1998). *Qualitätslehre. Einführung, Systematik, Terminologie (3. Aufl.).* Braunschweig, Wiesbaden: Vieweg Verlag.

Geiger, W. & Kotte, W. (2005). *Handbuch Qualität. Grundlagen und Elemente des Qualitätsmanagements: Systeme – Perspektiven (4., vollständig überarbeitete und erweiterte Aufl.).* Wiesbaden: Vieweg & Sohn Verlag.

Gemeinsamer Bundesausschuss (2014). Qualitätsmanagement-Richtlinie Krankenhäuser – KQM-RL.

Gemeinsamer Bundesausschuss (21. Juli 2016). Regelungen zum Qualitätsbericht der Krankenhäuser – Qb-R.

Gemeinsamer Bundesausschuss (21. Juli 2016). Richtlinie über Maßnahmen der Qualitätssicherung in Krankenhäusern – QSKH-RL.

Gemeinsamer Bundesausschuss (4. Februar 2017). Abgerufen am 10.11.2017 von https://www.g-ba.de/

Gemeinsamer Bundesausschuss (4. Februrar 2107). Abgerufen am 10.11.2017 von https://www.g-ba.de/institution/aufgabe/arbeitsweise/rechtsaufsicht/

Graebig, K. (2016). *Normenhandbuch. DIN EN ISO 9001:2015 – Vergleich der DIN EN ISO 9001:2008, Änderungen und Auswirkungen.* Berlin, Wien, Zürich: Beuth Verlag.

Greiling, D. & Ther, D. (2011). CSR-Controlling. In B. Sandberg & K. Lederer, *Corporate Social Responsibility in kommunalen Unternehmen* (S. 353–372). Wiesbaden: Verlag für Sozialwissenschaften.

Grunwald, K. (2013a). Qualität. In K. Grunwald, G. Horcher & B. Maelicke (Hrsg.), *Lexikon der Sozialwirtschaft (2., aktualisierte und vollständig überarbeite Aufl.)* (S. 814–818). Baden-Baden: Nomos Verlag.

Grunwald, K. (2013b). Dienstleistung. In K. Grunwald, G. Horcher & B. Maelicke (Hrsg.), *Lexikon der Sozialwirtschaft* (S. 242–248). Baden-Baden: Nomos Verlag.

Grunwald, K. (2013c). Qualitätsmanagement. In K. Grunwald, G. Horcher & B. Maelicke (Hrsg.), *Lexikon der Sozialwirtschaft* (S. 818–823). Baden-Baden: Nomos Verlag.

Grunwald, K. (2013d). Dienstleistungsproduktion. In G. Grunwald, G. Horcher & B. Maelicke (Hrsg.), *Lexikon der Sozialwirtschaft (2., aktualisierte und vollständig überarbeitete Aufl.)* (S. 255–258). Baden Baden: Nomos Verlagsgesellschaft.

Grunwald, K. (2013e). Organisationslernen. In G. Grunwald, G. Horcher & B. Maelicke (Hrsg.), *Lexikon der Sozialwirtschaft (2., aktualisierte und vollständig überarbeitete Aufl.)* (S. 726–729). Baden Baden: Nomos Verlagsgesellschaft.

Grunwald, K. & Thiersch, H. (2003). Lebenswelt und Dienstleistung. In T. Olk & H.-U. Otto (Hrsg.), *Soziale Arbeit als Dienstleistung. Grundlegungen, Entwürfe und Modelle* (S. 67–89). Darmstadt: Luchterhand Verlag.

Gurcke, I., Falke, J. & Midlenberger, D. (2006). Klinisches Risikomanagement als unverzichtbarer Bestandteil der Planung, Organisation und Umsetzung von Qualitätsmanagement – ein Praxisbericht. In W. Hellmann (Hrsg.), *Strategie Risikomanagement. Konzepte für das Krankenhaus und die Integrierte Versorgung* (S. 19–50). Stuttgart: Kohlhammer Verlag.

Hafner, R. & Polanski, A. (2009). *Kennzahlenhandbuch für das Personalwesen.* Zürich: Praxium Verlag.

Hagen, J. U. (2016). Fehlermanagement. In H.-D. Zollondz, M. Ketting & R. Pfundtner (Hrsg.), *Lexikon Qualitätsmanagement. Handbuch des modernen Managements auf der Basis des Qualitätsmanagement (2., komplett überarbeitete und erweiterte Aufl.)* (S. 315–318). Oldenbourg: De Gruyter Verlag.

Halfar, B., Moos, G. & Schellberg, K. (2014). *Controlling in der Sozialwirtschaft. Handbuch.* Baden-Baden: Nomos-Verlagsgesellschaft.

Hansen, F. (2010). *Standards in der Sozialen Arbeit.* Berlin: Eigenverlag des Deutschen Vereins für öffentliche und private Fürsorge.

Haufe. (16. März 2017). *Rechtsgrundlagen des Risikomanagements/1.1 Gesetz zur Kontrolle und Transparenz von Unternehmen (KonTraG).* Abgerufen am 10.11.2017 von https://www.haufe.de/ unternehmensfuehrung/profirma-professional/rechtsgrundlagen-des-risikomanagements-11-gesetz-zur-kontrolle-und-transparenz-von-unternehmen-kontrag_idesk_PI11444_HI2711385.html

Hensen, G. (2012). Qualitätsmanagement. In G. Hensen & P. Hensen (Hrsg.), *Gesundheits- und Sozialmanagement. Leitbegriffe und Grundlagen modernen Managements* (S. 103–126). Stuttgart: Kohlhammer Verlag.

Hensen, P. (2016). *Qualitätsmanagement im Gesundheitswesen. Grundlagen für Studium und Praxis.* Wiesebaden: Springer Gabler.

Herrmann, J. & Fritz, H. (2011). *Qualitätsmanagement. Lehrbuch für Studium und Praxis.* München: Hanser Verlag.

Herrscher, P. & Goepfert, A. (2014). Implementierung des Risikomanagements in der Klinik. In W. Merkle (Hrsg.), *Risikomanagement und Fehlervermeidung im Krankenhaus* (S. 164–172). Berlin, Heidelberg: Springer Verlag.

Hinsch, M. (2014). *Die neue ISO 9001:2015 – Status, Neuerungen und Perspektiven.* Berlin, Heidelberg: Springer Verlag.

Hongler, H. & Keller, S. (2015). Risiko in der Sozialen Arbeit und Risiko der Sozialen Arbeit – Spannungsfelder und Umgang. In H. Hongler & S. Keller (Hrsg.), *Risiko und Soziale Arbeit. Diskurse, Spannungsfelder, Konsequenzen* (S. 21–45). Wiesbaden: Springer Fachmedien.

Hurst, D. K. (1995). *Crisis & Renewal. Meeting the challenge of organizational change.* Boston, Mass.: Harvard Business School Press.

Imai, M. (1997). *Gemba Kaizen. Permanente Qualitätsverbesserung, Zeitersparnis und Kostensenkung am Arbeitsplatz.* München: Wirtschaftsverlag Langen Müller/Herbig.

IQTIG. (21. Februar 2017). Abgerufen am 10.11.2017 von https://iqtig.org/datenerfassung/

IQTIG. (4. Januar 2017). Abgerufen am 10.11.2017 von https://iqtig.org/das-iqtig/

Irsken, B. (2002). Qualität. In D. V. Fürsorge, *Fachlexikon der sozialen Arbeit (5. Aufl.)* (S. 750). Frankfurt a. M.: Eigenverlag.

Ishikawa, K. (1985). *What is Total Quality Control? The Japanese Way.* Englewood Cliffs-New York: Prentice Hall.

Ishikawa, K. (1986). *Guide to Quality Control.* Tokyo: Gemba No QC Shuho.

Kamiske, G. F. & Brauer, J.-P. (2006). *Qualitätsmanagement von A bis Z. Erläuterungen moderner Begriffe des Qualitätsmanagements (5., aktualisierte Aufl.).* München, Wien: Hanser Verlag.

Kaplan, R. S. & Norton, D. P. (1997). *Die Balanced Scorecard. Strategien erfolgreich umsetzen.* Stuttgart: Schäffer-Poeschel Verlag.

Kleinsorge, P. (1999). Geschäftsprozesse. In W. Masing (Hrsg.), *Handbuch Qualitätsmanagement* (S. 49–64). Wien: Hanser Verlag.

Köhler, M., Frank, D. & Schmitt, R. (2014). Six Sigma. In T. Pfeifer & T. Schmitt, *Masing Handbuch Qualitätsmanagement (6., überarbeitete Aufl.)* (S. 254–293). München, Wien: Carl Hanser Verlag.

Koontz, H. & O'Donnell, C. (1955). *Principles of management: An analysis of management functions.* New York: Mc Graw Hill Book Company.

Kortendieck, G. (2009). *Strategisches Management im Sozialen Bereich.* Augsburg: Ziel Verlag (überführt 2016: Walhalla Verlag)

Kraus, G., Becker-Kolle, C. & Fischer, T. (2004). *Handbuch Change Management.* Berlin: Cornelsen Verlag.

Krüger, W. & Bach, N. (Hrsg.). (2014). *Excellence in Change. Wege zur strategischen Erneuerung (5., überarbeitete und erweiterte Aufl.).* Wiesbaden: Springer Gabler Verlag.

KTQ (Hrsg.) (2015). *KTQ-Manual. KTQ-Katalog Krankenhaus. Version 2015 (3., vollständig überarbeitete Aufl.).* Stuttgart: Kohlhammer Verlag.

KTQ. (18. August 2017). *KTQ-Verfahren.* Abgerufen am 10.11.2017 von http://www.ktq.de/index.php?id=9

Lachhammer, H. (2000). Qualitätscontrolling als Steuerungsinstrument eines Non-Profit-Unternehmens. In J. König, C. Oerthel & H.-J. Puch, *Qualitätsmanagement und Informationstechnologien im Sozialmarkt* (S. o. S.). Starnberg: Schulz Verlag.

Lewin, K. (1947). Frontiers in group dynamics (I und II). *Human Relations,* S. 4–41; 143–153.

Lewin, K. (1963). *Feldtheorie in den Sozialwissenschaften.* Bern: Stuttgart.

Leyendecker, B. (2016). Six Sigma. In H.-D. Zollondz, M. Ketting & R. Pfundtner (Hrsg.), *Lexikon Qualitätsmanagement. Handbuch des modernen Managements auf Basis des Qualitätsmanagement (2., komplett überarbeitete und erweiterte Aufl.)* (S. 1077–1082). De Gruyter Verlag.

Lindenau, M. & Kressig, M. (2015). Wenn Prävention zum Problem wird. Die Soziale Areit in der Hochsicherheitsgesellschaft. In H. Hongler & S. Keller (Hrsg.), *Risiko und Soziale Arbeit. Diskurse, Spannungsfelder, Konsequenzen* (S. 81–98). Wiesbaden: Springer Fachmedien.

Lunau, S. (Hrsg.). (2007). *Six Sigma + Lean Toolsets. Verbesserungsprojekte erfolgreich durchführen (2., überarbeitete Aufl.).* Berlin, Heidelberg, New York: Springer Verlag.

Maxwell, R. J. (1984). Quality assessment in health. *British Medical Journal, 288,* S. 1470–1472.

Maxwell, R. J. (1992). Dimensions of quality revisited: from thought to action. *Quality in Health Care*(1), S. 171–177.

Meinhold, M. & Matul, C. (2011). *Qualitätsmanagement aus der Sicht von Sozialarbeit und Ökonomie, (2., überarbeitete und aktualisierte Aufl.).* Baden-Baden: Nomos Verlag.

Merchel, J. (2014). *Qualitätsmanagement in der Sozialen Arbeit. Eine Einführung (4., aktualisierte Aufl.).* Weinheim, Basel: Beltz Juventa Verlag.

Merkle, W. (2014). *Risikomanagement und Fehlervermeidung im Krankenhaus.* Berlin, Heidelberg: Springer Verlag.

Middendorf, C. (2006). Aufgaben, Inhalte und Ansatzpunkte des Risikomanagements. In W. v. Eiff (Hrsg.), *Risikomanagement. Kosten-/Nutzen-basierte Entscheidungen im Krankenhaus* (S. 58–81). Landshut: Busch Druck.

Moll, A. (2013b). Die Grundkonzepte der Excellence. In A. Moll & G. Kohler (Hrsg.), *EFQM-Handbuch. Grundlagen und Anwendung des EFQM-Modells (2. Aufl.)* (S. 37–46). Düsseldorf: Symposium Publishing.

Moll, A. (2013c). Die RADAR-Bewertungslogik 2013. In A. Moll & G. Kohler (Hrsg.), *Excellence-Handbuch. Grundlagen und Anwendung des EFQM-Excellence Modells (2. Aufl.)* (S. 93–104). Düsseldorf: Symposium Verlag.

Moos, G. (2012). Risikomanagement. In G. Hensen & P. Hensen, *Gesundheits- und Sozialmanagement. Leitbegriffe und Grundlagen modernen Managements.* Stuttgart: Kohlhammer Verlag.

Parasuraman, A., Zeithaml, V. A. & Berry, L. L. (1988a). Communication and Control Processes in the Delivery of Service Quality. *Journal of Marketing, Vol. 52,* S. 35–48.

Parasuraman, A., Zeithaml, V. A. & Berry, L. L. (1991). Refinement and Reassessment of the SERVQUAL Scale. *Journal of Retailing, Vol. 67*(4), S. 420–450.

Parasuraman, A., Zeithaml, V. A. & Berry, L. (1985). A conceptual model of service quality and its implications for future research. *Journal of Marketing, 49, Vol. 49,* S. 41–50.

Parasuraman, A., Zeithaml, V. A. & Berry, L. (1988b). SERVQUAL: A Multiple-Item S cale for Measuring Consumer Perceptions of Service Quality. *Journal of Retailing, 64*(1), S. 13–40.

Pfitzinger, E. (2016). *Projekt DIN EN ISO 9001:2015. Vorgehensmodell zur Implementierung eines Qualitätsmanagementsystems (3., vollständig überarbeitete Aufl.).* Berlin: Beuth Verlag.

Pracht, A. (2013). *Betriebswirtschaftslehre für das Sozialwesen. Eine Einführung in betriebswirtschaftliches Denken im Sozial- und Gesundheitsbereich.* Weinheim, Basel: Beltz Juventa Verlag.

Preißler, P. (2007). *Controlling. Lehrbuch und Intensivkurs (13., vollständig überarbeitete und erweiterte Aufl.).* München, Wien: Oldenbourg Verlag.

Reimann, G. (2016). *Erfolgreiches Qualitätsmanagement nach DIN EN ISO 9001:2015. Lösungen zur praktischen Umsetzung (4., überarbeitete Aufl.).* Berlin, Wien, Zürich: Beuth Verlag.

Richtlinie über Maßnahmen der Qualitätssicherung in Krankenhäusern (QSKH-RL). (21. Juli 2016). Gemeinsamer Bundesausschuss.

Rüegg-Stürm, J. (2003). *Das neue St. Galler Management-Modell. Grundkategorien einer integrierten Managementlehre. Der HSG-Ansatz (2., durchgesehene Aufl.).* Bern, Stuttgart, Wien: Haupt Verlag.

Schein, E. H. (Winter 1984). Coming to a New Awareness of Organizational Culture. *Sloan Management Review,* S. 3–16.

Schellberg, K. (2012). Soziale Organisationen sind anders – Besonderheiten von Organisationen der Sozialen Arbeit aus ökonomischer Sicht und die Anforderungen an das Management. In A. Wöhrle (Hrsg.), *Auf der Suche nach Sozialmanagementkonzepten und Managementkonzepten für und in der Sozialwirtschaft. Eine Bestandsaufnahme zum Stand der Diskussion und Forschung in drei Bänden. Band 2: Verschiedene Blickwinkel und bisherige Managementkonzepte* (S. 149–166). Augsburg: Zielverlag (überführt 2016: Walhalla Verlag)

Schellberg, K. (2016). *Betriebswirtschaftslehre für Sozialunternehmen (2., überarbeitete Aufl.).* Regensburg: Walhalla Verlag.

Schmidt, S. (2016). *Das QM-Handbuch. Qualitätsmanagement für die ambulante Pflege (3., aktualisierte und erweiterte Aufl.).* Berlin, Heidelberg: Springer Verlag.

Schmitt, R. & Pfeifer, T. (2015). *Qualitätsmanagement. Strategien – Methoden – Techniken (5., überarbeitete Aufl.).* München, Wien: Carl Hanser Verlag.

Schmitt, R., Lenkewitz, C. & Behrens, C. (11 2007). Das Aachener Qualitätsmanagement-Modell. Unternehmerisch umgesetzt. *Management und Qualität,* S. 16–18.

Schneider, M. & Wastian, M. (2014). Projektverläufe: Herausforderungen und Ansatzpunkte für die Prozessgestaltung. In M. Wastian, I. Braumandl & L. v. Rosenstiel (Hrsg.), *Angewandte Psychologie für das Projektmanagement. Ein Praxisbuch für die erfolgreiche Projektleitung (2., aktualisierte Aufl.)* (S. 22–39). Berlin, Heidelberg: Springer Verlag.

Scholz, R. & Vrohlings, A. (1994). Prozess-Redesign und kontinuierliche Prozessverbesserung. In M. Gaitanides, R. Scholz & A. Vrohlings (Hrsg.), *Prozessmanagement, Konzepte, Umsetzungen und Erfahrungen des Reengineering* (S. 99–122). München.

Schreyögg, G. & Steinmann, H. (2005). *Management. Grundlagen der Unternehmensführung. Konzepte – Funktionen – Fallstudien (6., völlig überarbeitete Aufl.).* Wiesbaden: Gabler Verlag.

Schütze, R. (1992). *Kundenzufriedenheit: After-Sales-Marketing auf industriellen Märkten.* Wiesbaden: Gabler Verlag.

Seghezzi, H. D., Fahrni, F. & Herrmann, F. (2007). *Integriertes Qualitätsmanagement. Der St. Gallener Ansatz (3., vollständig überarbeitete Aufl.).* München: Carl Hanser Verlag.

Sektorenübergreifende Qualität im Gesundheitswesen. (4. Februar 2017). Abgerufen am 10.11.2017 von https://www.sqg.de/front_content.php

Slawik, F. & Moll, A. (2014). Die Einführung des Excellence-Modells in 8 Schritten. In A. Moll & G. Kohler (Hrsg.), *Excellence-Leitfaden. Praktische Umsetzung des EFQM-Modells* (S. 33–93). Düsseldorf: Symposium Verlag.

Staehle, W. H. (1999). *Management: Eine verhaltenswissenschaftliche Perspektive (8., überarbeitete Aufl.).* München: Vahlen.

Stauss, B. (2016a). Beschwerdemanagement. In H.-D. Zollondz, M. Ketting & R. Pfundtner (Hrsg.), *Lexikon Qualitätsmanagement. Handbuch des modernen Managements auf Basis des Qualitätsmanagement (2., komplett überarbeitete und erweiterte Aufl.)* (S. 85–89). Odenbourg: De Gruyter Verlag.

Stauss, B. (2016b). Messung der Dienstleistungsqualität. In H.-D. Zollondz, M. Ketting & R. Pfundtner (Hrsg.), *Lexikon Qualitätsmanagement. Handbuch des modernen Managements auf der Basis des Qualitätsmanagements (2., komplett überarbeitete und erweiterte Aufl.)* (S. 683–684). Oldenbourg: De Gruyter.

Stauss, B. & Seidel, W. (2014). *Beschwerdemanagement. Unzufriedene Kunden als profitable Zielgruppe (5., vollständig überarbeitete Aufl.).* München: Hanser Verlag.

Stoll, B. (2013). *Balanced Scorecard für Soziale Organisationen. Qualität und Management durch strategische Steuerung. Arbeitshilfe mit Beispielen (3. Aufl.).* Regensburg: Walhalla Verlag.

Timmermanns, S. & Berg, M. (2003). *The gold standard. The challenge of evidence-based medicine and standardiszation in health care.* Philadelphia: Temple University Press.

Tomys, A.-K. (1994). *Kostenorientiertes Qualitätsmanagement. Ein Beitrag zur Klärung der Qualitätskosten-Problematik.* München: Hanser Verlag.

Ulrich, P. & Fluri, E. (1995). *Management: eine konzentrierte Einführung.* Bern: Haupt Verlag.

Vahs, D. (2015). *Organisation. Ein Lehr- und Managementbuch (9., überarbeitete und erweiterte Aufl.).* Stuttgart: Schäffer-Poeschel Verlag.

Vomberg, E. (2010). *Praktisches Qualitätsmanagement. Ein Leitfaden für kleinere und mittlere Soziale Einrichtungen.* Stuttgart: Kohlhammer Verlag.

Wagner, K. W. & Käfer, R. (2017). *PQM-Prozessorientiertes Qualitätsmanagement. Leitfaden zur Umsetzung der ISO 9001 (7., vollständig überarbeitete Aufl.).* München: Hanser Verlag.

Weihrauch, M. A., Peter, T. & Frey, D. (2016). Führung und Qualitätsmanagement. In H.-D. Zollondz, M. Ketting & R. Pfundtner, *Lexikon Qualitätsmanagement. Handbuch des modernen Managements auf Basis des Qualitätsmanagements (2., komplett überarbeitete und erweiterte Aufl.)* (S. 344–351). Oldenbourg: De Gruyter Verlag.

Wöhrle, A. (2013). Change Management. In K. Grunwald, G. Horcher & B. Maelicke (Hrsg.), *Lexikon der Sozialwirtschaft (2., aktualisierte und vollständig überarbeitete Aufl.)* (S. 204–210). Baden Baden: Nomos Verlagsgesellschaft.

Wolf, G. (2009). Erst lernen, dann handeln! Irrtümer um den „Demin'schen PDCA-Zyklus". *QZ*(10), S. 18–19.

Ziegenbein, K. (2012). *Controlling (10., überarbeitete und vollständig aktualisierte Aufl.).* Herne: NBW Verlag.

Zollondz, H.-D. (2011). *Grundlagen Qualitätsmanagement. Einführung in Geschichte, Begriffe, Systeme und Konzepte (3., überarbeitete, aktualisierte und erweiterte Aufl.).* München: Oldenbourg Verlag.

Zollondz, H.-D. (2016a). Kaizen. In H.-D. Zollondz, M. Ketting & R. Pfundtner (Hrsg.), *Lexikon Qualitätsmanagement. Handbuch des modernen Managements auf Basis des Qualitätsmanagements (2., komplett überarbeitete und erweiterte Aufl.)* (S. 555–565). Oldenbourg: De Gruyter Verlag.

Zollondz, H.-D. (2016b). Prozessmanagement. In H.-D. Zollondz, M. Ketting & R. Pfundtner (Hrsg.), *Lexikon Qualitätsmanagement. Handbuch des modernen Managements auf Basis des Qualitätsmanagements (2., komplett überarbeitete und erweiterte Aufl.)* (S. 829–833). Oldenbourg: De Gruyter Verlag.

Zollondz, H.-D. (2016c). Risiko Management (generell). In H.-D. Zollondz, M. Ketting & R. Pfundtner (Hrsg.), *Lexikon Qualitätsmanagement. Handbuch des modernen Managements auf Basis des Qualitätsmanagements (2., komplett überarbeitete und erweiterte Aufl.)* (S. 1022–1025). Oldenbourg: De Gruyter Verlag.

Zollondz, H.-D. (2016d). Strategien des Qualitätsmanagements. In H.-D. Zollondz, M. Ketting & R. Pfundtner (Hrsg.), *Lexikon Qualitätsmanagement. Handbuch des modernen Managements auf der Basis des Qualitätsmanagements (2., komplett überarbeitete und erweiterte Aufl.)* (S. 1118). Oldenbourg: De Gruyter Verlag.

Stichwortverzeichnis